大学生生涯规划与自我管理

主　编　杨乐克
副主编　韩　亮　王　飞
　　　　江　平　孙　菲

北京理工大学出版社
BEIJING INSTITUTE OF TECHNOLOGY PRESS

版权专有　侵权必究

图书在版编目（CIP）数据

大学生生涯规划与自我管理／杨乐克主编．—北京：北京理工大学出版社，2020.6（2024.1重印）

ISBN 978-7-5682-8435-6

Ⅰ.①大… Ⅱ.①杨… Ⅲ.①大学生-职业选择-高等职业教育-教材 Ⅳ.①G717.38

中国版本图书馆CIP数据核字（2020）第076413号

出版发行／	北京理工大学出版社有限责任公司
社　　址／	北京市海淀区中关村南大街5号
邮　　编／	100081
电　　话／	（010）68914775（总编室）
	（010）82562903（教材售后服务热线）
	（010）68944723（其他图书服务热线）
网　　址／	http：//www.bitpress.com.cn
经　　销／	全国各地新华书店
印　　刷／	三河市天利华印刷装订有限公司
开　　本／	787毫米×1092毫米　1/16
印　　张／	14
字　　数／	388千字
版　　次／	2020年6月第1版　2024年1月第10次印刷
定　　价／	48.50元

责任编辑／徐艳君
文案编辑／徐艳君
责任校对／周瑞红
责任印制／施胜娟

图书出现印装质量问题，请拨打售后服务热线，本社负责调换

序 言

人的行为是目标导向的。《礼记·中庸》有云："凡事豫则立，不豫则废。"一个人若是没有科学的目标设定，就决胜不了当下，掌握不了未来，从这个意义上讲，一个好的职业规划是大学生自我管理的重要基础，是大学生实现成功就业和事业发展的重要依托。

在我国市场经济日益完善的背景之下，大学生就业的渠道非常宽广，创业机会也处处可寻。但是，高职院校学生在毕业时依然存在着择业困难、就业迷茫、创业就倒、心态焦虑等一系列困境。为了解决这一实际问题，党的十九大报告明确发出了实现更高质量和更充分就业的"动员令"，教育部多次发文强调，高校要切实把大学生职业发展与就业指导课程纳入人才培养方案，要将职业发展与就业指导课程建设效果列入就业工作评估范围。

大学生职业发展与就业指导是一项系统工程，涉及了外部世界探索、就业资讯获取、生涯发展指导、学生自我管理等多个领域，涵盖了教育、咨询、心理、管理等多个学科，其工作主线是涵盖了大学生职前、职中和职后的全生命周期发展规划。目前，关于职业生涯规划的流派主要有五种：匹配论、适应论、发展论、经验论和建构论。每一种流派各有优劣，但不论哪一种流派，核心都是为了找到能在职场生涯发展中获得更多满意和幸福的最优路径。

然而，在实际的教学与咨询过程中，我们会不自主地陷于一种能不能的思辨，比如，面对人生"无常"，职业生涯规划如何能从"无常"之中洞见"常"，帮助一个人立足当前，怀抱梦想？面对不同类型的大学生，生涯规划和就业指导又如何能根据他们的认知、情绪、态度与行为的特点，帮助其找到适合于自身的方法与策略？在我看来，生涯规划是应变之学，伴随着易变性生涯时代的到来，面对职业世界越来越多的不确定因素，我们如何进行思考和调适至关重要，"我该选择什么样的生活"远比"我该如何成功"更为重要。

对于大学生而言，加强职业规划与自我管理的学习和锻炼，就是要学习"规划"与"应变"、学习"适应"与"发展"，了解与洞察职业世界的实际需求，学习人际交往的基本方法、与所在的组织积极互动，学会倾听内心的声音、把握自己的生涯主题，在学习和工作中"发掘兴趣""培养技能""寻求真我",开展生涯规划和就业指导更多的是为了让大学生更好实现自我管理,不断提升职场胜任力,让每一个人都能活出自我,活出精彩。

目前,国内外有关大学生生涯规划和自我管理的教材,其内容大多以理论、概念教学为主,雷同度较高,特别是一些通用教材,内容与模块设计知识点偏难、不易理解,引用的案例也多数为社会通识案例,与高职院校学情及教师实际授课相脱节。本团队编写的《大学生生涯规划与自我管理》教材,从杭州职业技术学院学生职业生涯规划的实际案例导入,系统介绍职业生涯规划的基本理论与高职生职业生涯规划的实施步骤,能够较好引导高职院校学生在校期间自觉、主动地学会依据社会发展、职业需求和个人特点进行职业生涯规划与自我管理,从而树立正确的择业、就业与创业观念,增强就业创业能力。

理论与实践凝结成的这本《大学生生涯规划与自我管理》以服务人才培养为宗旨,以促进就业为导向,突出体现了"贴近社会、贴近职业、贴近学生"的基本原则,内容设置上凸显了高职院校的办学特色,从职业生涯发展规划、职业自我认知探索、工作世界探索分析、职业生涯决策管理、学业生涯自我管理、职业素养自我管理、职业能力自我管理、求职行动自我管理等八个方面,从理论到行动,层层递进。八个内容模块均结合高职院校的学生特点,强化了"做中学"理念,根据教师授课的实际,每个章节内容分"导入—学习—拓展"三个部分。其中,"导入"部分设章节导图、生涯寄语、导入活动、阅读思考四个模块;"学习"部分按内容分节,每节的设置上均以"杭职榜样"典型案例作为知识点引入,以"体验活动"作知识点的模拟输出;"拓展"部分设实践拓展、专家视角两个模块,较好实现了学与用的结合,增强了教材实用性。

我答应为教材写序,不仅仅因为书中大量引用了来自杭州职业技术学院的鲜活案例,更重要的是,现代职业教育的大改革大发展,需要我们职教人把更多的力气放在落实立德树人的根本任务上,放在全面提升高职学子的综合素养上,让更多青年凭借一技之长实现人生价值。愿中国职业教育的明天更美好,愿每一个高职学子都能人生出彩。

杭州职业技术学院校长

贾文胜

2020 年 6 月 18 日

前 言

就业事关千家万户，就业是最基本的民生。在全面开启第二个百年奋斗新征程中，就业保障至关重要。党的二十大报告明确指出，实施就业优先战略，强化就业优先政策，健全就业促进机制，促进高质量充分就业。消除影响平等就业的不合理限制和就业歧视，使人人都有通过勤奋劳动实现自身发展的机会，扎实推进共同富裕。

高职院校作为向社会输送人才的重要基地，应致力于帮助学生树立正确的就业择业观念，掌握生涯规划的技巧，提高就业成功率，提升职业适应能力。结合当前就业形势和高职院校学生成长的特点，立足于提升学生就业竞争力，树立正确的职业观与就业观，努力帮助学生迈好职业生涯的第一步，我们编写了《大学生生涯规划与自我管理》一书。

本书共分为八章，秉持"贴近社会、贴近职业、贴近学生"的原则，分别从职业生涯发展规划、职业自我认知探索、工作世界探索分析、职业生涯决策管理、学业生涯自我管理、职业素养自我管理、职业能力自我管理、求职行动自我管理等方面对学生展开全方位、多元化、多层次的理论和实践能力教学。同时，选取了双高院校优秀毕业生案例，利用各种体验活动，层层引导学生认识自我，认识职业和社会，做好职业生涯规划，并处理好自我发展与国家、社会发展的关系。

本书在编写过程中，借鉴、参考了部分国内外职业发展指导方面的文献资料，以及一些专家学者的理论和观点。在参考上百个校企案例的基础上，邀请杭州高职园、杭州西奥电梯、杭州友佳机械等企业经理人李海涛、楼黎瑾、王玉云等共同参与，从企业角度，为教材的编写提供了丰富的素材和创新的观点，在此一并表示感谢！

由于时间问题和编者水平有限，书中难免有疏漏和不妥之处，真诚欢迎广大读者提出宝贵建议和意见，以便更好地修订和完善。

编 者
2022 年 11 月 25 日

目 录

第一章　职业生涯发展规划 ……………………………………………（1）
　第一节　明晰生涯目的　提升生涯意识 …………………………（3）
　　一、生涯与职业生涯 ……………………………………………（4）
　　二、职业生涯规划的内涵与类型 ………………………………（5）
　　三、职业生涯规划的作用 ………………………………………（5）
　　四、生涯规划的目的 ……………………………………………（6）
　第二节　把握生涯智慧　发展生涯技能 …………………………（9）
　　一、职业选择理论 ………………………………………………（10）
　　二、职业生涯发展理论 …………………………………………（10）
　　三、霍兰德的职业人格类型理论 ………………………………（12）
　　四、职业生涯规划方法 …………………………………………（14）

第二章　职业自我认知探索 ……………………………………………（22）
　第一节　挖掘职业兴趣　孵化职业动力 …………………………（24）
　　一、职业兴趣及其影响因素 ……………………………………（25）
　　二、职业兴趣对职业生涯的影响 ………………………………（26）
　　三、发掘自己的职业兴趣 ………………………………………（27）
　第二节　梳理职业能力　打造竞争优势 …………………………（28）
　　一、职业能力对职业发展的影响 ………………………………（29）
　　二、职业能力与职业核心能力 …………………………………（29）
　　三、职业能力的形成与培养 ……………………………………（32）
　第三节　探索职业人格　优化职业匹配 …………………………（34）
　　一、性格对职业选择的影响 ……………………………………（35）
　　二、性格与职业生涯发展的关系 ………………………………（35）
　　三、MBTI 性格理论 ……………………………………………（36）
　第四节　厘清职业价值观　锚定工作意义 ………………………（38）
　　一、价值观与职业发展的关系 …………………………………（39）

二、职业价值观的影响因素 …………………………………………（40）
　　三、施恩的职业锚理论 ……………………………………………（41）

第三章　工作世界探索分析 ………………………………………（46）

第一节　鸟瞰发展环境　了解工作世界 …………………………（48）
　　一、职业与行业、产业的分类 ……………………………………（49）
　　二、转变中的职业世界 ……………………………………………（50）

第二节　洞察职场实情　掌握探索方法 …………………………（51）
　　一、探索职业世界的方法 …………………………………………（52）
　　二、职业探索的十大任务 …………………………………………（53）

第三节　评估职业信息　提升分析能力 …………………………（56）
　　一、社会环境的宏观分析 …………………………………………（57）
　　二、行业环境的中观分析 …………………………………………（58）
　　三、岗位环境的微观分析 …………………………………………（59）

第四章　职业生涯决策管理 ………………………………………（65）

第一节　了解决策理论　掌握决策方法 …………………………（67）
　　一、丁克里奇的生涯决策风格理论 ………………………………（68）
　　二、克朗伯兹生涯决策理论 ………………………………………（68）

第二节　整合决策信息　设计发展阶梯 …………………………（71）
　　一、职业选择的方法与策略 ………………………………………（71）
　　二、职业目标的制定与管理 ………………………………………（72）
　　三、了解职业发展路线图 …………………………………………（79）
　　四、制订行动计划方案 ……………………………………………（80）

第三节　评估决策效果　调整优化决策 …………………………（81）
　　一、SWOT 分析法 …………………………………………………（82）
　　二、CASVE 循环法 ………………………………………………（83）
　　三、生涯决策平衡单法 ……………………………………………（85）

第五章　学业生涯自我管理 ………………………………………（95）

第一节　了解大学生活　明确大学任务 …………………………（97）
　　一、大学的学习生活 ………………………………………………（97）
　　二、适应大学学习生活 ……………………………………………（99）
　　三、高职任务清单 …………………………………………………（99）

第二节　掌握高职特色　构建学业自信 …………………………（103）
　　一、高等职业教育的性质与定位 …………………………………（104）
　　二、高等职业教育的人才培养模式 ………………………………（104）
　　三、专业与职业 ……………………………………………………（106）

第三节　厘定发展方向　规划学业路径 …………………………（109）
　　一、学业生涯规划：大学的第一堂必修课 ………………………（109）

二、以"就业"为目标的学业规划 ………………………………………（110）
　　三、以"继续深造"为目标的学业规划 …………………………………（112）
　　四、以"创业"为目标的学业规划 ………………………………………（113）

第六章　职业素养自我管理 …………………………………………………（120）
第一节　打造积极心态　培养正确的职业价值观 …………………………（125）
　　一、积极心态 ………………………………………………………………（126）
　　二、正向思维 ………………………………………………………………（126）
　　三、培养正确的职业价值观 ………………………………………………（127）
第二节　养成健全人格　塑造通用职业素养 ………………………………（131）
　　一、人格养成 ………………………………………………………………（131）
　　二、诚信正直 ………………………………………………………………（132）
　　三、追求卓越 ………………………………………………………………（132）
第三节　领悟职业道德　锻造专业职业素养 ………………………………（134）
　　一、敬业乐业 ………………………………………………………………（135）
　　二、职业学习能力 …………………………………………………………（138）
　　三、职场礼仪 ………………………………………………………………（139）

第七章　职业能力自我管理 …………………………………………………（147）
第一节　掌控时间管理　学会高效沟通 ……………………………………（149）
　　一、时间管理 ………………………………………………………………（149）
　　二、高效沟通 ………………………………………………………………（150）
第二节　提升执行能力　强化团队协作 ……………………………………（153）
　　一、执行能力 ………………………………………………………………（153）
　　二、团队协作 ………………………………………………………………（154）
　　三、人脉管理 ………………………………………………………………（157）
第三节　培养商务技能　提高工作效能 ……………………………………（158）
　　一、公文写作 ………………………………………………………………（158）
　　二、公众演讲 ………………………………………………………………（168）
　　三、商务谈判 ………………………………………………………………（170）

第八章　求职行动自我管理 …………………………………………………（177）
第一节　圈定求职目标　做好信息准备 ……………………………………（179）
　　一、求职择业定位的策略 …………………………………………………（179）
　　二、圈定求职目标的方法 …………………………………………………（181）
　　三、搜集就业信息的渠道 …………………………………………………（182）
　　四、就业信息的管理与利用 ………………………………………………（183）
第二节　撰写求职简历　准备求职材料 ……………………………………（186）
　　一、简历的内涵 ……………………………………………………………（187）
　　二、求职简历的写作 ………………………………………………………（188）

三、求职简历的创新 …………………………………………………（191）
　　四、求职简历的投递 …………………………………………………（192）
　　五、其他求职材料的准备 ……………………………………………（193）
第三节　了解面试规则　提升面试技能 ………………………………（195）
　　一、面试的概述 ………………………………………………………（196）
　　二、常见面试类型 ……………………………………………………（197）
　　三、面试考查的内容 …………………………………………………（201）
　　四、面试前的准备 ……………………………………………………（203）

参考文献 ………………………………………………………………（212）

第一章

职业生涯发展规划

本章导图

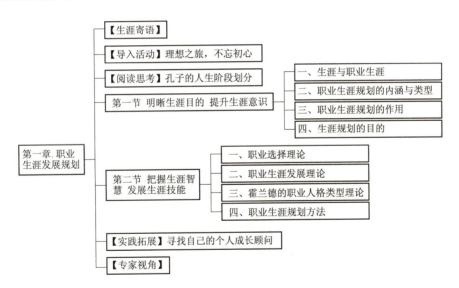

生涯寄语

广大青年要坚定不移听党话、跟党走，怀抱梦想又脚踏实地，敢想敢为又善作善成，立志做有理想、敢担当、能吃苦、肯奋斗的新时代好青年，让青春在全面建设社会主义现代化国家的火热实践中绽放绚丽之花。

——党的二十大报告

【导入活动】理想之旅，不忘初心

经过高考，同学们来到了大学。高中学习的目标似乎就是"考上大学"，这个目标曾经激励着同学们为之刻苦努力。而今，这个目标已经成为过去，面对未来，同学们需要有新的目标来指引自己的行动。现在，请认真思考：你为什么要上大学？通过大学，你要实现的目标有：

1. _____
2. _____
3. _____

以下问题，可以帮助同学们重新探索自己的人生理想与目标：

很小很小的时候，我的理想是：_____
天真烂漫的小学，我的理想是：_____
初中的花季雨季里，我的理想是：_____
高中的激情岁月里，我的理想是：_____
现在，来到大学里，我的理想是：_____
以上这些理想的共通之处是：_____

认真分析一下，你上大学的初心目标和理想的自我探索有交集吗？请牢牢地把交集点记在心里，这是你为之努力的初心所在。

通过以上思考与分析，我发现：_____
_____
_____

基于现实，我想到实现自己理想的具体计划有：_____
_____
_____

在实现理想的过程中，我渴望获得的支持是：_____
_____
_____

阅读思考

孔子的人生阶段划分

《论语·为政》中论述了中国古代大思想家和教育家孔子的观点："吾十有五而志于学，三十而立，四十而不惑，五十而知天命，六十而耳顺，七十而从心所欲，不逾矩。"

第一阶段：从学前期，即从出生到15岁。这段时期人的心智开始形成，已开始学习生活中的基本知识。这一时期的学习主要是靠家长的安排或受外界环境的影响，通常并非主动学习。

第二阶段：立志学习时期，并开始社会实践，即15～30岁。与从学前期相比，这一阶段的学习更为主动、积极，并且与个人志向相结合，是有目的的学习和实践阶段。

第三阶段：自立时期，即30～40岁。这一时期人的心智已完全成熟，懂得了很多道理，并且在经济上和人格上独立了。

第四阶段：不惑时期，即 40~50 岁。经过多年的学习与实践，已形成完整的个人见解，不被外界事物所迷惑，办事不再犹豫，行为果断。

第五阶段：知天命时期，即 50~60 岁。丰富的人生经验可以让人认识自然规律，懂得自己的使命。

第六阶段：耳顺时期，即 60~70 岁。总结经验，能够冷静地倾听别人的意见，分真伪，辨是非。

第七阶段：从心所欲不逾矩时期，即 70 岁以上。从心所欲并非为所欲为，更不是为非作歹。处于这个阶段，能够做到言行自由，同时并不违背客观规律和道德规范。

每个人都有自己的人生生涯规划，同学们在进行职业生涯规划时，也不妨对自己的人生进行规划，也许会有意想不到的收获。

每个人都有自己的人生生涯规划，同学们，请思考自己的学业生涯规划。

第一节 明晰生涯目的 提升生涯意识

职教案例

骑上腾飞的马去追梦

王同学，某职业技术学院针织专业，来自有"毛衫之镇"美名的洪合，从小到大都和针织服装接触，周围接触的人也都是做服装的。受周围生活环境的影响，他从小就对针织服装类行业有着浓厚的兴趣，立志将来从事相关的行业。在高考填报志愿时，得知杭州职业技术学院拥有全省唯一的针织技术与针织服装专业，便义无反顾地选择了这个专业。三年的大学学习生活让他对专业有了更加深入的了解，专业知识也有了一个突飞猛进的积累与提升。

毕业后，他通过自身的不懈坚持和努力，加上家人的大力支持，从最初的针织加工厂，到后来一步步做大，创立了嘉兴"梦为马"针织服饰工作室，成功走上了自主创业之路。

他不断学习，实时掌握服装市场的潮流和发展趋势，时刻关注消费者的消费审美心理，迎合大众对于服装审美的艺术认同，从而不断更新自己的设计思路，更新技术设备，在把握现有市场份额的前提下，不断拓展自身业务范围和产品层次，拓展自身的发展空间，收到了很好的效果。经过几年的创业努力，企业不断壮大，年营业额早就超千万元。

一、生涯与职业生涯

（一）生涯内涵

"生涯"一词最早见于《庄子·养生主》："吾生也有涯，而知也无涯。"这里的"生涯"指的是生命的边际，后来"生涯"的释义变成了人的整个生命过程。《现代汉语词典》对"生涯"的解释是"指从事某种活动或职业的生活"。

美国职业生涯规划方面的著名学者舒伯在前人研究的基础上重新定义了生涯，舒伯认为生涯应该包括人一生中所经历的各种职业，以及在生活中扮演的各种角色，也就是说生涯发展的过程覆盖了人的生命的整个过程，如儿童角色、家长角色、学生角色、雇佣者、公民等。

人的生涯发展不仅仅是被动的随着时间推进的角色转变，更是一个主动的自我创造的过程，在这一过程中职业发挥着重要的作用。职业发展情况对人的生涯有着重要的影响，人的生涯发展是以职业为主线展开的，职业是生涯发展的主要驱动力。

职业生涯是人们从年轻时进入职场到最终退休的整个工作经历，包括从事的职业、担任的职位以及所做的具体工作。职业生涯是人生中最重要的历程，职业生涯阶段是人最具生命力和创造力的阶段。

大学生涯是大学生走向职场前最后的准备阶段，大学生涯如何度过决定了未来职业生涯的走向，所以说大学生要把握好短暂宝贵的大学时光，进行合理的职业生涯规划，为未来职业发展做好充分的准备。

（二）职业生涯

根据中国职业规划师协会定义：所谓职业生涯，是指人的一生中的职业历程。人的职业生活是人生全部生活的主体，在其生涯中占据核心与关键的位置。人们一生的职业历程，有着种种可能：有的人从事这种职业，有的人从事那种职业；有的人一生变换多种职业，有的人终身位于一个岗位上；有的人不断追求、事业成功，有的人穷困潦倒、无所作为。造成人们职业生涯存在差异的因素，有个人能力、心理、机遇方面的因素，也有社会环境的因素。

生涯，英语是 career，"生"，即"活着"，"涯"，即"边界"。广义上理解，"生"，自然是与一个人的生命相联系；"涯"，则有边际的含义，即指人生经历、生活道路和职业、专业、事业。人的一生，包含少年、成年、老年三个阶段，成年阶段是最重要的时期。这一时期之所以重要，是因为这是人们从事职业生活的时期。

职业生涯这个概念的含义曾随着时间的推移发生过很多变化。在20世纪70年代，职业生涯专指个人生活中和工作相关的各个方面。随后，又有很多新的意义被纳入"职业生涯"的概念中，其中甚至包含了生活中关于个人、集体以及经济生活的方方面面。

从经济的观点来看，职业生涯就是个人在人生中所经历的一系列职位和角色，它们和个人的职业发展过程相联系，是个人接受培训教育以及职业发展所形成的结果。

职业生涯是以心理开发、生理开发、智力开发、技能开发、伦理开发等人的潜能开发为基础，以工作内容的确定性和变化性、工作业绩的评价、工资待遇、职称职务的变动为标志，以满足需求为目标的工作经历和内心体验的经历。

职业生涯是人一生中最重要的历程，对人生价值起着决定性作用。

职业生涯是一个动态的过程，是指一个人一生在职业岗位上所度过的、与工作活动相关的连续经历，并不包含在职业上成功与失败或进步快与慢的含义。即不论职位高低，不论成功与否，每个工作着的人都有自己的职业生涯。

职业生涯，是一个人一生的工作经历，特别是职业、职位的变动及工作理想的整个过程。

二、职业生涯规划的内涵与类型

（一）职业生涯规划的内涵

所谓职业生涯规划，是指个人结合自身情况以及机遇和制约因素，为自己确立职业目标，选择职业发展路径，制订教育、培训和发展计划等，并为自己实现职业生涯目标而确定行动方案。规划的实质是选择追求的目标和实现目标的最佳方案。因此，职业生涯规划的实质就是，结合自身情况及各种制约因素，为实现职业目标，制定一个完备的行动方案。简而言之，就是指个人为自身的职业发展所做的策划和准备。

大学阶段正处于职业生涯中的准备期和探索期，对于大学生群体来说，职业生涯规划有着更具体、更重要的内涵：在大学阶段，应当客观、全面地认识自己的能力、兴趣、个性和价值观，了解各种职业、行业、环境的需求趋势和影响因素，确立职业生涯发展目标，选择实现这一目标的职业方向，制定出行之有效的实施方案，包括相应的学习和培训计划，并做到及时反馈和修订。

（二）职业生涯规划的类型

按照规划的时间维度，职业生涯规划可以划分为短期规划、中期规划、长期规划和人生规划4种类型。

（1）短期规划：2年以内的规划，主要是近期目标，规划近期应完成的任务。

（2）中期规划：一般2～5年的职业目标和任务，是最常见的职业生涯规划。

（3）长期规划：指5～10年的规划，主要是设定较长远的目标，以及为实现此目标应采取的具体措施。

（4）人生规划：指整个职业生涯的规划，时间长达40年，设定整个人生的发展目标和阶梯。

个人职业生涯规划从短期到中期，再到长期，直至整个人生规划，如同台阶，需要一步步地发展。在实际操作中，跨度时间太长的规划由于环境和个人自身的变化难以把握，而时间跨度太短的规划意义又不大，所以，一般把职业规划的重点放在2～5年的中期规划，这样既便于根据实际情况设定可行目标，又便于随时根据现实的反馈进行修正或调整。

三、职业生涯规划的作用

（一）树立目标

职业生涯规划理念最初起源于20世纪初的美国，直到20世纪90年代中期，职业生涯的理论才传入中国，比发达国家晚了将近100年。但中国传统文化中孕育着丰富的生涯智慧。中国教育的开山始祖、至圣先师孔子可以被看作职业生涯规划的典范。孔子生活的时代是春秋乱世，他的成长背景是平凡而穷困的，他不畏人生的艰难，突破社会种种不利因素的影响，激发了自己生命的潜能，展现了作为一个"人"的完美形象。

《论语·为政》："吾十有五而有志于学，三十而立，四十而不惑，五十而知天命，六十而耳顺，七十而从心随欲，不逾矩。"这句话是孔子对自己一生各阶段的总结，同时也是中国本土化生涯发展理念的高度概括，对我们的职业生涯规划具有高屋建瓴的指导作用。人无志不立，十有五志于学是孔子最终成为圣人、到七十岁时能做到"从心随欲，不逾矩"的首要原因。十几岁正是人读书学习的大好时节，知识的积淀能使我们站得更高、看得更远。在掌握基础知识、培养基本生存技能的前提下，人生目标也在此阶段初步形成。通过职业生涯规划的学习、探索和思考，可帮助我们尽早明确人生发展的大方向或目标，并愿意为之付出长久的努力。这样，即使成不了圣人，也不至于成为"剩人"。正如古训所讲的"志当存高远"，目标对人生具有巨大的导向作用，可以说，有什么样的目标就会有什么样的人生。

（二）掌握时间

《认知盈余》的作者克莱·舍基说，全美国人一年花在看电视上的时间大约为2000亿个小时！如果我们将每个人的自由时间看成一个集合体，一种认知盈余，那么，这种盈余会有多大？我们已经忘记了我们的自由时间始终属于我们自己，我们可以凭自己的意愿来消费它们、创造它们和分享它们，可以通过积累将平庸变成卓越。在你没有仔细规划自己的时间以前，你的时间是"公共资源"，任何人、任何事都可以随意占用，而你却没有感觉。你不是时间的主人，你的时间是为别人服务的或在毫无价值地流逝着。因此，在当前这个后物欲的互联网时代，在拥有更多自由的大学阶段，同学们也要反思你的时间的主人是谁。

（三）发展潜能

《大学》开篇所说："大学之道，在明明德，在亲民，在止于至善。知止而后有定，定而后能静，静而后能安，安而后能虑，虑而后能得。物有本末，事有终始，知所先后，则近道矣。"这句话的核心就是知止而定，有了目标才能够思想坚定，思想坚定才能有所思考，有所收获。正如古语讲"人定胜天"，通常理解就是人一定会胜天，其实这种解释未必对。人"定"，这个"定"就是"坚定、安定"的意思。人有目标，有规划，才能内心坚定，内心坚定了才能宁静致远，才能处理好人与自然、人与人之间的关系。可以说大学生正处于人生的探索期，大学里不仅要学知识，锻炼技能，更要注重学术的交流和精神上的交往，在主体性基础上思索未来，寻求人生的奋斗目标，并向着目标去努力提升自己，最终达到自我实现。

四、生涯规划的目的

（一）确立目标

哈佛大学曾经针对目标对人生的影响做过一项长期的跟踪调查，调查对象是一群基本上处于同一起跑线上的年轻人。

经过25年的追踪调查后研究人员发现，其中3%的人在人生道路上有明确、清晰、长远的目标，且能为了实现目标不断奋斗，这部分人后来大多成为社会精英，处于社会顶层。

10%的人有清晰的短期目标，这部分人的生活轨迹是通过不断完成短期目标实现事业成功，大多成为中产阶级，衣食富足。

60%的人经常更换自己的目标，由于目标的频繁变化导致他们无法深入涉足某个领域，生活一直很平庸。

剩下的人根本没有目标，他们无一例外地生活在社会的底层，没有建立自己的事业，又无一技之长，经常失业，甚至深受毒品困扰，只能靠社会救助维持生活。

通过上面的调查我们发现，目标对人生具有积极重大的影响，职业生涯规划有助于大学生树立正确的人生目标，全身心投入让自己实现价值最大化的领域，最终取得成功。

（二）实现职业成功

现实生活中人们对职业生涯规划的理解千差万别：有的人以胜任力为导向，认为自己能在什么工作岗位上取得最大的成就就从事什么样的工作，这就是职业生涯规划；有的人以兴趣为导向，认为从事自己喜欢的工作并不断精进才是职业生涯规划。第一种观点是"我能做什么"，第二种观点是"我想做什么"，职业生涯规划就是把二者结合起来，以及在社会的需求下如何实现的问题。

大学生想要在以后的职场环境中取得良好发展，离不开职业生涯规划的理论指导，通过职业生涯规划找出自己喜欢从事的工作领域，并培养自己的岗位胜任力，确定自己的优势所在，明确切入社会的起点及提供辅助支持、后续支援的方式，从而找到自己职业成功的有效途径。

（三）提升综合素养

一份切实可行的职业生涯规划在制定过程中将会帮助大学生进一步认识自己，明确自身的优势与劣势，对自身的价值进行合理评估，并让自己持续升值，在清晰的自我认知基础上树立职业发展目标，认清自身实力、所处环境与目标之间的距离以及为了实现目标所要做出的努力，并在实现职业发展目标的过程中不断发现新的职业机会，通过不断完善自己、提升自己的岗位胜任能力，增强职业竞争力，提升综合素养，最终达成职业生涯规划制定的职业目标。

职业生涯规划促进人不断自我完善及全面发展，实现人的价值最大化，促使人追求更加健康的生活，帮助人健全自己的人格，构建合理的知识体系，拓展、维护好自己的人际关系等。

（四）提高就业能力，实现成功就业

自2014年起我国每年高校毕业生都超过700万人，且还在逐年增加，在经济下行压力下职业竞争将会愈来愈激烈，要想在职业竞争中脱颖而出，得到用人单位的赏识，制定合理的职业生涯规划是非常有必要的。

很多大学生前期没有制定职业生涯规划，等到毕业求职的时候在求职网站上投下海量简历，不停地参加各种招聘会，抱着广撒网、多捞鱼的态度找工作，结果往往是不尽如人意，浪费了找工作的黄金时间，到头来只能自怨自艾，抱怨用人单位不能慧眼识英雄。这些学生没有认识到职业生涯规划的重要性，觉得要找到好工作无非是要凭借自己的专业知识和技能、社会关系等，职业生涯规划不过是一纸空文，毫无用处，与其浪费时间制定职业生涯规划，不如多参加两场招聘，多给几家公司投简历。这种观念无疑是错误的，我们常说磨刀不误砍柴工，毕业求职前先做好职业生涯规划，并按照规划一步步完成，这样的效果会更好。

【体验活动】 **撕纸游戏**

生命不是掌握在别人手里，它只有一个主人，那就是你自己。

生命最宝贵之处，并不在它的长度，而在它的广度和深度。

生命是一段旅程，最值得回味的，不仅是目的地，更是路上的风景。

现在的你，是三年前的你所决定的。三年后的你，是现在的你所决定的。

现在：

（1）按图1-1所示，请准备一个1厘米宽的纸条，这个纸条的全部长度代表你的一生。

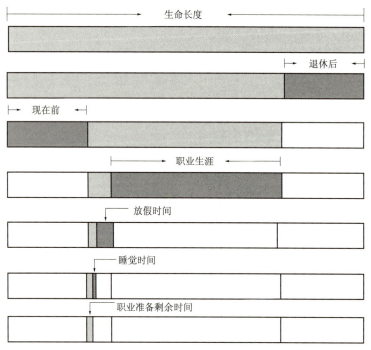

图1-1 撕纸游戏

（2）先撕去退休后的时间，大约1/5。

（3）然后撕去自己成为大学生之前已经度过的岁月，大约1/5。

（4）继续撕去从步入工作到退休期间的时间，大约1/3。

（5）然而，还要撕去 1/3——睡觉时间，再撕去吃饭、清理个人卫生的时间，撕去交朋友、体育锻炼的时间，撕去看电视、玩的时间……现在，看看你的纸条还剩多少。

现在，让我们来计算：大学三年全部的 1036 天，其中有三个寒假+两个暑假+三个长假，还有一半黑夜。在仅剩的 252 天里再去掉你发呆、郁闷、抱怨、茫然、网游、恋爱、毫无目的地学习……还余多少天呢？

（6）现在剩下的纸条就是能够做职业准备的时间。拿着手中的小纸条，你都想到些什么？

由此，你明白了什么？你有哪些感悟呢？

第二节　把握生涯智慧　发展生涯技能

职教案例

从抱怨到信任

付同学，某职业技术学院旅游专业，有一次她带游客出海捕鱼，因为正值旅游旺季，旅游团队特别多，游客都在码头上排队等待上船，付同学向团队成员讲解了出海捕鱼的安全注意事项，游客听得很认真。

此时，个别游客戴上帽子后忘了系上带子，导致帽子飞走了，付同学就组织几个游客去找回来。付同学所带的团队等了很久（有 20 多分钟），有几个游客就开始表现出不耐烦的情绪，有些抱怨与埋怨产生。付同学微笑着向大家解释，让大家耐心等待，并上前和当地负责出海捕鱼项目的渔民沟通，询问能否加快进度，让游客尽早出海捕鱼。

总算可以上船了，游客们都很开心，对捕鱼充满了期待，非常开心地乘坐小船出海捕鱼去了。结果回来的时候一条鱼都没有捕到。这时候游客就不开心了，抱怨声不断，说让他们在那么大的太阳下等，还说是导游故意不带他们去鱼多的地方捕鱼的，其中夹杂了一些无理取闹的话。付同学心里也很恼火，出了这样的事情不是她能够掌控的，同时也觉得很委屈。突然之间，她很想爸爸妈妈，很想回家。

但冷静下来后，她知道自己应该有担当，如果自己对此事置之不理，这个事情就会成为游客心中一个解不开的结，后面的行程游客肯定会很不配合。

于是，付同学就到小商铺买了一箱水，一一分发给团中的每一个人。之后她又走向团队中一位年纪比较大而地位举足轻重的奶奶，认真地倾听她的不满，并记录在了自己随身携带的本子上。付同学之后再三表示了自己的歉意，并且保证回去之后一定会到旅行社反映情况。

就这样，团队中的抱怨声逐渐减少了。后来这个团队中的游客的家人去嵊泗玩，还专门指名让付同学做地接。

一、职业选择理论

1909年，帕森斯根据多年的工作经验，在其《选择职业》一书中提出了特质因素理论（又称帕森斯的"人职匹配"理论）。特质因素理论是最早的职业辅导理论，帕森斯认为，个人都有自己独特的人格模式，每种人格模式的个人都有其相适应的职业类型。

"特质"是指个人的人格特征，包括能力倾向、兴趣、价值观和人格等，这些都可以通过心理测验工具来加以评量。

"因素"是指在工作上要取得成功所必须具备的条件或资格，这可以通过对工作的分析而了解。

帕森斯主张选择职业的三大要素和步骤如下：

1. 评价求职者的生理和心理特点（特性）

通过心理测验及其他测评手段，获得有关求职者的身体状况、能力倾向、兴趣爱好、气质与性格等方面的个人资料，并通过会谈、调查等方法获得有关求职者的家庭背景、学业成绩、工作经历等情况，并对这些资料进行评价。

2. 分析各种职业对人的要求（因素），并向求职者提供有关的职业信息

这些职业信息包括：①职业的性质、工资待遇、工作条件以及晋升的可能性；②求职的最低条件，诸如学历要求、所需的专业训练、身体要求、年龄要求、各种能力以及其他心理特点的要求；③为准备就业而设置的教育课程计划，以及提供这种训练的教育机构、学习年限、入学资格和费用等；④就业机会。

3. 人职匹配

在了解求职者的特性和职业的各项指标的基础上，进行比较分析，以便选择一种适合其个人特点又有可能得到并能在职业上取得成功的职业。人职匹配分为两种类型：①因素匹配（职业找人）。例如，需要有专门技术和专业知识的职业与掌握该种技能和专业知识的择业者相匹配；脏、累、苦等职业，需要有吃苦耐劳、体格健壮的劳动者与之匹配。②特性匹配（人找职业）。例如，具有敏感、易动感情、不守常规、个性强、理想主义等人格特性的人，宜于从事审美性、自我情感表达的艺术创作类型的职业。

特性因素理论强调个人所具有的特性与职业所需要的素质与技能之间的协调和匹配。为了对个体的特性进行深入详细的了解与掌握，特性因素理论十分重视人才测评的作用，可以说，特性因素理论进行职业指导是以对人的特性的测评为基本前提的，它首先提出了在职业决策中进行人职匹配的思想，奠定了人才测评的理论基础，推动了人才测评在职业选拔与指导中的运用和发展。

二、职业生涯发展理论

舒伯提出了人一生的完整的生涯发展阶段模式，他从人的终生发展角度出发，把整个人生分为成长、探索、建立、维持和衰退五个阶段。具体如表1-1所示。

表1-1 生涯发展阶段

阶段	主要任务
成长 0~14岁	认同并建立起自我概念，对职业的好奇占主导地位，并逐步有意识地培养职业能力
探索 15~24岁	主要通过学校学习进行自我考察、角色鉴定和职业探索，完成择业和初步就业
建立 25~44岁	获取一个合适的工作领域，并谋求发展，是绝大多数人职业生涯周期中的核心部分
维持 45~64岁	开发新的技能，维护已经获得的成就和社会地位，维持家庭和工作两者间的和谐关系，寻找接替人选
衰退 65岁及以上	逐步退出职业和结束职业，开发社会角色，减少权利和责任，适应退休后的生活

每一阶段都有一些特定的发展任务需要完成，每一阶段需达到一定的发展水准或成就水准，并且前一阶段的发展任务达成与否，关系到后一阶段的发展。

根据舒伯的看法，一个人一生中扮演的许许多多角色就像彩虹同时具有许多色带。为了综合阐述生涯发展阶段与角色彼此间的相互影响，舒伯提出"生涯彩虹图（Life - Career Rainbow）理论"，引入生命广度（Life - Span）、生命空间（Life - Space）的概念，展示了不同发展阶段各种角色的相互作用、不同生涯发展阶段角色的继承与更替，如图1-2所示。

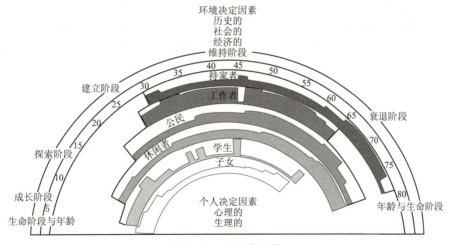

图1-2 生涯彩虹图

在生涯彩虹图中，纵向层面代表的是纵观上下的生活空间，是由一组职位和角色所组成。分成子女、学生、休闲者、公民、工作者、持家者六个不同的角色，它们交互影响交织出个人独特的生涯类型。

舒伯认为在个人发展历程中，随年龄的增长而扮演不同的角色，图的最外圈为主要发展阶段，内圈阴影部分的范围，长短不一，表示在该年龄阶段各种角色的比例；

在同一年龄阶段可能同时扮演数种角色，因此彼此会有所重叠，但其所占比例则有所不同。

（1）生涯彩虹图最里层子女的角色是一直存在的，在5岁以前是涂满颜色的，之后逐渐减少，10岁时大幅减少，到50岁时开始增加。表明早期作为子女享受父母的照顾，慢慢与父母平起平坐，父母年迈之际，则要开始照顾、赡养父母，直至父母去世，子女的角色也随之消失。

（2）生涯彩虹图第二层是学生角色，学生角色从4、5岁开始，10岁以后进一步增强，20岁之后大幅减少，25岁以后便戛然而止，30岁至50岁期间出现几次恢复，65岁以后还有出现。这表明，学习是一生相随的，离开学校工作一段时间之后，如果感觉自己已不能满足工作需要，那么重新返回学校充电是必须的，可以开创生涯发展新局面。

（3）生涯彩虹图第三层是休闲者角色，这一角色从5岁之后一直是平稳发展的，直到55岁之后显著增加。表明休闲是贯穿人一生的，是平衡工作的重要砝码，工作讲究劳逸结合，生涯发展也不能少了休闲。

（4）生涯彩虹图第四层是公民角色，这一角色从20岁开始，35岁后得到加强，65～70岁达到顶峰，随后慢慢减退。公民是一种法律上的含义，是人承担社会责任、关心国家事务的一种政治表现。

（5）生涯彩虹图第五层是工作者角色，这一角色大概从25岁开始，30岁之后得到加强，表明该阶段工作达到了顶峰。到45岁后，工作角色进入短暂的空白期，对比发现，此时学生角色和持家者角色得到增强，表明这张彩虹图的主人在该阶段进行了工作和生活中心的调整，进行了一段时间的脱产学习，以便未来更好地发展，并更多关注家庭及自身的转型。两三年之后，学生角色和持家者角色恢复平均水平，工作者角色重新占据生活的中心，直到60岁之后开始减少，65岁时终止工作者角色。

（6）生涯彩虹图第六层是持家者角色，这一角色从30岁开始，开始投入了相当多的精力，之后维持在一个适当的水平，65岁退休之后又加强了这一角色，75岁之后这一角色大幅减少，表明家庭责任大幅减轻，或许是因为伴侣的消失，或许是完全将家庭事务交给了小辈。

三、霍兰德的职业人格类型理论

霍兰德是美国著名的职业生涯指导专家，他将职业选择看作一个人人格的延伸。他认为，职业选择也是人格的表现，同一职业团体内的人有相似的人格，因此对很多问题会有相似的反应，从而产生类似的人际环境。

他强调：个人的人格与工作环境之间的适配和对应是职业满意度、职业稳定性与职业成就的基础。由此，霍兰德假设：在我们的文化里，可以将大多数人的人格分为六种类型，这六种类型可以按照固定顺序排成一个六角形。

（一）霍兰德的职业兴趣六角形模型

霍兰德提出职业兴趣六角形模型，把个体的职业兴趣和工作环境分为实用型（Realistic)、研究型（Investigative）、艺术型（Artistic）、社会型（Social）、企业型（Enterprising）和事务型（Conventional）六种，如图1-3所示。

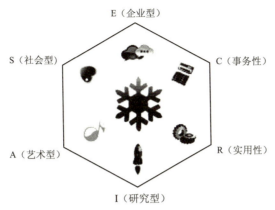

图1-3 职业兴趣六角形模型

如果个体的职业兴趣与工作环境相符合，个体的职业满意度、幸福感和控制感都会增强，如此不仅有利于个体的发展，还有利于组织的成就。

实用型（R）：有运动机械操作的能力，喜欢机械、工具、植物或动物，偏好户外活动。

研究型（I）：喜欢观察、学习、研究、分析、评估和解决问题。

艺术型（A）：有艺术、直觉、创造的能力，喜欢运用想象力和创造力，在自由的环境中工作。

社会型（S）：擅长和人相处，喜欢教导、帮助、启发或训练别人。

企业型（E）：喜欢和人群互动，自信，有说服力、领导力，追求政治和经济上的成就。

事务型（C）：喜欢从事资料工作，有写作或数理分析的能力，能够听从指示，完成琐细的工作。

通过测试，可以找到个人的职业代码。比如一个代码为ASI的人，在艺术型、社会型、研究型三方面得分较高，他最适合做的是艺术家、画家、记者等。

（二）霍兰德六种人格类型的关系

霍兰德提出的六角形模型反映了六种人格类型的相似和差异程度。在六角形中，相邻的两种类型代表其相似程度最高，如社会型和企业型；对角的两种类型代表其差异最大，如艺术型和事务型。以社会型为例，根据霍兰德六角形模型，企业型、艺术型与社会型最相似，而实用型与社会型处于六角形的对角上，差异最大。有学者提出两维的模型，可以帮助我们更深入地了解六种人格类型的关系。

根据数据（Data）VS想法（Ideas）和人（People）VS物（Things）两个维度，可以将个体划分为四种类型，如图1-4所示。

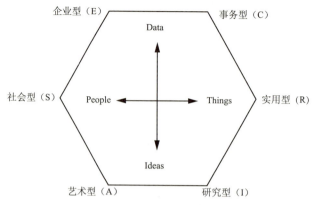

图 1-4　六种人格类型的关系

（1）数据类的人喜欢事实、计算、数字、创建和管理文档。
（2）想法类的人喜欢获得知识、见识、发现新的方法。
（3）喜欢与人打交道的人喜欢帮助别人、提供服务、照顾以及卖东西给别人等。
（4）喜欢与物打交道的人喜欢机器、工具、植物、动物和材料等。

对照霍兰德六角形，社会型的个体更喜欢与人打交道，对角的实用型个体更喜欢与物打交道。

企业型和事务型的个体更喜欢处理数据，而艺术型和研究型的个体则更愿意加工想法。

四、职业生涯规划方法

最简单的职业生涯规划方法，是归零思考的方法。该方法是依次问自己以下 5 个问题：

（1）我是谁？
（2）我想做什么？
（3）我能做什么？
（4）环境支持或允许我做什么？
（5）我的职业与生活规划是什么？

回答了这 5 个问题，找到它们的共同点，就有了自己的职业生涯规划。

现在，取出五张白纸、一支铅笔、一块橡皮，在每张纸的最上边分别写上以上 5 个问题。然后，静下心来，排除干扰，按照顺序，独立地仔细思考每一个问题。

对于第 1 个问题"我是谁？"回答的要点是：面对自己，真实地写出想到的每个答案。写完了再想想有没有遗漏，认为确实没有了，按重要性进行排序。

我是谁？
我的性格是_____；
我的能力是_____；
我的理想是_____；
我的未来是_____；

别人认为我是＿＿＿＿＿＿＿＿＿＿＿＿＿＿＿＿＿＿＿＿＿＿＿＿＿＿＿＿＿＿＿＿。

对于第2个问题"我想做什么？"可将思绪回溯到孩童时代，从人生初次萌生第一个想做什么的念头开始，然后随年龄的增长，再认真地进行排序。

我想做什么？

我小时候想做的工作是＿＿＿＿＿＿＿＿＿＿＿＿＿＿＿＿＿＿＿＿＿＿＿＿；

我中学时想做的工作是＿＿＿＿＿＿＿＿＿＿＿＿＿＿＿＿＿＿＿＿＿＿＿＿；

我现在想做的工作是＿＿＿＿＿＿＿＿＿＿＿＿＿＿＿＿＿＿＿＿＿＿＿＿＿；

我的父母希望我做的工作是＿＿＿＿＿＿＿＿＿＿＿＿＿＿＿＿＿＿＿＿＿；

我一定要做的工作是＿＿＿＿＿＿＿＿＿＿＿＿＿＿＿＿＿＿＿＿＿＿＿＿。

对于第3个问题"我能做什么？"则是对自己能力与潜力的全面总结，一个人职业的定位最根本的还要归结于他的能力，而他职业发展空间的大小则取决于他的潜力。对于一个人潜力的了解应该从几个方面着手，如对事的兴趣、做事的韧性、临事的判断力以及知识结构是否全面、是否及时更新等。

我能做什么？

我小时候曾做成的事情是＿＿＿＿＿＿＿＿＿＿＿＿＿＿＿＿＿＿＿＿＿＿；

我中学时曾做成的事情是＿＿＿＿＿＿＿＿＿＿＿＿＿＿＿＿＿＿＿＿＿＿；

我大学时曾做成的事情是＿＿＿＿＿＿＿＿＿＿＿＿＿＿＿＿＿＿＿＿＿＿；

我认为我能做成的事情还有＿＿＿＿＿＿＿＿＿＿＿＿＿＿＿＿＿＿＿＿＿；

别人认为我能做成的事情是＿＿＿＿＿＿＿＿＿＿＿＿＿＿＿＿＿＿＿＿。

对第4个问题"环境支持或允许我做什么？"的回答则要稍做分析：环境，有本学校、本城市、本省，自小向大，只要认为自己有可能借助的环境，都应在考虑范畴之内。在这些环境中，认真想想自己可能获得什么支持和允许，弄明白后一一写下来，再以重要性排列。

环境支持或允许我做什么？

我所在的寝室支持或允许我做的是＿＿＿＿＿＿＿＿＿＿＿＿＿＿＿＿＿；

我所在的班级支持或允许我做的是＿＿＿＿＿＿＿＿＿＿＿＿＿＿＿＿＿；

我所在的学院支持或允许我做的是＿＿＿＿＿＿＿＿＿＿＿＿＿＿＿＿＿；

我所在的学校支持或允许我做的是＿＿＿＿＿＿＿＿＿＿＿＿＿＿＿＿＿；

我所在的城市支持或允许我做的是＿＿＿＿＿＿＿＿＿＿＿＿＿＿＿＿。

把5张纸一字排开，然后认真比较第一至第四张纸上的答案，将内容相同或相近的答案用一条横线连起来，你会得到几条连线，而不与其他连线相交的又处于最上面的线，可能就是你最应该去做的事情，你的职业生涯就试着以此为方向。在此方向上以3年为单位，提出近期、中期与远期的目标；再在近期的目标中提出今年的目标；将今年的目标分解为每季度目标、每月目标、每周目标、每天目标。

这样，你每天睡前就可以对照自己的目标进行反省，总结当日成就与失误、经验与教训，修正明天的目标与方法，第二天醒过来后稍加温习就可以投入行动了！这样日积月累，我们的目标、我们梦想终会实现的。

【体验活动】

一、绘制人生彩虹图

现在,我们来绘制自己的人生彩虹图!

请思考自己过去、现在以及未来可能承担的生活角色,在图1-5上标注年龄阶段和你扮演的角色名称,然后在你某个年龄所扮演或希望扮演的角色区域,利用彩笔和文字区分出你对这些角色的理解。

注意要点:

1. 角色扮演的成功视个人的生理、心理因素及当时的社会环境等外在情境因素而定,该角色越成熟,所绘制的色带应越饱满。
2. 生命中各阶段所扮演的角色,延续的时期可用色带的长度来表示。
3. 可用不同的颜色来代表对该角色的喜好。

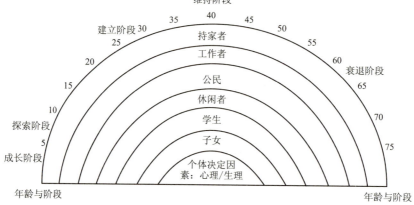

图1-5 生涯彩虹图

绘制完成后,面对自己的人生彩虹,你有什么感想呢?对于人生的不同阶段,所扮演的不同角色你有哪些新的认识?如果要重绘这幅图,你会改变什么吗?

_____

与同学讨论,通过绘制人生彩虹图,你发现有哪些规律?请列出:

_____

二、鱼骨生命线

现在,在图1-6上来绘制自己的鱼骨生命图。

图1-6 鱼骨生命图

填涂说明

鱼眼，表示原点，即出生时刻及出生地；鱼头，呈现三角形，代表人出生后 0~3 岁的发展迅速的阶段；鱼尾，表示职业生涯结束后，生命逐渐老去的部分；鱼尾尖，表示生命的终点。

1. 请你在生命的原点上写上出生日期和 0 岁。再请你根据自己的健康状况、家族的健康状况和你所生活地域的平均寿命来预测自己和世界说再见的时间，并标注在箭头的终点上。

2. 请找出今天你的位置，用一个自己喜欢的标记表示在生命线上，并写上今天的日期和年龄。

3. 请你进一步仔细回忆过去，以生命线上的时间点为初始点，标出过去影响你最大或令你最难忘的 5 件事，积极影响事件鱼刺朝上，消极事件鱼刺朝下；并以线段的长短表示事件对自己影响的大小。

4. 现在请你在生命线上标出今后你最想做的 3 件事或最想实现的 3 个目标，能够由自己全权决定的鱼刺朝上，需要别人参与或者全部由别人定夺的鱼刺朝下。

参考自己绘制的鱼骨生命图，深入思考，并完成下面的问题。

1. 过去的事情对你有怎样的影响？你对这些事情的看法怎样？

_____

2. 对于现在的自己，你是否感到满意？哪些人或事促成了现在的你？

_____

3. 对未来的自己，你的预期是什么？如果想要成为这样的人，你现在需要做什么？

_____

【实践拓展】寻找自己的个人成长顾问

第一个顾问是学习成长顾问。这个顾问可以是老师或高年级同学，需要时可以和他们讨论在学习上遇到的问题。

第二个顾问是心理健康顾问。这个顾问可以由学校心理咨询中心或所在院系的辅导员、班主任等相关人员担任，在生活、学习、情感或任何一个方面遇到困惑时，可以及时找到他，寻求及时的有效帮助。

第三个顾问是生涯发展顾问。这个顾问可以请学校就业指导中心的老师或请所在院系的辅导员、班主任等相关人员担任，也可以请自己熟悉的企业人士来担任，他们能够在自己迷茫需要帮助时助自己一臂之力。

第四个顾问是个人形象顾问。这个顾问可以请学校的老师或用自己的方法找到校外合适的人来担任。不过在这里需要注意"形象"的含义，一方面是外在形象，如服饰、发型、言谈举止等，另一方面是自己的气质、素质、个人品牌等。

以上四个顾问的寻找可以用自己的方式做到，比如一个电话邀请或者拜访面谈。有这四个顾问的贴身服务，同学们将成长得更快。

顾问情况记录如表 1-2 所示。

表 1-2 生涯成长顾问

顾问类型	顾问姓名	联系方式	沟通建议频率	咨询提示	备注
学习成长顾问			每学期1次	学业有困难时	
心理健康顾问			每年1次	心中压抑时	
生涯发展顾问			每年1次	职业选择、实习、面试时	
个人形象顾问			根据个人需要	参加重要活动时	

HR提问

你了解心仪公司的发展历程和愿景吗？

专家视角

一、最成功、最幸福的状态，是眼里只有对自己有意义的东西

常识告诉我们，要想提升幸福感、减少冲突和压力，就不能对工作投入过多。然而，现实似乎恰恰相反：想要对这个世界产生影响，并取得世俗意义上的成功，就必须让工作高于生活中的其他一切。

这是一种零和思维。从过去30年的研究和实践经验看，各领域的成功人士很少会这样看问题。在我们中间，有这样一群真正的成功者：他们取得的成就不是以牺牲家庭、社区和自我为代价；相反，恰恰是对个人生活的充分投入，帮助他们取得了事业上的成功。他们善于减少工作与生活的冲突，并赋之以和谐感。这不仅能减轻压力带来的紧张和焦虑，更是让他们取得令人钦佩的成就的力量源泉。

在《过你想过的生活》（Leading the Life You Want）一书中讲述了一些人的故事，他们堪称上述理念的现实典范。他们驾驭生活的各个部分蕴含的热情与能量，将它们聚合在一起，在工作、家庭、社区和自我这四个方面都取得成就，实现"四通赢"。这也许不能一步到位，而是要用一生去完成。这些人慎重地选择对他们来说最重要的人和事情。他们在工作中和工作之外的行为，都是自己价值观的体现。他们尽己所能，让生活中最重要的、依赖他们和他们依赖的人过得更幸福。如此清晰的视野，能帮助你化解冲突和压力，并不断变得更加自由。

并非只有天赋异禀且特别幸运的人能达到这种完美状态；只要愿意在生活中努力忠于自己、服务他人，并不断修炼，任何人都能做得到。要想按你希望的那样，过上有意义和从容的生活，关键在于全面思考，以及高度专注于对你重要的事物。当你眼里只有对自己有意义的东西，压力和紧张便不再那么困扰你。

（引自 http://www.hbrchina.org/2016-10-27/4656.html，有删减）

二、成功人生的七个设计

有一本书叫《从现在出发》，内容是如何规划大学生活，其实这也是对人生规划的设计。人需要在年轻的时候好好规划自己，认真努力做事。一个人在年轻的时候努力

的程度如何，就决定未来他自己的高度如何；一个人在年轻的时候有多自律，就决定未来他有多自由。

(一) 设计梦想

到了成人阶段，很多人觉得梦想已经与自己没有什么关联了，他们关心的是现实生活的所有，大家在一起聊天的时候，说得最多的是财富、工作和生活，还有人不断地谈论现实的残酷、长大的烦恼、生活的无奈、自己的孤独，这些都是必要的话题，很少人会聊离现实生活稍微远一点的一些话题。我们之所以陷在现实的困惑中，是因为我们失去了想象的能力，失去了梦想的牵引，也就失去了梦想带给我们的所有的美好和期许。如果没有期许、没有理想、没有愿望，相信生活也就没有了色彩、没有了方向和追求。

理想愈高远，人的进步愈大，这是一个不断被证明的话题。人之所以成为伟人，首先是因为他有着崇高的理想，有着伟大的目标。人们喜欢姚明和刘翔不仅仅是因为他们所取得的成就，而是他们用理想激励自己的过程。为了实现这个理想，他们训练自己拥有更多的知识和技能，还要超越个人的得失，做出某些重大的牺牲。正如姚明和刘翔一样，在理想指引下，你逐渐变得有超乎常人的能力，胸怀宽广，大公无私，以你独有的方式为公众、为国家、为民族，甚至为人类服务。而当你的这种服务取得成效后，自然能够得到社会和公众的认可与尊重。而公众和社会对你的认可和尊重，使得你成为伟大的人。

(二) 设计努力

在《说文解字》中，"智"这个字，把它拆开是"日""知"，可以据此理解为每天知道多一点，就叫"智"；再看"慧"字，把它拆开，它是三个字的组合，上面两个"丰"，中间一个"彐"，下面一个"心"，也就是说：当心像雪一样洁白平静的时候，就会有双倍的丰收，能双倍地接纳别人的人，就是充满"慧"的人。所以智慧就是每天知道多一点，让你的心平静下来，不断地吸收，双倍地吸收，你就可以成为充满智慧的人了，的确如此。

大家记住，有知识不等于有智慧，知识与智慧的唯一区别：知识有一个节点，智慧没有。智慧是每一天逐步增加的。你可以说这本书我现在看完了，但是智慧没有结束，它是一个不断累积的过程。有智慧跟有知识的区别，就是你是不是能够每天多一点进步，你是不是能够平静地接受所有的东西。

成功与失败没有什么大的差别。成功与失败之间唯一的差别就是成功比失败多那么一点努力的东西。成功真的不是太难的东西，真的是需要稍微探索多一点。你如果这样做了，那你一定是会成功的，你要成功一定要比别人多付出一点。

要创造性地思考。如果你真的想探索多一点的东西，你一定要创造性地思考。等你看山一定不是山，看水一定不是水时，你才是创造性地思考。现代人的基本素质只有三个词，叫作团队、速度、韧性。也就是说，如果你不会跟人家合作，你一定不是一个现代人；如果你的速度没别人快，也无法当一个现代人；还有更重要的一点就是，你要有韧性，因为今天的诱惑太多，坚韧的韧，韧性！

（三）设计心态

设计心态非常重要，良好的心态是成功的要素之一。

第一是归零心态。这个心态是在大学里培养出来的，等你工作的时候，你就没有时间培养你的心态了。为什么？因为你那时候压力太多，比如说你要成就事业，你要成家立业，你要有所作为，你要出人头地……你的欲望太多了。在大学里毕竟还是非常单纯，所以这个时候是你练心态最好的一个时期。我们很多人没有注意到这一点。

一个正确的心态应该怎样树立？第一个就是要学会归零。智慧的"慧"就是心要像雪一样平静就是这个道理，就是你要学会归零。一个能够归零的人，他的心态一定是成功的心态。当你错的时候你就要承认错误，而且要真心实意地承认，承认完了就把它扔掉。当你对的时候，你也要真心诚意地来想我是对的，但是欣赏完了就拉倒。一定要有回归为零的这个心态。

第二是快乐心态。学习是一件非常快乐的事情。每取得一点点的进步、每掌握一个公式、每知道一个定理，都会发现学习是非常快乐的。说实话，我们要为自己未来的人生是否快乐负责。因为未来要终生学习。

第三是积极心态。快乐与积极其实是一样的，就是快乐的事情我们都认真做。可能你会发牢骚，但一定要仅限于偶尔而已。你所要做的所有事都要快乐地去面对，你要去解决所有的困惑。

你的积极的心态、快乐的心态、归零的心态，能让你一生受益，所以你一定要现在把它培养出来，然后你才有机会用这个心态去面对未来的生活。

（四）设计时间

设计时间，就是对时间的管理。很多人在回首大学时光的时候，最感可惜的就是浪费时间。

怎么来设计时间呢？

第一，二八定律。在整个大学生活里，你有20%的事情是最重要的，你要给它80%的时间，那这个应该就是学习。然后你还有80%并不重要，但是你一定要做的事情，比如说你要吃饭、睡觉、洗澡、交友、花费时间做自己喜欢的事情，等等，这些事情你是一定要做的，你用20%的时间去做这些。

第二，设计时间的技巧。先要学会划分时间的四个象限，任何的事情在时间单位上都可以分为四种：很重要—很急迫、很重要—不急迫、不重要—很急迫、不重要—不急迫。那么一般人就先去处理很重要—很急迫、不重要—很急迫的事情。但是对你来讲，如果你想真正发挥价值，你必须抽出时间来做那个很重要—不急迫的事情，这个需要大家一定要学会去做。

（五）设计沟通

沟通是一门学问，是可以设计的。你学会与人沟通对你的帮助会非常巨大。一个真正学会沟通的人，一定会得到知识和帮助。

沟通一定要"由心开始"。沟通由心开始最重要的就是想别人所想，而不是想你所想的。要去帮助别人达成目的,而不是达成自己的目的。当你可以帮助别人达成目的的时候,你的目的自然会达成。

沟通就是做听众。喜欢说话的人在人群里面大约占80%,喜欢听人说的人在人群里面大约只占15%。所以如果你真的想沟通,记住最有效的沟通就是做听众,那你就可以面对80%的人。所以你一定要学会做听众,做听众就是沟通的第一个模式,但是现在的人大多不愿意当听众。

沟通就是不断地为别人提供方便。那么沟通的第二个模式,就是一定要学会怎样不断地为别人提供方便,这样沟通才会有效。所以,好的沟通是你一定要为别人提供方便,然后才能把沟通做好。还有一点,就是沟通不要形成定型,就是不能老用一个方法进行沟通。

(六) 设计生活

如果我们要把大学生活设计好,那么一个非常关键的点就是你要怎么设法激励自己。激励自己是非常重要的,因为我们有时候会泄气,有时候会想不通,有时候会觉得好像要放弃,所以一定要学会不断地激励自己。那么要激励自己首先就要了解自己。今天的大学生不太了解自己,下面两种同学很多,一种就是自我感觉良好,还有一种正好是反的,就是对自己完全没有信心的,即自卑型。这两种类型的人都是因为没有认真地了解自己,而你又是一定要了解自己的。那么到底怎么才算是真正地了解自己呢?

第一,自己对自己的评价;第二,别人对你的评价;第三,你认为别人对你的评价。如果这三样东西是一致的,你就了解自己;如果这三样东西是不一致的,你就不了解你自己了。

弥补三大欠缺。今天的大学生有三样东西是缺少的:第一个就是缺少责任感;第二个是欠缺真正的自信;第三个是欠缺对自己定位的理解,就是你作为学生的定位到底是什么,对这个定位的理解没有非常清楚的情况下,我们就没有办法激励自己。

(七) 设计行动

一定要做成功的计划,把每一天、每一个学期、每一个课程、每一项活动,都按着成功的标准去做,不要得过且过,不要不求品质。

(引自http://www.360doc.com/content/15/0320/07/21626180_456597402.shtml,有删改)

第二章

职业自我认知探索

本章导图

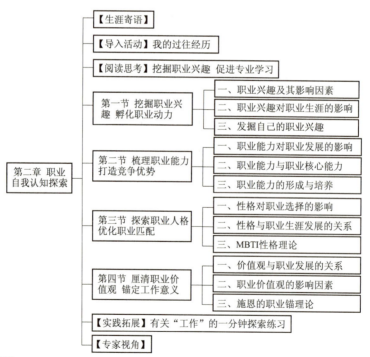

生涯寄语

人的生命相对历史的长河不过是短暂的一现,随波逐流只能是枉自一生。若能做一朵小小的浪花奔腾,呼啸加入献身者的滚滚洪流中推动历史向前发展,我觉得这才是一生中最值得骄傲和自豪的事情。

——黄大年

【导入活动】我的过往经历

1. 从小到大你担任过哪些职务,你喜欢的是哪些职务,不喜欢的是哪些?请说明为什么。

2. 你最敬佩或崇拜的人是谁?他对你产生了什么影响?

3. 你最喜欢看哪种杂志?这些杂志中的哪些部分吸引你?或者,你到书店去,你通常会停留在哪类书的书架前?

4. 你最喜欢什么科目?为什么喜欢?

5. 通常你喜欢哪个频道的电视节目?为什么?

6. 你的答案中有什么共同点?是否可以归纳出什么主题或关键词?这些词和霍兰德的哪些人格类型相对应?

阅读思考

从金属雕刻到高层次人才
——记浙江省青年工匠成长路

刘同学,某职业技术学院模具专业,从"振兴杯"全国青年职业技能大赛中脱颖而出,是全国唯一连续获学生组和职工组的"双料"冠军,先后被授予了全国技术能手、全国青年岗位能手、浙江省技术能手、浙江省青年工匠、浙江省青年岗位能手、杭州市青年岗位能手等荣誉称号和杭州市五一劳动奖章;获评杭州市C类人才,享受杭州市购房补贴150万元,区补贴30万元高层次人才津贴/补贴政策。

1997年出生的壮族小伙刘同学,四岁随父母离开老家广西玉林,来到绍兴生活,从绍兴的一所职业高中考入了高职院校。最初的他对于未来曾有过清晰的规划,就想毕业后能在杭州工作两年,然后回广西老家。在全国五一劳动奖章获得者陈老师的引导下,他一步步澄清到自己兴趣,在陈老师指导下积极参加各类技能比赛。他曾在新昌技师学院集训,为了不耽误训练,他一直没有回过家,可谓"十过家门而不入"。正如他分享中谈及：训练最明显的感受，就是手掌的茧子长了又破，破了又长。5个月的艰苦付出，市赛第一，省赛第一，国赛第一！

如今的刘同学踏上了培养学生技能的路上，在传承工匠精神的路上前行。让学生在自己动手创作的过程中，增强获得感、荣誉感和学习兴趣，从实践中真正体会到劳模精神、劳动精神和工匠精神，探索培养更多的高素质技术技能人才、能工巧匠和大国工匠，造就一支有理想守信念、懂技术会创新、敢担当讲奉献的技能人才队伍。

同学们，请结合职业兴趣思考学习兴趣在自己学业生涯中的作用。

第一节　挖掘职业兴趣　孵化职业动力

职教案例

我是"修车的"

孟同学，某职业技术学院汽检专业，他给大家留下了非常深刻的印象，这个印象，源于他与众不同的自我介绍——"我就是一个修车的"。

汽车维修是一项非常辛苦的工作，可以说又脏又累。这个专业的学生谈起自己的就业意向，都不太愿意去从事这个工作。而孟同学对于这个工作岗位却有着一种旁人没有的执着，这源于他的兴趣。他认真好学，努力学习汽车相关知识，并寻找各种机会来实践操作以提高自己的实际动手能力。

大一暑假，他找了一家单位去实习。与其他学生不同的是，他没有找那种餐厅服务员、传单派送员、超市促销员等容易上手的工作，而是找了离家不远的一家汽车修理厂，干起了小工的活。毕竟才学了一年的专业知识，而且实践的机会不多，这两个月左右的时间，他更多的时候只能在师傅边上看着，帮忙递递工具，洗洗车。但是通过这个假期的实习，他的专业能力有了快速的提升，在班级同学中脱颖而出，在接下去的学习中他如鱼得水，如愿获得了奖学金。

大二暑假的时候，他又到那家单位去实习了，还是做一个学徒。在之前的基础上，他可以独立做一些简单的部件拆解和汽车保养工作了。经过这个假期的实践，他的专业技能有了进一步的提高。开学之后，他也寻找各种机会来练手，譬如主动要求给老师的车子做保养，帮助老师解决一些日常用车中产生的小问题，如果暂时解决不了的，他就会带着这些问题去请教专业老师，然后回来继续解决。由于他专业知识扎实，动手能力强，大三的时候他代表学校参加了专业技能比赛，并获得了不错的成绩。

毕业后，他从实习生开始一点一点地学习，每天进步一点点，日积月累，不怕苦不怕累，在公司得到领导的表扬，提前转正，之后花了比别人少一半的时间让自己的专业技术水平达到中级工的标准，半年后直接担任小组长。之后他在不断地学习、积累期间又跟多位老师傅学艺，不断成长，从小学徒走到了能独当一面。他学得不但有深度，还有宽度。他不满足对单一品牌的维修积累，同时掌握了德系、日系、美系的多种市场常见车型的维修。

一、职业兴趣及其影响因素

职业兴趣是指人们对某种职业活动的关注程度以及乐于从事某种职业活动的稳定、积极而持久的心理倾向。它是一个人探究某种职业或从事某种职业活动所表现出来的特殊性格倾向，是个人对某种职业给予优先的注意，并具有向往的情感。职业兴趣是人们职业生涯取得成功的重要推动力，浓厚的职业兴趣能够最大限度调动人的潜能，使他长期专注于某一方向，做出艰苦的努力，并最终取得职业生涯的成功。

职业兴趣是以一定的素质为前提，在生涯实践过程中逐渐发生和发展起来的。它的形成与个人的个性、能力、实践活动、客观环境和所处的历史条件有着密切的关系，因此，职业规划对兴趣的探讨不能孤立进行，应当结合个人的、家庭的、社会的因素来考虑。

影响职业兴趣的因素包括以下几个方面。

（一）个人需要和个性

兴趣是在一定需要基础上，在社会实践中形成的，兴趣实际上是需要的延伸。关于需要的理论，心理学家也有许多论述，其中较为著名的是美国心理学家马斯洛的需要层次论。他把人的需要分成生理需要、安全需要、社会需要、尊重需要和自我实现需要五个层次，并广泛地流传开来。不管人的兴趣是什么，都是以需要为前提和基础的，人们需要什么就会对什么产生兴趣。人的生理需要或物质需要一般来说是暂时的，容易满足；而人的社会需要或精神需要却是持久的、稳定的、不断增长的，例如人际交往、对文学和艺术的兴趣、对社会生活的参与是长期的、终生的，并且是不断追求的。兴趣是在需要的基础上产生的，也是在需要的基础上发展的。

（二）个人认识和情感

兴趣是和个人的认识和情感密切联系的。如果一个人对某项事物没有认识，就不会产生情感，因而也就不会对它发生兴趣。同样，如果一个人缺乏某种职业知识，或者根本不了解这种职业，那么他就不可能对这种职业感兴趣，在职业规划时想不到。相反，认识越深刻，情感越丰富，兴趣也就越深厚。例如，有的人对集邮很入迷，认为集邮既有收藏价值，又有观赏价值，既能丰富知识，又能陶冶情操，因此他收藏得越多，越丰富，就越投入，情感越专注，越有兴趣，于是集邮就会发展成为他的一种爱好，并有可能成为他的职业选择。

（三）家庭环境

家庭作为最基本的社会单元，对每个人的心理发展都有重要的影响，因此个人职业心理发展具有很强的社会化特征，家庭环境的熏陶对其职业兴趣的形成具有十分明显的导向作用。大多数人从幼年起就在家庭的环境中感受父母的职业活动，随着年龄的增长，逐步形成自己对职业价值的认识，使得个人在选择职业时，不可避免地带有家庭教育的印迹。家庭因素对职业取向的影响，主要体现在择业趋同性与协商性等方面。一般情况下，个人对于家庭成员特别是长辈的职业比较熟悉，在职业规划和职业选择上产生一定的趋同性影响，同时受家庭群体职业活动的影响，个人的生涯决策或多或少产生于家庭成员共同协商的基础上。兴趣有时也受遗传的影响，父母的兴趣也会对孩子有直接的影响。

（四）受教育程度

个人自身接受教育的程度是影响其职业兴趣的重要因素。任何一种社会职业从客观上对从业人员都有知识与技能等方面的要求，而个人的知识与技能水平的高低在很大程度上取决于其受教育的程度。一般意义上而言，个人学历层次越高，接受职业培训范围越广，其职业取向领域就越宽。

（五）社会因素

一方面，社会舆论对个人职业兴趣的影响主要体现在政府政策导向、传统文化、社会时尚等方面。政府就业政策的宣传是主导的影响因素，传统的就业观念和就业模式也往往制约个人的职业选择，而社会时尚职业则始终是个人，特别是青年人追求的目标。如当前计算机技术和旅游事业都得到较大发展，对这两个职业有兴趣的人也增加得很快。另一方面，兴趣和爱好是受社会环境和条件制约的，不同的社会环境、文化氛围、资源条件，会激发人们产生不同的兴趣爱好。

（六）职业需求

职业需求是一定时期内用人单位可提供的不同职业岗位对从业人员的总需求量，它是影响个人职业兴趣的客观因素。职业需求越多、类别越广，个人选择职业的余地就越大。职业需求对个人的职业兴趣具有一定的导向性，在一定条件下，它可强化个人的职业选择，或抑制个人不切实际的职业取向，也可引导个人产生新的职业取向。

最后，年龄的变化和时代的变化也会对人的兴趣产生直接影响。就年龄方面来说，少儿时期往往对图画、歌舞感兴趣，青年时期对文学、艺术感兴趣，成年时期往往对某种职业、某种工作感兴趣。它反映了一个人兴趣的中心随着年龄的增长、知识的积累在转移。就时代来讲，不同的时代，不同的物质和文化条件，也会对人兴趣的变化产生很大的影响。

二、职业兴趣对职业生涯的影响

个人兴趣爱好对职业兴趣会产生一定的影响，兴趣爱好不同，职业兴趣也不同。有的人喜欢从事具体工作，例如工业设计、机械维修、园艺等；有的人对创造性强的工作情有独钟，如新产品开发、艺术创造等。职业兴趣对职业生涯规划及职业选择会产生四个方面的影响：

（一）兴趣是职业选择的重要依据

兴趣是一种强大的精神力量，可以帮助人们集中精力获取他们喜欢的专业知识，启发他们的智慧，创造性地开展他们的工作。当一个人对某一职业感兴趣时，就能充分调动自己的主观能动性，积极地关注和学习职业知识、动态，并付诸实践，提升精神状态和想象力，提高战斗力，增强克服困难的意志；如果对从事的职业没有兴趣，就会感觉工作索然无味，难以取得良好的效果，限制个人优势的发挥。

正像人们日常生活中喜欢从事自己感兴趣的活动一样，具有一定兴趣类型的大学生更倾向于寻找与自己兴趣相关的职业，特别是在外界环境限制较小时，他们更倾向于选择自己感兴趣的职业。

（二）兴趣可以充分发挥个人才能

兴趣是工作的强大动力，当人们对自己的工作感兴趣时，就能充分调动自己的主观能动性，全身心地投入工作中，攻坚克难，挑战极限，充分发挥自己的才能。

（三）兴趣是保证职业稳定、职场成功的重要因素

从事自己喜欢的职业，有利于智力开发。兴趣是推动人们全身心工作的主要动力之一。对工作内容感兴趣，就愿意花费时间和精力在业务上，就能促进工作能力的提升，这正是兴趣的作用。在相同条件下，人们更愿意从事自己感兴趣的工作，职业稳定性更强。

（四）兴趣可增强个人的职业适应性

拥有多种兴趣也能使人们适应多变的环境。如果你需要换工作，只要你有兴趣，就能快速适应并且做好这份工作。因此，兴趣是职场成功的一个重要因素，它能最大限度地发挥你的潜力，让你长时间专注于某个方向，不断提升工作能力，进而取得显著的成绩。大学生在进行职业选择时，要对自己有深刻的自我认知，既要知道自己能力范围内能从事哪些工作，又要知道其中哪些工作是自己感兴趣的。职业兴趣能够帮助大学生找到精准的职业定位，并发掘智慧和潜力。

三、发掘自己的职业兴趣

虽然职业兴趣形成后不容易改变，具有一定的稳定性，但是大学生依然可以根据实际需要，采取多种方法，结合自身实际去挖掘、发展、改变职业兴趣。通过以下几种途径可以培养职业兴趣：

（一）培养广泛的兴趣

兴趣广泛的人不仅对他们喜欢的领域有浓厚的兴趣，而且对其他领域也有兴趣。这种人有开阔的视野，在解决问题时可以从多方面得到启发，在进行职业规划时有多种职业可选择。兴趣单一、涉足面小的人，对新事物的适应能力较弱，在进行职业规划时选择也相对较少。

（二）重视培养间接兴趣

人们往往对事物本身没有兴趣，但是对其最后的结果有兴趣，这就是间接兴趣。人们在刚刚进入某个职业时，也许会对这个职业缺乏浓厚的兴趣，这时候就要培养自己的间接兴趣，通过间接兴趣引起对职业的直接兴趣。既可以通过对该职业给人们提供的服务、对社会的意义等引起间接兴趣，也可以通过了解该职业对自己职业生涯的促进作用引起兴趣，还可以通过不断地摸索提高间接兴趣。

（三）要有中心兴趣

大学生要培养广泛的兴趣，但不能都浅尝辄止，要有一个或几个涉足较深的兴趣领域，也就是说既要有广泛的兴趣，又要有中心兴趣，以获得更多的知识。如果没有

中心兴趣，获得的知识就不会特别深刻，职业规划方向也不会特别明晰，因此，我们应该在一个领域培养我们的专业兴趣，促进我们自身的发展和成功。

（四）积极参加职业实践

参加职业实践的途径有很多，包括去公司实习、对职业生涯人物进行访谈、参观访问等，通过这些职业实践，能加深大学生对职业的认识和了解，激发职业兴趣。每个人都可以根据社会和自我需要，有意识地培养和发展兴趣，为事业的成功创造条件。

（五）客观评价自己的能力来确定职业兴趣

对某一职业有浓厚的兴趣是成功的先决条件，除此之外在事业上取得成功还必须具备该职业所需要的能力。因此，在培养职业兴趣的同时，大学生也要对自己的职业能力有清楚的判断，看自己是否适合从事这个职业，在职业能力范围内形成的职业兴趣才是长久的，可规划利用的。

【体验活动】 吉迅大学生职业测评与规划系统

杭州职业技术学院就业网 http://hzvtc.careersky.cn/jixun/

第二节　梳理职业能力　打造竞争优势

职教案例

一个毕业生电话的启示

王同学，某职业技术学院工业设计专业，一天他电话联系了我，这个学生是工业设计班级里一个默默无闻的男孩子，专业水平一般。

电话里，他说自己毕业后找工作一直处于迷茫的状态，完全不知道自己要做什么工作。我先询问了他几个问题：a. 自己有什么爱好；b. 爱好是否是自己的专业或者有关联；c. 如果关联，那么专业学得如何，是否需要补缺，如果不关联，那么如何开展新的专业方向的学习。

第一个问题他就回答得很模糊，大致意思就是说自己也没什么特别的爱好。经过探讨，我发现他其实误解了爱好的本质。在他眼里，爱好就应该是自己已经很擅长的技能或者方向，擅长什么就爱什么（虽然从有些案例是如此，但不是绝对）。我问他最真实的想法，不考虑专业水平，他自己得出的结论是"设计"，也就是说与专业相关，这也回答了第二个问题。

第三个问题，他的专业水平不高，这一点毫不避讳，他坦言，进入学校后目标一直是很模糊的，有拿证书的想法，刚开始也有想学习的想法，但是后来也没那么专注。

到此为止，他开始意识到自己的方向和专业能力的缺失。这件事情并不难办，但也不好办。三年的专业水平锻炼要在极短的时间内速成，本身是不合理的，但是面临工作，又不能耽误就业。我以行业经验给他指出几个针对短期和长期的指导方案：

1. 就业：在极短的时间内，翻阅和寻找就业信息，了解招聘单位的具体用人要求，准备作品（职业技能）。准备时间为一个月。

2. 选择就业单位时根据自己现阶段的水平，了解进入单位后自己的定位以及学习的方向，并制定下一步努力的方向（这一点需要进入单位接触业务至少一年后才能做好）。

3. 就业1~2年后，按照自己之前制定的努力方向，对自己的职业发展方向进行一个判断，可以选择留下，或者去目标企业应聘。这里要注意的问题很多，核心还是自己职业能力的提升空间和机会。

到现在，该生按照制订的计划，按部就班地进行，经常与我沟通工作中遇见的情况。

大学生（特别是男生）在校期间很难真实地接触到和体会到就业的实际环境和心境，往往毕业后才发现自己进入社会前疏于准备。在校期间的职业意识培养和真实就业体验能给大学生以较为实在的紧迫感，以驱动他们寻求自己的发展方向，并为之努力。

一、职业能力对职业发展的影响

（一）职业能力是就业的关键

一个人要想谋求理想的职业，立足于岗位工作，并在职业岗位上做出成绩，不仅要具有一定的科学文化知识和思想道德素质，还要具备良好的职业能力。职业能力是就业的关键，是获得职业成功的前提。

面对目前严峻的就业形势，就业竞争会日益激烈，这是显而易见的，这种竞争将突出体现为职业能力的竞争。在优胜劣汰的市场竞争中，不具备一定的职业能力，就意味着就业的失败，就意味着可能失业和再次择业。据调查，我国国有企业下岗人员从被迫下岗到再就业难，一个重要的原因，就是相当一部分下岗人员缺乏职业能力，没有过硬的技术本领。

（二）职业能力推动职业生涯快速发展

具有较高的职业能力，不但是成功就业的敲门砖，还是保职升职的有力保障。反之，如果职业能力不足，即使暂时获得了岗位，也会因不能胜任而遭到淘汰。具有较好的职业能力，会让自己在工作时游刃有余，获得较强的工作愉悦感和成就感。

在工作过程中，职业能力强的人一般会取得更好的工作绩效，为组织创造更大的价值，所以比职业能力差的人有更多的职业晋升机会，从而获得更快更好的职业生涯发展。随着职业能力的积累和发挥，职业发展空间就会越来越大，而随着发挥空间的增大，职业能力的提升也会更快更多，形成良性循环，最终取得职业生涯的成功。

二、职业能力与职业核心能力

（一）职业能力

与职业相关的能力就是"职业能力"，它是人们从事某种职业的多种能力的综合。例如：以为教师只具有语言表达能力是不够的，还必须具有对教学的组织和管理能力，对教材的理解和使用能力，对教学问题和教学效果的分析、判断能力，对学生学习的指导、启发能力。

任何一个职业岗位都有相应的岗位职责要求，一定的职业能力则是胜任某种职业岗位的必要条件。因此，大学生在进行择业时，首先要明确自己的能力优势以及胜任某种工作的可能性。条件允许的情况下，可以由专业职业指导人员帮助分析，根据自己的学历状况、职业资格、职业实践等来确定自己的职业能力，必要时可以进行心理测试，将测试结果作为参考，在基本确定职业能力和发展的可能性的基础上进行职业选择。

职业能力是决定一个人能否进入职业的先决条件，也是一个人能够胜任工作的客观条件。无论从事何种职业，都要有一定的技能作为保证。在一个人的职业生涯中，要从事多种社会生产生活活动，必须具备多种能力与之相匹配。职业能力能够说明人的能力在不同领域的表现情况，即在某些领域具有良好能力表现，而在另一些领域的能力可能相对欠缺。了解自己的能力倾向，并根据职业活动对职业技能进行培养，对于职业生涯发展意义重大。

（二）职业核心能力

职业核心能力是人们职业生涯中除岗位专业能力之外的基本能力，它适用于各种职业，是伴随终身的可持续发展的能力。我国人力资源和社会保障部在《国家技能振兴战略》中把职业核心能力分为与人交流、与人合作、解决问题、自我学习、数字应用、信息处理、革新创新、外语应用等8种能力。

1. 自我学习能力（见图2-1）

它是指在工作活动中，能根据工作岗位和个人发展的需要，确定学习目标和计划，灵活运用各种有效的学习方法，并善于调整学习目标和计划，不断提高自我综合素质的能力。它是从事各种职业必备的一种方法能力。自我学习能力以终身学习为主要特点，以各种学习方法和良好的学习习惯为手段，以学会学习为最终目标。

自我学习能力	自我学习不是学习计划 没有什么比学会学习更重要 ◆ 学习的关键不在结果在过程 ◆ 学习的效果不在内容在方法 ◆ 学习的技巧不在技术在感悟 像开发你的左脑一样开发右脑

图2-1 自我学习能力

2. 数字应用能力（见图2-2）

它是指根据实际工作任务的需要，通过对数字的采集与解读、计算及分析，并在计算结果的基础上发现问题并做出一定评价与结论的能力，是日常生活以及从事各种职业必备的方法能力。数字应用能力以数字信息为媒介，通过对数字的把握和数字运算的方式，来说明和解决实际工作中的问题。

3. 信息处理能力（见图2-3）

它是指根据职业活动的需要，运用各种方式和技术，收集、开发和展示信息资源的能力，是日常生活以及从事各种职业必备的方法能力。信息处理能力以文字、数据和音像等多种媒体为基础，以文件处理、计算机、网络通信等技术为手段，以适应工作任务的需要和解决实际问题为目的。

```
┌─────┐ 数字应用不是解数学应用题
│数   │ 工作中无所不在的数字问题
│字   │ ◆ 数学水平高低与数感无必然关系
│应   │ ◆ 数字处理技术不是最重要的
│用   │ ◆ 要善于发现工作中的数字问题
│能   │
│力   │ 不要数字问题的解决要解决问题的数字
└─────┘
```

图 2-2　数字应用能力

```
┌─────┐ 信息处理不是IT
│信   │ 工作中的事无不是信息处理
│息   │ ◆ 信息处理技术仅是一个手段而已
│处   │ ◆ 重要的是找到工作中有效的信息
│理   │ ◆ 信息应用比信息处理重要一百倍
│能   │
│力   │ 做信息的主人让信息为我所用
└─────┘
```

图 2-3　信息处理能力

4. 与人交流能力（见图 2-4）

它是指在与人交往活动中，通过交谈讨论、当众讲演、阅读并获取信息以及书面表达等方式，来表达观点、获取和分享信息资源的能力，是日常生活以及从事各种职业必备的社会和方法能力。与人交流能力以汉语为媒体，在听、说、读、写技能的基础上，通过对语言文字的运用，以促进与人合作和完成工作任务为目的。

```
┌─────┐ 与人交流不仅需要口才和文才
│与   │ 与人交流能力决定事业的成败
│人   │ ◆ 职场需要一定的口才和文才
│交   │ ◆ 熟悉业务才能做到交流自如
│流   │ ◆ 实战条件下才能学会真本领
│能   │
│力   │ 与人交流是一种职业行为和素质
└─────┘
```

图 2-4　与人交流能力

5. 与人合作能力（见图 2-5）

它是指根据工作活动的需要，协商合作目标，相互配合工作，并调整合作方式，不断改善合作关系的能力，它是从事各种职业必备的社会能力。与人合作能力是在个人与他人、个人与群体的条件下，通过与人交流的方式，并结合其他有关方式或手段，以促进工作任务的完成和解决实际问题为目的。

6. 解决问题能力（见图 2-6）

它是指能够准确地把握事物的本质，有效地利用资源，通过提出解决问题的意见，制定并实施解决问题的方案并适时进行调整和改进，使问题得到解决的能力。它是从事各种职业活动都需要的一种社会能力。解决问题能力所采用的技术和方法没有特别的限定，以最终解决实际问题为目的。

```
┌─────────────────────────────┐
│ 与  │ 与人合作不是为了合作而合作      │
│ 人  │ 有人的活动就有与人合作         │
│ 合  │ ◆ 合作是职业活动的重要手段      │
│ 作  │ ◆ 合作行为要符合工作的目的      │
│ 能  │ ◆ 合作的过程与工作过程同步      │
│ 力  │ 工作任务的成果就是合作的成果     │
└─────────────────────────────┘
```

图 2-5 与人合作能力

```
┌─────────────────────────────┐
│ 解  │ 解决问题不是执行任务          │
│ 决  │ 只有问题解决了才能体现出能力     │
│ 问  │ ◆ 问题存在于非常规和突发事件中   │
│ 题  │ ◆ 有办法却没有特定的技术手段     │
│ 能  │ ◆ 解决问题的关键在于反复的实践   │
│ 力  │ 解决问题的能力在做不在说       │
└─────────────────────────────┘
```

图 2-6 解决问题能力

7. 革新创新能力

它是指在工作活动中，为改变事物现状，以创新思维和技法为主要手段，通过提出改进或革新的方案，勇于实践，并能调整和评估创新方案，以推动事物不断发展的能力。它是从事各种职业特别需要的一种社会和方法能力。创新能力需要有积极创新的精神和专门的创新技法，同时又不限定任何可采用的技术和方法。创新能力的运用范畴没有极限，以不断推动事物的发展为宗旨。

8. 外语应用能力

它是指在实际工作和交往活动中以外国语言为工具与人交流的能力。

三、职业能力的形成与培养

（一）职业兴趣的培养

职业兴趣是人们从事工作的动力因素，也是人们对自己职业的认识倾向。只有对自己所从事的工作发生深厚的兴趣，人们才能从心里热爱自己的事业，进而形成一种努力做好工作的动力和积极向上的行动。因此，要想在工作中有所成就，就要先培养自己对职业的兴趣。

（二）职业技能的发展

职业技能需要在工作的实践中不断发展、完善。在校期间，不但要学好专业知识，更要理论联系实践，积极参加与专业相关的技能竞赛，以赛促学，不断提升职业技能。同时要注重实习实践，在工作实践中拓展职业能力。如一位管理者，除具备一定的业务技能外，还需要发展组织协调能力，学会正确分析问题的方法，学会处理问题的艺术，敢于决策和创新。卓越的职业技能能为个人职业生涯发展起到极其重要的推动作用。

(三) 岗位技能的培训

社会职业的多样性要求人们具备不同的岗位技能，而人的岗位技能的形成需要进行专门的培训。良好的素质如果得不到良好职业教育的培训，也难以形成良好的职业能力。进行岗位培训，可以提高人们将掌握的知识运用于实践的能力。此外，掌握必要的操作技术是人们从事工作的必备技能。

(四) 终身学习能力的培养

科技飞速发展大大缩短了人类知识更新的周期。学过的知识、技能很快被迭代取缔。因此，进行终身学习，不断更新知识结构，就能使职业能力不断得到发展，适应高速发展的社会需要。

【体验活动】可迁移技能探索

在表2-1中，圈出你所拥有的可迁移技能，在这个技能后面试着用"什么"和"谁"回答。

表2-1 可迁移技能词汇表

执行	照顾	巩固	指导
声称	参加	建设	洞察
适应	制图	联系	发现
管理	选择	控制	拆除
装配	分类	烹调	展示
劝告	打扫	协调	证明
开玩笑	攀登	培养	鼓励
分析	训练	纠正	绘制
预测	收集	联络	训练
申请	着色	咨询	娱乐
评价	交流	计数	编辑
创造	安排	比较	授受
评估	完成	决定	忍耐
权衡	集中	设计	估计
协助	构成	代表	提高
审核	领会	证明	建立
美化	调和	探测	膨胀
预算	面对	发展	解释
购买	联结	发明	探索
计算	保存	诊断	表达
促进	领导	生产	分享

续表

喂养	学习	编程	运送
感受	搬运	提升	演出
填充	倾听	校对	简化
融资	装载	保护	唱歌
调整	定位	提供	绘图
装配	维修	证明	交际
追随	制造	宣扬	分类
预见	管理	测量	演讲
伪造	操纵	提问	拼写
构成	调解	阅读	驾驶
阐述	收集	推理	激励
测量	记忆	记录	建议
给予	指导	招聘	总结
统治	最小化	减少	监督
引导	修改	讲述	合成
处理	教导	研究	系统化
收获	激发	回忆	列表
识别	养育	描绘	趋向
举例	观察	研究	测验
执行	操作	解决	贸易
即兴表演	创造	找回	翻译

第三节　探索职业人格　优化职业匹配

职教案例

拿了导游证的学生却做不了导游

宋同学，某职业技术学院旅游管理专业，学习成绩优秀，多次获得校特等、一等奖学金。她平时上课认真做笔记，专心听讲，得到任课教师的一致好评。在第一次导游证考试中，她就顺利通过，拿到导游证。就是这样一位优秀的学生，毕业后却不能成为一名优秀的导游。

后来班主任了解到，她为人老实、性格内向，通过几次带团，发现自己不适合做导游。因此，有人认为，专业知识不重要，会带团讲解才是王道。但也有人认为专业知识才是基础，不能以偏概全。

企业的人力资源认为，沟通表达能力十分重要，有时候甚至超过了专业技能。作为一名导游，人力资源需要为游客讲解景点知识，需要与上级、同事沟通，良好的表达可以带来事半功倍的效果。

一、性格对职业选择的影响

职业心理学研究表明，性格影响着一个人对职业的适应性，一定的性格适合于从事一定的职业，同时，不同的职业对人有不同的性格要求，如表2-2所示。因此在选择职业时，还要考虑自己的性格特点，考虑职业对人的性格要求，根据自己的性格特点选择最易适应的职业，或改变自己的性格特点来适应职业的要求。

职业心理学家勃兰特曾经做过一个实验，他追踪调查了一批大学毕业生，将他们的个性、在校学习成绩、智力与他们毕业五年后的收入做了一下比较，结果显示：事业成功和智力的相关度是0.18，和学习成绩的相关度是0.32，与个性的相关度是0.72。这个实验实证了事业成功与否与个人的个性是否适合此项事业的关联度最高。也就是说，一个人所做的工作与自己的个性越契合，他事业成功的可能性越大。

表2-2 不同性格对职业的影响

性格类型	性格特征	适合的职业
变化型	在新的或意外的情境中感到愉快，喜欢有变化和多样化的工作，善于转移注意力	记者、推销员、演员等
重复型	善于从事连续工作，按固定的步骤办事，喜欢重复的、有规律的、有标准的工作	纺织工、机床工、印刷工等
服从型	愿意配合别人或按别人的指示办事，而不愿意自己独立做出决策、承担责任	办公室职员、秘书、翻译等
独立型	喜欢计划自己的活动和指导别人活动或对事情做出决定，喜欢独立负责的工作情境	管理人员、律师、警察等
协作型	在与人协同工作时感到愉快，善于引导别人，并想得到团队成员的喜欢	社会工作者、咨询人员等
机智型	在紧张或危险情况下能自我控制，发生意外时不慌不忙，善于应对并完成任务	驾驶员、飞行员、公安员、消防员等
表现型	喜欢表现喜好和个性，根据个人感情做出选择，通过工作来表达自己的思想	演员、诗人、音乐家、画家等
严谨型	注重工作过程中各个环节、细节的精确性，愿意按规程和步骤工作，严谨，追求完美	会计、出纳员、统计员、校对员、图书档案管理员等

二、性格与职业生涯发展的关系

每个人的做事方式都不同，即形成每个人不同的做事习惯，这不同的习惯成就了每个人不同的性格。"性格决定命运"，性格对职业的选择以及职业生涯的成功有着重大的影响。

许多职业的确对性格有特定的要求，要选择某一职业就必须具备这一职业所要求的性格特征。比如律师这一职业，就需要有逻辑思维严密、喜欢独立思考的性格；而财会、统计、档案一类的职业则需要有相对严谨、踏实的性格；从事绘画、音乐、演艺等职业的人，则必须具有热情奔放、跳跃思维的性格。可以说，从事任何一种职业都需要有与之匹配的职业性格，相符的职业性格有助于更好地完成工作。

当然除了少数职业对性格类型有着近乎苛刻的严格要求，大多数职业并不一定过分强调性格与职业之间的严格对应，因为不同的性格类型可能在同一个职业领域发挥出不同的作用，而同一性格类型的人在不同的职业领域也可能会有各具特色的表现。

性格特征与生涯规划的关系是很密切的，所以要规划职业生涯，首先需要了解自己具有什么样的性格特征。

三、MBTI 性格理论

MBTI 全称 Myers – Briggs Type Indicator，是一种迫选型、自我报告式的性格评估工具，用以衡量和描述人们在获取信息、做出决策、对待生活等方面的心理活动规律和性格类型。它以瑞士心理学家 Carl Jung 的性格理论为基础，由美国的 Katherine Cook Briggs 和 Isabel Briggs Myers 母女共同研制开发。

MBTI 从四个维度考察个人的偏好倾向，以区分人与人之间的差异，这四个维度为：

(1) 能量倾向：Extraversion　(E) VS Introversion　(I)；
　　　　　　 （外倾）　　　　　　　　（内倾）
(2) 处理信息：Sensing　　　 (S) VS Intuition　　　(N)；
　　　　　　 （感觉）　　　　　　　　（直觉）
(3) 判断事物：Thinking　　　(T) VS Feeling　　　 (F)；
　　　　　　 （思维）　　　　　　　　（情感）
(4) 行动方式：Judging　　　 (J) VS Perceiving　　(P)。
　　　　　　 （判断）　　　　　　　　（知觉）

其中两两组合，可以组合成 16 种性格类型，如表 2 – 3 所示。

表 2 – 3　MBTI 性格类型与匹配的职业

ISTJ 内倾感觉思维判断 稽查员	ISFJ 内倾感觉情感判断 保护者	INFJ 内倾直觉情感判断 咨询师	INFP 内倾直觉情感知觉 治疗师、导师
ESTJ 外倾感觉思维判断 督导	ESFJ 外倾感觉情感判断 供给者、销售员	ENFJ 外倾直觉情感判断 教师	ENFP 外倾直觉情感知觉 倡导者、激发者

续表

ISTP 内倾感觉思维知觉 操作者、演奏者	ISFP 内倾感觉情感知觉 作曲家、艺术家	INTJ 内倾直觉思维判断 智多星、科学家	INTP 内倾直觉思维知觉 建筑师、设计师
ESTP 外倾感觉思维知觉 发起者、创设者	ESFP 外倾感觉情感知觉 表演者、演示者	ENTJ 外倾直觉思维判断 统帅、调度者	ENTP 外倾直觉思维知觉 企业家、发明家

MBTI 性格类型系统中有 4 种性格倾向组合。

1. 直觉 + 思维 = 概念主义者

概念主义者自信、有智慧、富有想象力。他们的原则是所有的事情都要做到最好。他们天生好奇，喜欢不断地吸取知识，能够看到同一问题的多个不同方面，习惯于全面地思考问题和一分为二地看待问题，从而对真实或假设的问题构思出解决方案。

概念主义者是 4 种类型中最独立的一种人。他们工作原则性强，标准高，对自己和对别人的要求都很严格。他们不会被别人的冷遇和批评干扰，喜欢以自己的方式做事。

概念主义者喜欢能提供自由、变化和需要有较高的智力才能完成的工作。他们喜欢看到自己的想法得到实施，喜欢与有能力的上司、下属、同事共事。许多概念主义者推崇权力，易于被有权力的人和权力、地位所吸引。

2. 感觉 + 知觉 = 经验主义者

经验主义者关注五官带给他们的信息，而且相信那些可以测量和证明的东西，同时喜欢面对各种各样的可能性，喜欢自由随意的生活方式，是反应灵敏和自发主动的一种人。

经验主义者是 4 种类型中最富冒险精神的。他们最可贵的地方在于机智多谋，令人兴奋，而且很有趣。他们为行动、冲动和享受现在而活着，一想到某件事情就有立即去做的冲动，而且喜欢一气呵成，一口气把事情做完，但又不喜欢太长时间做同一件事情。

经验主义者喜欢可以提供自由、变化和行动的工作，喜欢那些能够有及时效果的工作，他们以能够巧妙而成功地完成工作为乐。由于他们喜欢充满乐趣地生活，所以无论做什么必须让他们感到高度的乐趣，这样才能令他们感到满意。

3. 直觉 + 情感 = 理想主义者

理想主义者感兴趣的是事物的意义、关系和可能性，并基于其个人的价值观念做出决定。他们做人的原则是：真实地面对自己。

理想主义者是 4 种类型中精神上最具哲理性的人，乐于接受新的思想，善于容纳他人。他们非常崇尚人与人之间和各种关系中的真实和正直，容易将别人理想化。

对理想主义者而言，一份好工作应该是对他们个人很有意义的工作，而不是简单的常规工作或只是一种谋生手段。他们喜欢民主、能够激励各种层次的人们高度参与的组织，会被那些促进人性价值的组织或那些允许他们帮助别人完成工作的职业所吸引。

4. 感觉 + 判断 = 传统主义者

传统主义者相信事实、已证实的数据、过去的经验和"五官"所带给他们的信息，喜欢有结构有条理的世界，喜欢做决定，是一种既现实又有明确目标的人。

传统主义者是4种性格类型中最传统的一类。他们重视法律、秩序、安全、得体、规则和本分。他们尊重权威、等级制度和权力，而且一般具有保守的价值观。他们很有责任感，而且经常努力去做正确的事情，这使他们可以信赖和依靠。

传统主义者需要有归属感，需要服务于别人，需要做正确的事情。他们注重安稳、秩序、合作、前后一致和可靠，而且严肃认真，工作努力。他们在工作中对自己要求十分严格，而且希望别人也是如此。

【体验活动】大学生职业测评与规划系统

第四节　厘清职业价值观　锚定工作意义

职教案例

树立毕业实习的职业意识

每年年底，是同学们找实习单位的好时机。旅游管理专业组特意在这个学期的最后一个星期，为旅游管理专业学生安排了一周的企业宣讲和招聘。由于绝大部分学生虽然学习了酒店管理和旅行社的课程，但是从未和酒店或旅行社进行过直接接触，同时，为了能使学生在高起点的地方进行实习，邀请杭州最有名的十几家酒店和旅行社，详细地向学生介绍其企业文化、企业招聘实习生的岗位、实习生的职业发展规划等内容。正值各个企业用人之际，企业特别重视这次的宣讲活动，资料准备充分同时邀请校友来做介绍，同学们听了这些宣讲，都非常激动，表现出了非常积极的加入企业实习的意向。

同时专业组老师带领同学们到企业实地参观。企业依旧非常重视，甚至是总经理亲自带队，要求各个部门的主管都现身说法，还盛情邀请同学们用餐。参观后同学们在企业当即报名申请到该企业实习。

然而问题来了，当企业询问是否可以年前到岗时，绝大部分学生都表现出了不愿意。年前是酒店最缺人的时候，同时也是学生通过顶岗最容易获得某种特殊机会的时机。春节结束，该是学生正式报到实习的时候，洲际大酒店的人事经理打来电话，说昨天刚入职的四位女生要离职。师生当面沟通，原来学生不满意这家酒店的理由是：
1. 工作时间：早班，6点40分到下午5点，晚班，早上10点到晚上11点半，他们认为太辛苦了，懒觉不能睡，晚上还那么迟；2. 宿舍问题，宿舍是原来的水果批发市场改建的，外表有点像厂房的感觉，里面没有配无线网络，无法上网，进宿舍第一天，主动和宿舍原有的人打招呼，对方不理会；3. 同事之间关系，大部分同岗位的同事也都是实习生，但这些实习生都是河南、湖北等地的，沟通困难，生活习惯也不同；4. 别的企业也随时欢迎她们过去实习。洲际大酒店的人事经理亲自和学生沟通，专业老师也亲自到宿舍和她们交心说道理，有两位同学决定继续留下工作，而另外两位则坚决要离职。——对岗位认知不足，同时也欠缺职业精神，这反映出学生还没准备好做一个职业人。

一、价值观与职业发展的关系

价值观在人们的职业生涯发展中往往起到极其重要的、决定性的作用，甚至可能超过了兴趣和性格对我们的影响。价值观直接影响和决定着一个人的理想、信念、生活目标和追求方向的性质。价值观的影响作用大致体现在以下两个方面：

（一）价值观对行为动机有导向作用

人们行为的动机受价值观的支配和制约。在同样的客观条件下，具有不同价值观的人，其动机模式不同，产生的行为也不相同，动机的目的方向受价值观的支配，只有那些经过价值判断被认为是可取的，才能转换为行为动机，并以此为目标引导人们的行为。

（二）价值观反映个人需求，影响职业决策

价值观代表了一个人对于什么是好、什么是对，以及什么会令人喜爱的意见。每个人由于其所受教育的不同和所处环境的差异，在职业取向上的目标和要求也是不相同的。在许多场合，人们往往要在一些得失中做出抉择，而左右人们选择的，往往就是人们的职业价值观。例如，是要工作舒适轻松，还是要高标准的工资待遇；是要成就一番事业，还是要安稳太平。当两者有矛盾冲突时，最终影响人们决策的是存在于内心的职业价值观。

由于个人的身心条件、年龄阅历、教育状况、家庭影响、兴趣爱好等方面的不同，人们对各种职业有着不同的主观评价。从社会来讲，由于社会分工的发展，各种职业在劳动性质和内容上，在劳动难度和强度上，在劳动条件和待遇上，在所有制形式和稳定性等诸多问题上，都存在着差别。再加上传统的思想观念等的影响，各类职业在人们心目中的声望地位便也有好坏高低之见。这些评价都形成了人的职业价值观，并影响着人们对就业方向和具体职业岗位的选择。

每种职业都有各自的特性，不同的人对职业意义的认识、对职业好坏有不同的评价和取向，这就是职业价值观。职业价值观决定了人们的职业期望，影响着人们对职业方向和职业目标的选择，决定着人们就业后的工作态度和劳动绩效水平，从而决定了人们的职业发展情况。职业价值观，注重于探讨在职业生涯规划和职业生活中，在众多的价值取向里，人们优先考虑哪种价值。哪个职业好？哪个岗位适合自己？从事某一项具体工作的目的是什么？这些问题都是职业价值观的具体表现。

二、职业价值观的影响因素

职业价值观从外部因素而言会受到社会、学校、家庭的影响，从内部因素而言会受到个人的健康、性别、兴趣、性格、能力等的影响。

（一）社会因素的影响

随着我国改革开放的不断深入，社会的政治、经济、文化都发生了复杂而深刻的变化，经济成分和经济利益多样化，社会生活方式和组织形式多样化，这些变化打破了原有的价值观念、利益格局，进而改变了人们旧有的职业价值观念。大学生作为一个极其活跃而敏感的群体，其价值观念更易受社会环境变迁的影响，他们的竞争意识、利益观念和自主观念等都会进入新的价值体系中。

（二）学校因素的影响

学校是有目的、有计划地进行教育的专门场所，尤其以培养高等专门人才为根本任务的大学教育，其教育活动对个体职业价值观的形成和发展影响直接、作用巨大。

（三）家庭因素的影响

家庭是社会的基本单位，是一个人成长成才的第一所学校，是影响大学生职业价值观的最原始、最初级的场所。大学生在与父母的朝夕相处中，就受到了来自父母的教导。家庭成员尤其是父母的社会背景、经济状况、爱好特长、宗教信仰、个性特征及其人生观、价值观等，无不对子女日后职业方面的观念、态度与行为产生潜移默化的影响。

（四）个人因素的影响

大学生职业价值观的形成除受上述因素影响外，还与个人因素有关。个人因素包括健康、性别、兴趣、性格、能力等。

（1）健康是任何人职业生涯开始的首要条件。几乎所有的职业都需要有健康的身体，但是不同的职业对身体健康会有不同的要求，如采矿、勘探等职业要求从业者身体状况良好，有强健的体魄，眼睛高度近视不能从事精密仪器制造业等，因此个人的健康状况会影响到大学生的职业选择。

（2）性别因素在职业发展中扮演着重要的角色。大学生在进行职业选择时，男生首先倾向于那些能较好发挥自己的特长以及有较好工资待遇的职业，而女生则倾向于选择稳定有保障的职业，因此性别差异也会影响到大学生的职业选择。

（3）兴趣是大学生形成职业价值观的前提性因素，大学生选择什么专业，从事什么职业往往是从兴趣出发的。

（4）人的性格千差万别，职业心理学的研究表明，不同的职业有不同的性格要求，同时人的性格不同对不同职业的适应性也有所不同。人的性格特征不同，对企业而言，决定了每个员工的工作岗位和工作业绩，对个人而言，决定着自己的事业能否成功。

（5）能力是一个人能否进入职业岗位、胜任工作的先决条件，能力的不同，对职业选择就有差异。个人的能力是影响大学生职业选择的一个重要因素，个人能力的大小对职业定向与职业选择起着筛选和定位作用。

三、施恩的职业锚理论

职业锚(又称职业定位)的概念是由美国著名职业心理学家施恩教授提出的,他认为,职业生涯发展实际是一个持续不断的探索过程,随着一个人对自己越来越了解,这个人就会越来越明显地形成一个占主导地位的职业锚。

施恩教授认为,所谓职业锚是指当一个人不得不做出选择的时候,无论如何都不会放弃的职业中的那种至关重要的东西或价值观,即人们选择和发展自己职业时所围绕的中心。

在职业心理学中,职业锚实际上就是人们选择和发展职业时围绕自己确定的中心。一个人对自己的天资和能力、动机和需要以及态度和价值观有清楚的了解后,就会意识到自己的职业锚,从而做出某种重大选择。一个人过去所有的工作经历、兴趣、资质、潜能等集合成一个富有意义的职业锚,它会告诉这个人,对于他来说,什么东西才是最重要的。

经过几十年的发展,职业锚已经成为职业发展、职业设计的必选工具。许多大公司都将职业锚作为员工职业发展、职业生涯规划的主要参考点。施恩教授根据自己对麻省理工学院毕业生的研究,确定了8种基本的职业锚类型,如图2-11所示。

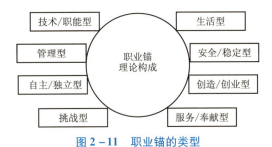

图 2-11 职业锚的类型

1. 技术/职能型

技术/职能型的人追求在技术/职能领域的成长和技能的不断提高,以及应用这种技术/职能的机会。他们对自己的认可来自他们的专业水平,他们喜欢面对专业领域的挑战。他们通常不喜欢从事一般的管理工作,因为这意味着他们不得不放弃在技术/职能领域的成就。

2. 管理型

管理型的人追求并致力于工作晋升,倾心于全面管理,独立负责一个部分,可以跨部门整合其他人的努力成果。他们想承担整体的责任,并将公司的成功与否看成自己的工作,具体的技术职能工作仅仅被看作通向更高、更全面管理层的必经之路。

3. 自主/独立型

自主/独立型的人希望随心所欲安排自己的工作方式、工作习惯和生活方式,追求能施展个人能力的工作环境,最大限度地摆脱组织的限制和制约。他们宁愿放弃提升或工作发展机会,也不愿意放弃自由与独立。

4. 挑战型

挑战型的人喜欢解决看上去无法解决的问题,战胜实力强硬的对手,克服无法克服的困难障碍等。对他们而言，参加工作的原因是工作允许他们去战胜各种不可能。他们需要新奇、变化和困难，如果事情非常容易，工作马上会变得令他们厌烦。

5. 生活型

生活型的人希望将生活的各个主要方面整合为一个整体，喜欢平衡个人的、家庭的和职业的需要。因此，生活型的人需要一个能够提供"足够弹性"的工作环境来实现这一目标。生活型的人甚可以牺牲职业的一些方面，例如，放弃职位的提升，来换取三者的平衡。他们将成功定义得比职业成功更广泛。相对于具体的工作环境、工作内容，生活型的人更关注自己如何生活、在哪里居住、如何处理家庭事务及怎样自我提升等。

6. 安全/稳定型

安全/稳定型的人追求工作中的安全感与稳定感，他们因为能够预测到稳定的将来而感到放松。他们关心财务安全，例如，退休金和退休计划。

7. 创造/创业型

创造/创业型的人希望用自己的能力去创建属于自己的公司或创建完全属于自己的产品（或服务），而且愿意去冒风险，并克服面临的障碍。他们想向社会学习并寻找机会，一旦时机成熟，他们便会走出去创立自己的事业。

8. 服务/奉献型

服务/奉献型的人一直追求他们认可的核心价值，例如，帮助他人，改善人们的安全，通过新产品消除疾病等。他们一直追寻这种机会，这意味着即使变换公司，他们也不会接受不允许他们实现这种价值的变动或工作提升。

【体验活动】 大学生职业测评与规划系统

【实践拓展】 有关"工作"的一分钟探索练习

请写下"我希望做……的工作"，在一分钟内尽可能多地写下你头脑中所联想到的任何短语。

示例：

能激发我的灵感，具有创造性，有较大成就感，不重复，能够学习到许多东西，受人尊重……

清闲，离家近，赚钱多，环境优越，工作稳定，领导正直，同事好相处，不用到处跑……

HR提问

你觉得你的性格和技能,是否匹配心仪的岗位?请详细说明。

专家视角

一、正确对待测评结果

职业测评作为一种职业定位工具,能帮助我们在了解自我性格特征和职业倾向的基础上找到适合自己的职业。职业测评能帮助大学生找到自己感兴趣的职业,并评估是否真的适合这一职业,避免了大学生毕业后只能通过不断跳槽寻找适合自己职业的弊端。但是职业测评毕竟只是一个工具,不可能适合所有大学生,所以同学们要谨慎对待职业测评结果。

第一,职业测评只是根据你的性格、兴趣、能力等因素给出可能适合的职业,但是否真的适合,只能通过实践来检验。

第二,职业测评给出的结果和实际情况经常不一致。比如有些职业根据职业测评结果来看只适合外向的人来做,但实际上很多不善交际的人也能在该职业领域有不俗的表现。因为很多职业对人才有多方面的要求,一个人可能在某一方面能力有所欠缺,但另一方面却很擅长,依然能做好这一工作。

第三,很多职业评测工具都是舶来品,未必适合我国的实际情况。

在做职业决策时要考虑多种因素,除要将职业测评结果作为参考以外,还要考虑职业所处行业是朝阳产业还是夕阳产业,从事该职业能否得到令人满意的薪资,职业环境是否健康,自己的能力是否达到职业对人才的基本要求,家人对该职业是否满意等。

二、1%自我实现者的16种共同特征

美国心理学大师马斯洛在研究了历史伟人共同的人格特质之后,详细描绘出"自我实现者"(成长者)的画像。自我实现者有下列16个特征:

(1)他们的判断力超乎常人,对事情观察得很透彻,只根据现在所发生的一些事,常常就能够正确地预测将来事情会如何演变。

(2)他们能够接纳自己、接纳别人,也能接受所处的环境。

(3)他们单纯、自然而无伪。他们对名利没有强烈的需求,常保一颗单纯善良的心。

(4)他们对人生怀有使命感,因而常把精力用来解决与人们有关的问题。他们也不以自我为中心,不会只顾自己的事。

(5)他们享受独居的喜悦,也能享受群居的快乐。他们喜欢有独处的时间来面对

自己、充实自己。

（6）他们不依靠别人满足自己安全感的需要。他们愿意与人分享自己的知识、经验等，却不太需要向别人收取什么。

（7）他们懂得欣赏简单的事物，像天真好奇的小孩一般，能不断地从最平常的生活经验中找到新的乐趣，从平凡之中领略人生的美。

（8）他们当中大部分人能够洞悉大自然和世界万物运行的规律。

（9）他们具备怜悯之心，善于看到别人善良可爱的一面。

（10）他们的朋友或许不多，可能有许多淡如水的君子之交，素未谋面，却彼此心仪，灵犀相通。

（11）他们比较民主，懂得尊重不同阶层、不同种族、不同背景的人，以平等和爱心相待。

（12）他们有智慧，明辨是非，不会像一般人用绝对二分法（"不是好就是坏"）分类判断。

（13）他们说话含有哲理，也常有诙而不谑的幽默。

（14）他们心思单纯，像天真的小孩，极具创造性。

（15）他们的衣着、生活习惯、方式、处世为人的态度，看起来比较传统、保守，其实，他们的心态开明。

（16）他们也会犯一些天真的错误，当他们对真善美执着起来时，会对其他琐事心不在焉。

三、你是想有钱，还是让自己值钱

很多人一辈子有两个追求：一个是有钱，一个是值钱。值钱是个人价值的体现，比如你去找一份工作，人家给你开出百万年薪，那就表明你很值钱；如果人家每个月只给你开一千元工资，那就表明你还不够值钱。有钱和值钱是两个概念，有钱的人不一定值钱，比如我们常常会看到一些"富二代"腰缠万贯，但除了挥霍什么都不会，这样的人"分文不值"。

但值钱的人早晚会有钱，因为值钱的人都有足可夸耀的某种能力，凭借这种能力，他不仅可以安身立命，还能积累财富。这样的人甚至连存钱都不需要，比如一个著名的画家，他需要钱的时候只需画一幅画就行了。

所以人们常说，不要把自己变成"储钱罐"，因为没有人能够靠储钱变富；但一定要把自己变成"印钞机"，需要钱的时候可以随时靠能力去取。一个人与其有钱，不如让自己变得值钱。

值钱的人才能体会到什么叫成就感。对于一个追求有意义人生的人来说，成就感至关重要。成就感从哪儿来呢？来自自己付出努力之后得到的某种收获。收获越大，成就感就越大；如果一个人的钱是伸手向父母要来的，那无论有多少钱他都不会有成就感；如果一个人的钱是靠自己赚来的，那不管赚多少他都会有成就感，而且只要来路正，钱越多，成就感会越大。

有人说：把思想放入一个人的脑袋之中，就像把钱从别人的口袋里掏出来一样困难。这句话是想说明一个人思想改造的困难，但同时也恰恰说明了赚钱有多么不容易。

所以，能够赚到钱的人都应该是有点能力的人，也就是值钱的人。如果一个人最初身无分文，经过自己的奋斗，最后功成名就，那么他的成就感就会油然而生。成就感是幸福的重要基石之一，从某种程度上说，一个人如果没有体会过奋斗所带来的成就感，那么他的人生幸福值也必定要打个折扣。一个人不断努力的过程就是让自己不断值钱的过程，值钱之前，是你求别人，值钱之后，是别人求你。一个人值钱前后的这一转变，其实就是其个人价值从量变到质变的过程。

第三章

工作世界探索分析

本章导图

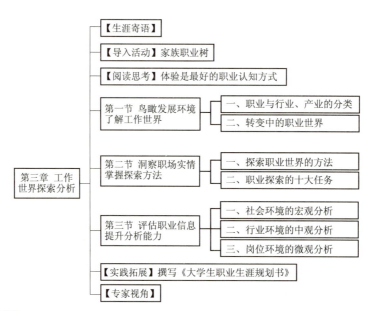

生涯寄语

当前，世界百年未有之大变局加速演进，新一轮科技革命和产业变革深入发展，国际力量对比深刻调整，我国发展面临新的战略机遇。同时，世纪疫情影响深远，逆全球化思潮抬头，单边主义、保护主义明显上升，世界经济复苏乏力，局部冲突和动荡频发，全球性问题加剧，世界进入新的动荡变革期。

——党的二十大报告

【导入活动】 **家族职业树**

了解职业可以从自己熟悉的人开始。

首先请把家族中的亲属及其职业填在图 3-1 的家族职业树上,填完后请回答后面的问题。

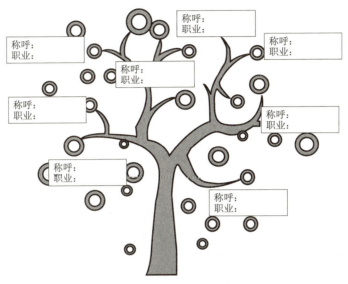

图 3-1　家族职业树

你家族中最多人从事的职业是:_____

你想要从事这种职业吗?为什么?_____

爸爸是如何描述他的职业的?爸爸平时会提到哪些职业?他怎么说的?

_____

爸爸的描述对我的影响是:_____

妈妈如何描述她的职业?妈妈平时会提到哪些职业?她怎么说的?

_____

妈妈的描述对我的影响是:_____

家族中还有谁对职业的描述让你印象深刻?他们是怎么说的?

_____

家族中对彼此职业是如何评价的?(例如:堂哥在医院当医生,不仅收入高,社会地位又高,环境好,要求高等)

_____

他们认为自己的职业未来的发展趋势是:_____

他们认为从事该职业需要具备的条件有:_____

_____

你觉得家人对你未来选择职业的影响是:_____

哪些职业是你绝不考虑的:_____

哪些职业是你考虑的:_____

选择职业时，你还重视哪些条件：_____

阅读思考

体验是最好的职业认知方式

杨同学，某高职院校工业工程专业。在大二的暑假，他为真正了解自己的专业，了解该专业在行业的实际应用，义无反顾地踏上了开往广州的列车。目的或许过于单纯，他只想知道车间长什么样子，流水线长什么样子，专业知识和专业技能运用在什么地方。还没来得及欣赏美丽的城市，他就被突如其来的大暴雨淋透全身。当时举目无亲，他熬过四十多天的打工生活，第一份工作的脏、累、苦记忆犹新。回想起走过的这段日子，他很自豪自己当时的决定和勇气。他的目的达到了：工厂看到了，流水线看到了，也看到了专业的前景和自己的发展方向，更重要的是他收获了行业很多的前沿发展资讯和职业的真实体验。这都为他的职业生涯规划提供了最直接的决策依据，同时也成就了他到华硕公司工作的理想。

通过自我探索，你大致了解了自己的职业倾向，但你对这个职业了解多少？了解该职业有哪些职位吗？对职位的工作内容、职业前景、工作环境、福利待遇、需要具备的专业知识素质和能力等有清晰的认识吗？如果有，请写下来。如果没有，思考一下如何才能了解这些信息呢？

_____
_____
_____
_____

第一节　鸟瞰发展环境　了解工作世界

职教案例

比客户先到现场的营销员

黄同学，某职业技术学院市场营销专业，曾任班长、校市场营销协会副会长。就职于圣奥集团，从事该公司办公家具营销工作。

作为一名销售，前期的工作开展势必会遇到很多壁垒，电访、初访都会遭到客户的拒绝，他每天都在外不停地搜寻潜在客户。6月烈日炎炎，他作为一名办公家具销售员，"扫楼"是必经之路。黄同学作为职场新人，某文化公司是他的第三个潜在客户，通过一段时间的接触，该文化公司对公司的产品和方案都十分满意，但因为经费预算有限，明确对他表示签约的可能性不大。黄同学觉得只要还有一线机会，就应该全力争取，决不放弃。他来到文化公司的装修现场，对客户的场地进行测量，炎热的环境很快就让他汗流浃背。就在这时，客户也来到现场。客户看到此场景后深受感动，决定虽然受预算限制，还是购买一部分的圣奥家具。作为一名新人，销售的成功是对黄同学前期工作的肯定，也是对其自身的鼓舞。

正是秉持严谨、积极、诚恳的工作态度，工作两年多来，由黄同学本人作为负责人成功签约的客户包括：中国移动通信集团浙江有限公司，金额690万元；江苏索普集团，金额220万元；萧山农村合作银行，金额89万元……入职一年，他获得公司华东区"最佳新人"，毕业两年，他晋升圣奥办公国内营销中心营销主任。

一、职业与行业、产业的分类

（一）职业分类

《中华人民共和国职业分类大典》2020版将我国职业归为八个大类，75个中类，434个小类，1481个细类（职业）（自《中华人民共和国职业分类大典》出版以后，每年都要出增补版本，增补新增加的职业类型）。八个大类分别是：

第一大类：国家机关、党群组织、企业、事业单位负责人，其中包括5个中类，16个小类，25个细类；

第二大类：专业技术人员，其中包括14个中类，115个小类，379个细类；

第三大类：办事人员和有关人员，其中包括4个中类，12个小类，45个细类；

第四大类：商业、服务业人员，其中包括8个中类，43个小类，147个细类；

第五大类：农、林、牧、渔、水利业生产人员，其中包括6个中类，30个小类，121个细类；

第六大类：生产、运输设备操作人员及有关人员，其中包括27个中类，195个小类，1119个细类；

第七大类：军人，其中包括1个中类，1个小类，1个细类；

第八大类：不便分类的其他从业人员，其中包括1个中类，1个小类，1个细类。

（二）行业分类

我国2017年修订的《国民经济行业分类》对行业门类、大类、中类和小类进行了调整。新行业分类共有20个门类、97个大类、473个中类、1380个小类。与2011年版比较，门类没有变化，大类增加了1个，中类增加了41个，小类增加了286个。主要分类如下：

A 农、林、牧、渔业

B 采矿业

C 制造业

D 电力、热力、燃气及水生产和供应业

E 建筑业

F 批发和零售业

G 交通运输、仓储和邮政业

H 住宿和餐饮业

I 信息传输、软件和信息技术服务业

J 金融业

K 房地产业

L 租赁和商务服务业

M 科学研究和技术服务业

N 水利、环境和公共设施管理业

O 居民服务、修理和其他服务业

P 教育

Q 卫生和社会工作

R 文化、体育和娱乐业

S 公共管理、社会保障和社会组织

T 国际组织

（三）产业的分类

目前，国际上普遍认可的产业分类是按照人类生产发展的历史顺序划分的，即第一产业是农业，第二产业是加工制造业，第三产业是服务业。1985年，我国国家统计局明确地把我国产业划分为三大产业：把农业（包括林业、牧业、渔业）定为第一产业，把工业（包括采掘业、制造业、自来水、电力、蒸汽、煤气）和建筑业定为第二产业，把第一、二产业以外的各行业定为第三产业。

随着电子、信息技术的迅猛发展，信息技术渗透到了社会和经济的各个领域，近些年，从国际到国内又把信息产业称为第四产业。信息产业的发展不仅加快了市场经济全球一体化的发展步伐，同时打破了原有的一些产业和行业的格局，产业和行业需要不断地加速调整和重新划分以适应新的形势。新能源、新材料、节能环保、生物、高端装备制造等新兴产业不断涌现。

二、转变中的职业世界

随着社会分工的发展和职业的分化，职业的种类也愈来愈多，已远远超过了"三百六十行"。21世纪是知识经济的时代，当今社会知识经济已经开始占据国民经济的主导地位，对人才的要求开始打破传统的模式，呈现出新的特点。

（一）打破了传统职业模式，逐步实现智能化

工业革命后，随着科学技术的发展逐渐出现了学校形式的职业教育。体力劳动者与脑力劳动者之间逐步形成新类型的"中间人才"，构成与社会经济发展相适应的人才类型结构。生产力发展的关键之一是增加职业岗位的科技含量，改善劳动组织和生产手段，提高劳动生产率。能熟练应用信息管理方法的智能型操作人员，是今后职业岗位更新、工作内容更新需要的新型人才。

（二）转变了职业时空概念，职业岗位转移更加频繁

传统职业是在时空变化不大，不需要过多考虑单位的变更和职业的前景下发展的。现在同一职业或职位对就业者的要求不断发生变化，使得时空变化大。体力劳动脑力

化和专门职业化会使部分职业或职位对就业者的某些要求发生变化。

（三）第三产业的兴起，对职业技能要求更高

第三产业是伴随现代工业社会的发展而崛起的一类新兴行业，它包括交通运输业、邮电通信业、商业、服务业、金融保险业、卫生、体育、教育和文化艺术等。分布于第三产业中的职位的比重在不断增加。社会生产力的提高，解放了劳动力，人们越来越多地需要社会服务行业为他们排忧解难、提供方便。第三产业的劳动人员将迅速增加，提供各种各样服务项目的社会服务业等将迅速发展壮大，不仅能产生大量新职业，而且是吸纳社会劳动力的主要渠道。

（四）人才类型的规格要求和比例结构发生显著变化

21世纪，我国仍将保持四种人才类型，即：学术型、工程型、技术型、技能型（其中后两种人才由职业技术教育培养）。技术型人才在劳动力结构中所占比重一直在上升。这一方面是由于很多原来技能型人才的工作岗位实现智能化后改由技术型人才担任，另一方面，在信息技术发展后，原来由工程型人才担任的设计、管理等工作也有一部分采用信息技术，改由技术型人才担任。技能型人才可能是变化最大的一类人才。技术工人变换工作岗位的情况将愈来愈频繁，一部分技术工人的工作将被技术员所代替，如在钢材轧制的自动生产线上，原先的轧钢工人已被在计算机前操作的技术员所代替，还有不少技术工人转向第三产业或更高的技术岗位，这些变化导致技能型人才总人数趋于减少。

（五）复合型人才的需求成为21世纪的重要特点

从目前招聘、就业的情况分析，职业岗位的要求和劳动方式逐步由简单向复杂方面转化，过去单一技能就能胜任的工作，现在职业内涵发展扩大了，往往需要相关专业的许多知识和技能，更多地需要跨专业的复合型人才。

【体验活动】大学生职业测评与规划系统

第二节　洞察职场实情　掌握探索方法

职教案例

毕业不到一年成为公司主要项目负责人

全同学，某职业技术学院营销专业，刚踏入职场就职于一家培训公司。一年不到，她就从一个普通的职员做到了运营部组长的位置，且得到公司老总极度的信任。就职

当年年底,公司又成立了一个子公司,她成为子公司主要项目的负责人,同时也成了股东,拥有10%的技术股。我问她,是什么原因让她成为老总最信赖的人,她跟我讲了一个故事:

入职不到三个月,公司遇到了很严重的问题,濒临倒闭,30个职工走掉了三分之二,很多人也劝她辞职,和她合作过的公司甚至出高薪想挖走她。她也动摇过,最后还是一一拒绝了,咬咬牙坚持下来。这次经历让她收获了很多,不仅取得了老板对她的信任,同时也学到了很多东西。我问她,当初是什么原因让她留下来。她的解释是:家里条件本来就不是很好,一个刚毕业的学生也没什么积蓄,公司面临危机的时刻她也差不多是山穷水尽,尤其是当初有公司高薪挖她,她犹豫过,动摇过。最终她留下来,一是因为做人做事的态度,人在江湖走,常怀感恩心。老总是个好老总,刚入职的时候,她什么都不懂,老总亲自教会了她许多东西,人要学会感恩。二是她始终坚信一个职员对公司不够忠诚,换来换去走不了多远。三是她清楚地知道自己要什么,她看中的不是眼前的薪资,更看中的是这里有她发展的空间,她喜欢眼前的职业。至于老总而今这么信任她,不仅仅源于她对公司的忠诚,还因为她有一颗好学之心,面对问题,她从不逃避,百折不挠。她说自己并不是很聪明,但她相信笨鸟先飞的道理,一种方法不行,就尝试第二种、第三种、第四种……办法总是比问题多。

一、探索职业世界的方法

(一) 形成自己预期的职业库

很多同学不知道如何进行工作世界的探索,其中一个很重要的原因就是工作世界的信息浩如烟海,根本搞不清应该从哪入手,更谈不上如何进行了。如果有一个探索范围,则会容易很多。通过前面单元的自我探索可以帮助个人初步形成一个探索的范围。自我探索中的兴趣、性格探索,每一部分最后有相应适合的职业出现。此外,每个人还有自己心目中理想的职业,可以把它们也列出来。这样就获得了一个职业清单,看看这些职业有什么共同点,就可能启发你想到更多值得探索的职业。结合你的能力和价值观再次从职业清单中进行筛选,最终就得到你预期的职业库。在形成预期职业库的时候,库的大小根据自己的情况要有适当的平衡,通常5~10个职业调查是比较适中的。在信息探索过程中,抛开自己固有的想法,保持开放的心态,就容易获得客观的信息。

(二) 由近至远的探索方法

所谓近和远,是指信息与探索者的距离。通常近的信息比较丰富,远的信息更为深入;近的信息较易获得,远的信息则需要更多的投入和与环境的互动才能了解。所以,从近至远的探索是一个范围逐渐缩小、了解逐渐加深的过程。图3-2列举了从近到远获取信息的一些方式。

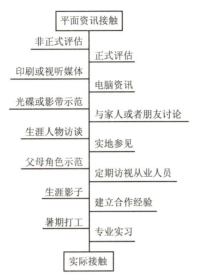

图 3-2 从近到远获取信息的方式

(三) 生涯人物访谈

生涯人物访谈是获得具体职业生涯详情最有效的方法之一，是对处在自己感兴趣的职位上的人进行访谈。它可以帮助大学生获取完整而准确的职业信息；获取最新的职业信息；确定专业实力和不足；扩大职业人际关系网；树立工作面试的信心；从内部看组织，以便做好心理准备；对于创业者来说，还可以了解创业过程的困难，做好充分准备。

生涯人物访谈处于近与远的中间，在效率和信息的真实性上有比较好的平衡。接受采访者最好是在这个职位上已经工作了三至五年，甚至更长时间。为防止访谈中的主观影响，应至少访谈三个人物，既与成绩卓然者谈，也与默默无闻者谈。访谈时，应明确访谈的目的是收集供职业生涯决策的信息，而不是利用生涯人物来找工作，以免引起双方的尴尬。建议在正式进行访谈前，至少做两件事：一是为自己准备一个"30秒广告"，因为在访谈过程中，对方可能会问到你的一些情况，比如你的职业兴趣和目标等；二是对需要提出的问题做一些准备，这样有助于访谈的深入进行，能够取得较高的效率。

二、职业探索的十大任务

(一) 职业描述

职业描述，就是定义这个职业的内涵，具体包括职业名称和各方对它的定义。在罗列学习别人对这个职业的看法后，你也要给这个职业下一个自己的定义，为自己的职业报告做好第一手准备。职业描述是对职业最精练的概括和总结，是透彻理解职业和调研职业的基础。其实给职业定义的每个字你都是要仔细思考的，因为日后你要做的事情全是对定义的拓展而已。一般来说都有固定的对职业的定义，可以参照人力资源和社会保障部组织编写的《中华人民共和国职业分类大典》对职业的详细介绍，而且里面还会定期增加社会新出现的职业信息。

（二）职业的核心工作内容

每个职业都有核心的工作职责，职责背后对应的就是工作内容，说白了，就是这个职业一般都做什么，什么工作是这个职业必须做的。了解职业的核心工作内容，有利于了解完成工作内容必须具有的能力，这样就很容易找到自己的能力和要求的能力之间的差距，从而有目的地补充相关能力以完成工作内容。在多大程度上了解工作内容，是衡量一个人对工作的熟悉和喜欢的重要标准。成熟的职业都有权威人事部门给其总结确定的核心工作内容，一些企业的招聘广告中也有对工作内容的描述，也可以请教一些行业协会，或者从事这个职业的资深人士、一般企业的人事部门和直接部门经理，他们也有对职业的具体感悟。

（三）职业的发展前景及其对社会和生活的影响、作用

职业的发展前景，是国家、社会对这个职业的需求程度，具体包括三个问题：职业在国家阶段发展中的作用，职业对社会和大众的影响，职业对生活领域的影响。就是说，不仅仅要知道这个职业对国家、对社会、对行业有用，也要知道这个职业对大众、对生活的影响，人们对其的依存度和声望度怎样。职业的发展前景，尤其是国家的导向是促进职业发展的黄金动力，知道日后从事职业的发展轨迹就能更好地判断自己是否能切入及切入点如何选择了。尤其要注意对大众、对生活的影响，因为大众才是永恒的。职业在国家发展中的作用一般都有劳动部门的权威预测，但对社会和生活的影响这块儿是真正要自己去调研的，要去访问这个职业的资深人士。

（四）薪资待遇及潜在收入空间

职业是社会分工的产物，职业根据参与社会分工的量来确定相应的报酬，在不同的行业、企业、岗位上还有一些潜在的收入空间。能赚多少钱是大家都关心的话题，很多人也会把赚钱多少作为择业的关键因素，所以在考量职业时要重点调研职业的薪资状况。其实每个职业起薪都差不多，但都有极致，都有天价，能力不断提升的背后就蕴藏着高薪。一个职业是有薪资调查的，如前程无忧的调查，还有诸如网友们的晒工资。

（五）岗位设置及不同行业、企业间的差别

岗位设置，一般来说是指一个职业是有一系列岗位划分的，如人事工作的岗位就分招聘、考核等很多具体岗位。而不同行业、不同性质、规模的企业对岗位的划分和理解也是有很大不同的，很可能同样都叫一个名字，但干的活却完全不一样。了解职业的岗位设置，能加深对职业外延的理解。知道职业的具体岗位后，就可以有针对性地与自己比较，也是知道职业有什么工作内容的重要标志。不同行业对职业（岗位）的理解和要求也是有差异的，而具体的企业就是千差万别了。一般来说，通过人事权威网站、职业分类大典、业内资深人士可以了解这个职业的具体岗位设置情况。

（六）入门岗位及其职业发展通路

入门岗位是指针对应届毕业生的工作，职业的一些中低端岗位是面向大学生开放

的。一个岗位对应的日后职业发展通路是什么，这个岗位有哪些发展途径，最高端岗位是什么，这些你都要知道。即使你很看好这个职业，但你最终也是要从低端工作做起的，而入门岗位就是提供给大学毕业生的敲门砖。所以，一定要知道你能通过哪些岗位进入这个职业，从企业每年的校园招聘里就能看到哪些岗位是针对应届生的，如从一些校园招聘网站中就可以找到这些信息。

（七）职业标杆人物

职业标杆人物，就是在这个领域谁做得最好，他是怎么做到的，他都取得了什么成绩，遇到了什么困难，具备什么素质等，每个职业都有一流的人物，无论国内还是国外的。研究职业标杆人物，可以让自己了解他的奋斗轨迹，让自己在"追星"中加深对职业的了解，也会让自己找到在这个职业领域奋斗的途径。当你在网上搜索这个职业时，一般会找到职业标杆人物，图书馆也会有这方面的书，业内的资深人士都会知道的。

（八）职业的典型一天

职业的典型一天，更多是在访谈中完成的。你要知道这个工作的一天都是怎么过来的，从早上到回家的时间都是怎么安排的。了解职业的典型一天是判断自己是否适合这个职业的重要指标，如果你不想过这个职业那样的一天，就不用再为之而努力去学习、去准备了，所以这个过程是很关键的。尤其是这个工作对你个人生活的影响，看你能否接受。职业的典型一天，在职业的核心工作内容中会有涉及，但具体到个人的资料就不多了，所以更多的还是要你去访谈从事这个职业的人，这样也才更真实。

（九）职业通用素质要求及入门具体能力

职业通用素质要求是指从事这个职业的一般的、基本的要求，主要是个人通用素质能力，就是能把这个工作做好要具备的能力。通过对职业的外在素质要求的了解，对比自己是否能够胜任，还有哪些要加强和补充的能力，从而可以将之规划到大学生活里。其实每个岗位的岗位描述中的任职资格一项都有介绍，只是这次要把其整理出来，尤其要加上职业访谈中的内容，列出十项最常用的能力，然后与自己一一对照，可以促进你发现和认识自我。

（十）工作与思维方式及对个人的内在要求

工作方式和思维方式是做好做精工作的保证。有些工作对人的内在要求是很高的，如态度等，这些是从内在来判断你是否适合和喜欢一个职业的核心标准。从内在出发来判断是否喜欢是科学的，因为职业是客观的，只是因为你选择了职业才会有是否愿意做、适合做等问题的产生，所以当你对职业的方方面面有了考量之后，最后一关就是对职业所要求的内在进行盘点。岗位描述中的任职资格也会有内在素质的要求，还有业内普遍认为的个人素质，还要考虑不同行业、不同类型企业的差异。

【体验活动】职业博览会

1. 4~5 人组成一个"职业资料专家小组"。每组选定 1 人为组长，1 人负责记录，其他人为参谋。每组选定一个与同学专业、职业目标比较接近的具体职业或行业，并搜集相关资料。

2. 重新安排桌椅，以便开展"职业资料新闻发布会"。

3. 每组选 1 人进行 5 分钟左右的"职业资料发布"演示（最好用 PPT 等多媒体手段），内容包括职业的工作内容、对应聘人的要求等。

4. 演示完毕，全体组员到前台接受其他同学的咨询，时间为 5 分钟左右。

5. 其他各组同学就准备的职业资料情况、演示现场和答询反应进行打分。

6. 讨论：

（1）如何才能搜集到正确、完整的职业资料？都有哪些搜集职业信息的渠道？

（2）各组介绍的职业中，哪个或者哪些吸引你？理由是什么？

第三节　评估职业信息　提升分析能力

职教案例

处理好还要"放得下"

朱同学，某职业技术学院时装专业，她利用周末时间在福雷德商圈一楼的必胜客欢乐餐厅兼职服务员工作。必胜客欢乐餐厅吸引客人的一个主打产品就是下午茶套餐，可以以产品自由组合的形式享受到比原价更为优惠的价格。为了避开午餐的高峰时段，下午茶的时段一直定在下午 2 点准时开始。

一天，朱同学接待了一位和朋友一起前来用餐的女顾客。这位女顾客当时的进店时间是 12 点，朱同学照例送上了午餐专属的菜单，可是这位女顾客坚持要点下午茶的套餐（同款的产品价格比午餐套餐价格低一些）。朱同学耐心地跟这位女顾客解释说明餐厅的规定。这名女顾客非但不愿意接受合理的说明，还坚持曾经有过 12 点享用下午茶套餐的经历，执拗地认为是朱同学故意为难她，不让她享受低价。

事后朱同学表示，在整个过程中该名女顾客声音的音量非常高，她很想好好跟这位顾客理论一番，把问题说清楚。但是她联想到之前上导购销售技巧课时，老师讲过，无论发生什么情况，都不要让顾客的面子挂不住，特别是在有其他朋友在场的情况下，更要给顾客足够的尊重。

虽然朱同学觉得很委屈，但还是耐下性子，一遍又一遍耐心地跟女顾客解释。最后，女顾客虽然仍心有不甘，也只好作罢，不再喧闹。在接下来的上餐过程中，该名顾客几次三番故意将叉子掉落在地上，然后让朱同学将地上的叉子捡起换把新的，以发泄无法享用下午茶套餐的不满。

在这件事的处理上，朱同学已经尽力控制住了事态的发展，没有影响到其他用餐客人的情绪，但是她心里还是觉得很委屈，事后很长一段时间去上班内心都有阴影，很害怕再碰到这类无理取闹的顾客。

整件事情朱同学都处理得很得体，以大局为重，能够很好地控制自己的情绪，也能意识到作为服务行业,需要具备的基本职业素养是尊重顾客,不让顾客难堪,但是作为当事人,自己内心的情绪波动却久久不能平息。对于在温室中长大的大学生,在应对挫折和困难的过程中还要学会"放得下"。

一、社会环境的宏观分析

(一) 经济环境

1. 经济形势

经济形势的变化对职业的影响是最为明显又最为复杂的。当经济处于萧条时期,企业的效益降低,对人力资源的需求减少,因而职业选择和职业发展的机会减少;当经济处于高速发展时期,企业处于扩张阶段,对人力资源需求量增加,职业选择和职业发展的机会增多。

2. 劳动力市场供求状况

劳动力市场的供求状况对职业选择和职业发展有重要影响。如果某类职业的人才供不应求,则职业选择和职业发展的机会增多;相反,某类人才供过于求,职业选择和职业发展的机会减少。

3. 收入水平

社会对人力资源的需求是一种派生的需求,当人们的收入水平提高时,对商品消费的需求会增加,企业扩大生产,从而增加对人力资源的需求,职业选择和职业发展的机会增多;相反,职业选择和职业发展的机会减少。

4. 经济发展水平

在经济发展水平高的地区,企业相对集中,优秀企业也比较多,个人职业选择的机会就比较多,因而就有利于个人职业发展;反之,在经济落后地区,个人职业发展会受到限制。

(二) 政治法律环境

1. 政治环境

政治因素主要涉及国家的方针、政策,影响职业的政治因素包含教育制度、政治体制、经济管理体制、人才流动的政策,等等。政治和经济是相互影响的,政治不仅影响一国的经济体制,而且影响企业的组织体制,从而直接影响个人的职业发展;政治制度和氛围还会潜移默化地影响个人的追求,从而对职业发展产生影响。

2. 法律环境

法律因素是指国家的有关法规和有关规定,如政府有关人员招聘、工时制、最低工资的强制性规定,现行的户籍制度、住房制度、人事制度和社会保障制度等,这些因素都会对职业的选择和发展产生重要的影响。

(三) 文化环境

社会文化环境包括教育条件和水平、社会文化设施等。

在良好的社会文化环境中,个人能受到良好的教育和熏陶,从而为职业发展打下更好的基础。社会文化是影响人们行为、欲望的基本因素。社会文化反映着个人的基本信念、价值观和规范的变动。

（四）价值观念

一个人生活在社会环境中，必然会受到社会价值观念影响，大多数人的价值取向，都是为社会主体价值取向所左右的。一个人的思想发展、成熟的过程，其实就是认可、接受社会主体价值观念的过程。社会价值观念正是通过影响个人价值观而影响个人的职业选择和职业发展的。大学生在进行职业生涯规划时，要坚持正确的价值观念，认可、接受社会上积极进步的价值观。

二、行业环境的中观分析

（一）行业的内涵与外延

对行业的定义，从不同的角度会有不同的解释，应该尽可能去搜集、整理各个不同的定义，对行业有一个精准的认识。可以参考《中华人民共和国职业分类大典》的权威解释，了解整个行业的概况，并且熟悉行业内的细分领域，进而探索行业的全貌。

（二）行业现状及发展趋势

国家各级行业主管部门或者社会研究机构，每年都会推出各种行业分析报告，这是了解行业现状和发展趋势的最好资料。通过网络、图书或者听讲座等方式，了解该行业在国民经济发展中的地位，了解该行业当前的发展现状，探索其未来的发展趋势。

（三）行业人才需求状况

各行各业都有其准入门槛以及对人才素质能力的基本要求，了解行业人才需求状况，是进入行业的前提。所谓行业的人才需求状况，是指这个行业人才胜任能力标准、人才发展前景、人才培养目标及人才晋升路径。了解得越详细，个人的职业定位也更加清晰，职业规划也更具有针对性。

（四）行业的社会评价与社会声望

行业不是孤立地存在于职业世界之中的，多倾听社会各界人士对该行业的评价，了解该行业的整体社会声望情况，也是进行职业选择与规划的参考依据。对行业的评价向来都是仁者见仁智者见智的，行业的社会声望也是褒贬不一的。在不同的舆论和倾向的影响下，应该端正自己的认识，不宜随波逐流，人云亦云。

（五）行业代表人物

了解行业的代表人物是了解行业的一个较好的手段。三百六十行，行行出状元，各行各业都有自己的代表人物，通过调研行业代表人物的先进事迹、成长历程，可以加深对该行业的认识与了解。相反，了解行业反面典型的失败经历，也能够从侧面知道行业存在的风险与弊端，树立对行业全面、客观的认识。

（六）行业规范及标准

每个行业都有自己的行业标准及规范，这些规范可能是明示的，也有可能是潜在的，这些标准有可能是国家制定的，也有可能是行业内部的，这些都是了解行业的大好机会。行业的规范及标准代表了行业的人才准入门槛以及从业人员的基本守则，掌握了该行业的规范与标准，也为进入该行业铺平了道路。

（七）行业知名企业名录

行业是由一系列细分领域内的企业共同组成的，这些企业既互相竞争，又互相依存，共同推动行业的发展与进步。行业知名企业一般是该行业发展的缩影，代表了该行业的最高发展水平，因此了解行业的标杆企业是了解该行业的最好方法。

三、岗位环境的微观分析

（一）岗位环境分析的内容

岗位是企业的组织细胞，也是个体实施职业行动的具体位置，大学生进入企业之后，在具体的岗位上开展工作，接受部门负责人的领导，实现自己的价值。岗位环境分析的主要内容如下：

（1）岗位工作内容是什么；

（2）岗位责任人是谁；

（3）工作岗位及其工作环境条件；

（4）岗位操作规范及操作守则；

（5）岗位职责与任职资格；

（6）与相关岗位工作人员的关系要求。

为了收集这些用于岗位分析的信息，一般采用访谈法、问卷调查法、观察法、关键事件法、工作日志法等。

（二）岗位环境分析的方法

1. 访谈法

访谈是就某一岗位与访谈对象，按事先拟订好的访谈提纲进行交流和讨论。访谈对象包括：该岗位的任职者；对工作较为熟悉的直接主管人员；与该岗位工作联系比较密切的工作人员。为了保证访谈效果，一般要事先设计访谈提纲。进行访谈时要遵循以下方法：

（1）所提问题要和岗位分析的目的有关；

（2）访谈人员语言表达要清楚、含义准确；

（3）所提问题必须清晰、明确，不能太含蓄。

2. 问卷调查法

问卷调查法就是根据岗位分析的目的、内容等，事先设计一套岗位问卷，由被调查者填写，再将问卷汇总，从中找出有代表性的回答，形成对岗位分析的描述信息。问卷调查的关键是问卷设计。问卷设计形式分为开放型和封闭型两种。开放型：由被调查人根据问题自由回答。封闭型：调查人事先设计好答案，由被调查人选择确定。设计问卷时要做到：①提问准确；②问卷表格精练；③语言通俗易懂，问题不可模棱两可；④问卷表前面有指导语；⑤问题排列有逻辑。

3. 观察法

观察法就是在不影响被观察人员正常工作的条件下，通过观察将有关工作的内容、方法、程序、设备、工作环境等信息记录下来,最后将取得的信息归纳整理为适合使用的结果的过程。

4. 关键事件法

关键事件法是邀请岗位工作人员或其他有关人员描述能反映其绩效好坏的"关键事件",即对岗位工作任务造成显著影响的事件,将其归纳分类,最后就会对岗位工作有一个全面的了解。关键事件的描述包括:导致该事件发生的背景、原因;员工有效的或多余的行为;关键行为的后果;控制上述后果的能力。

5. 见习日志法

见习日志法是以见习日志或者工作笔记的形式记录日常工作活动而获得有关岗位工作信息资料的方法。其优点在于可以更容易地了解岗位的具体工作状况。

【体验活动】职业初体验

回想自己的过去,你一定有一些兼职、实习、勤工俭学的经历,请将你的这些"职业初体验"写出来。

1. 该项工作的主要工作内容:
   _____
   _____

2. 你从事该项工作的主要收获和体会:
   _____
   _____

3. 经过工作之后,你如何在以后的学习、生活、实践中进行改进?
   _____
   _____

4. 根据你的判断,社会经济发展等宏观环境对该工作的影响。
   _____
   _____

5. 你认为该工作所在行业未来会有哪些发展变化?
   _____
   _____

6. 你是如何做出以上分析判断的?
   _____
   _____

【实践拓展】撰写《大学生职业生涯规划书》

大学生职业生涯规划书的评分标准如表 3-1 所示。

表 3-1 大学生职业生涯规划书评分标准

评分要素	评分要点	具体描述
职业生涯规划书内容（60分）	自我认知	1. 自我分析清晰、全面、深入、客观，自身优劣势认识清晰
		2. 综合运用各类人才测评工具评估自己的职业兴趣、个性特征、职业能力和职业价值观
		3. 能从个人兴趣、成长经历、社会实践和周围人的评价中分析自我
	职业认知	1. 了解社会整体就业趋势与大学生就业状况
		2. 对目标职业的行业现状、前景及就业需求有清晰了解
		3. 熟悉目标职业的工作内容、工作环境、典型生活方式，了解目标职业的待遇、未来发展趋势
		4. 清晰了解目标职业的进入途径、胜任标准以及对生活的影响
		5. 在探索过程中应用文献检索、访谈、见习、实习等方法
	职业决策	1. 职业目标确定和发展路径设计符合外部环境和个人特质（兴趣、技能、特质、价值观），符合实际，可执行，可实现
		2. 对照自我认知和职业认知的结果，全面分析自己的优、劣势及面临的机会和挑战，职业目标的选择过程阐述详尽，合乎逻辑
		3. 备选目标要充分根据个人与环境的评估进行分析确定，备选目标职业发展路径与首选目标发展路径要有一定相关性
		4. 能够正确运用评估理论和决策模型做出决策
	计划与路径	1. 行动计划要发挥本人优势、弥补本人不足，具有可操作性
		2. 近期计划详尽清晰、可操作性强，中期计划清晰、具有灵活性，长期计划具有导向性
		3. 职业发展路径充分考虑进入途径、胜任标准等探索结果，符合逻辑和现实
	自我监控	1. 科学设定行动计划和职业目标的评估方案，标准和评估要素明确
		2. 正确评估行动计划实施过程和风险，制定切实可行的调整方案
		3. 方案调整依据个人与环境评估分析确定，并考虑首选目标与备选目标间的联系和差异，具有可操作性
参赛作品设计思路（40分）	作品完整性	内容完整，对自我和外部环境进行全面分析，明确提出职业目标、发展路径和行动计划
	作品逻辑性	职业生涯规划书思路清晰、逻辑合理，能准确把握职业规划设计的核心与关键

HR提问

当你被心仪的岗位录取后，你未来3~5年的职业发展目标和规划分别是什么？

专家视角

一、未来需要什么样的人才

（一）"一"字型人才

"一"字型人才掌握的知识面非常广，他们平常可能很喜欢阅读，所以懂的东西非常多。但对于各种类型的知识他们都只停留在表面，没有深入了解。

这种人的性格很可能是活泼型，他们对新鲜的事物非常感兴趣，但没有耐性去深入学习，很容易被新的知识点给吸引过去！

知识面广的人有一个好处，在面对难题的时候他们可以想出许多不同的解决方案。他们会有很多的主意，有非常广的知识与较多的思路，面对问题总是有新的想法与方案！

（二）"1"字型人才

"1"字型人才属于典型的研究型人才，大学里做研究的人就属于这一类。他们喜欢深入了解一件事情，有钻研精神，在自己专属的领域是绝对的专家。但如果不是在研究范围内的东西，他们可能了解得就比较少了。

"1"字型人才的性格多是完美性或和平性，能够耐得住寂寞与新事物的诱惑，他们的专注力非常强大！此类人才如果研究的成果属于当下趋势，可能一辈子心血花上去，最终可以取得巨大的成就。

但如果你不是搞研究的或研究的东西很冷门，那潜在危机就是如果外在环境改变，让你不得不离开熟悉的区域，那将是灾难性的打击，由于过度地专注在一个领域，很可能无法适应新环境的需求。

（三）"T"字型人才

"T"字型人才是中国现在比较推崇的人才，这类人有较宽广的视野与知识面，且在某一领域他们又可以称得上是专家。宽广的视野在一定程度上可以让他们的专业知识得到升华，可以让他们跳出专业的思维陷阱从另外的角度去审视问题。

他们有时候也可能做过研究，有较高的学历，只是他们乐于接受新鲜的事物。很可能这类人在知识面的宽度上不及"一"字型人才，在深度上也不及"1"字型人才，但好处在于他们比较平衡，所以适应能力比较强。

（四）"钉耙"型人才

前三种人才模型都比较常见，但随着退休年龄不断推后，人的一生可能会经历多个不同的职业生涯，加上公司结构越来越复杂，工作的复杂度越来越高，一个人往往身兼数职，既需要有全局观，又要能从不同专业的角度看问题！慢慢就产生了"钉耙"型人才。

"钉耙"型人才是在"T"字型人才上演变而来的，这类人不仅有较广的知识面，在某一领域有较强的竞争优势，还在许多不同领域有一定知识与技能的积累。这样他们就可以在不同的部门之间进行协调，在做决策之前也可以站在不同专业角度进行有深度的思考。

如果看完后发现没一项符合自己，那是时候好好反思一下了！自己是否应该提升知识了！是应该先开发知识的宽度还是深度呢？参考建议是：先开发自己知识的宽度，明确目标后开发知识的深度。

二、八类大学生更容易获得用人单位青睐

（一）在最短时间内认同企业文化

某石油企业人力资源部的负责人介绍说："我们在招聘时，会重点考查大学生的求职心态与职业定位是否与公司需求相吻合，个人的自我认识与发展空间是否与公司的企业文化与发展趋势相吻合。"

专家提示：如果想加入这个企业，就要使自己的价值观与企业倡导的价值观相吻合，以便进入企业后，自觉地把自己融入这个团队中，以企业文化来约束自己的行为，为企业尽职尽责。

（二）对企业忠诚，有团队归属感

企业宁可要一个对企业足够忠诚，哪怕能力差一点的员工，也不愿意要一个能力非凡但却朝三暮四的员工。员工对企业忠诚，表现在员工对企业事业兴旺和成功的兴趣方面，不管老板在不在场，都能认认真真地工作，踏踏实实地做事。

专家提示：企业在招聘员工时，除了要考查其能力水平，个人品行是最重要的评估方面。那种既有能力又忠诚企业的人，才是每个企业需要的最理想的人才。

（三）不苛求名校出身，只要综合素质好

某网络公司的人力资源表示："我们公司不苛求名校和专业对口，即使是比较冷僻的专业，只要综合素质好，学习能力和适应能力强，遇到问题能及时制定出可操作的解决方案，同样会受到欢迎。"

专家提示：随着企业竞争的加剧，企业更加关注人才的质量，因为人才是创造产品、提供服务，为企业赢得利润的主要因素，个人综合素质比学历更重要。

（四）有敬业精神和职业素质

某电子公司的人力资源说："现在有的年轻人职业素质比较差，曾经有一个年轻人，早晨上班迟到的理由居然是昨晚看电视节目看得太晚了。不及时与同事沟通交流，等到领导过问时才汇报，耽误工作的进展，这些都是没有敬业精神和职业素质差的表现。"

专家提示：企业把高素质、忠诚负责的员工视为最宝贵的财富。敬业精神体现在责任感、主人翁意识、为做好工作而主动学习、注重细节、先付出后回报等方面。

（五）有专业技术能力

某科技公司人力资源部经理说："专业技能是我们对员工最基本的素质要求，IT行

业招人时更是注重应聘者的技术能力。进入公司后学历高低就不是主要的衡量标准了，会更看重实际操作技术，谁能做出来，谁就是有本事，谁就拿高工资。"

专家提示：专业技能是技术含量高的企业很看重的用人标准，对专业人才的选拔可以说是精挑细选。

（六）沟通能力强，有亲和力

某科技集团人事部的负责人说："我们公司认为，大学生最需要提高的能力是沟通能力。企业需要的是能够运用自己良好的沟通能力与企业内外有关人员接触，能够合作无间、同心同德，完成组织的使命和目的的人。"

专家提示：企业特别需要性格开朗、善于交流、有好人缘的员工。

（七）有团队精神和协作能力

某软件公司人力资源说："我们特别欣赏有团队精神的员工，因为在软件开发和使用过程中，如果有一名员工在一个环节上出现问题，将会影响整个项目的进程。"

专家提示：从人才成长的角度看，一个人是属于团队的，要有团队协作精神和协作能力。只有在良好的社会关系氛围中，个人的成长才会更加顺利。

（八）带着激情去工作

某科技公司人力资源表示："企业需要带着热情去工作的人！我们在对外招聘时，特别注重人才的基本素质。一个没有工作激情的人，我们是不会录用的。"

专家提示：热情是一种强劲的激动情绪，一种对人、对工作和信仰的强烈情感。一个没有工作热情的员工，不可能高质量地完成自己的工作，更别说创造业绩。

第四章

职业生涯决策管理

本章导图

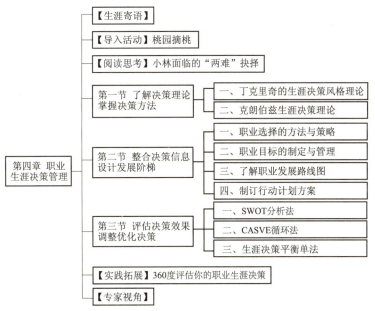

生涯寄语

为中华之崛起而读书！

——周恩来

【导入活动】桃园摘桃

路边有一片桃园，假如你可以进入桃园摘桃子，但只许前进不许后退，只能摘一次，要摘一个最大的，你会怎么办？

A. 对视野内的桃子进行比较，形成一个大概的标准，再根据这个标准选择最大的桃子。

B. "我感觉这个大！"就摘这个了。

C. "去问看桃园的人，让他告诉我什么样的最大！"或者问旁边的人什么样的最大。

D. 先别管了，走到最后再说吧。

E. 稍微比较，迅速摘一个。

根据你的选择，看看你的决策风格特征。

A. 理智。强调综合全面地收集信息、理智地思考和冷静地判断分析。

B. 直觉。以自我判断为导向，在信息有限时能够快速做出决策，发现错误时能迅速改变决策。

C. 依赖。倾向采用他人建议与支援，往往不能承担自己做决策的责任。

D. 回避。拖延，不果断，倾向于不考虑未来的方向，不知道自己的目标，也不思考，也不寻求帮助。

E. 自发。不能容忍决策的不确定性以及由此带来的焦虑情绪，具有强烈的及时性，对快速做决策的过程有兴趣。

总的说来，理智、直觉和自发这三种风格比较积极主动，而依赖和回避则比较消极被动。

不同的决策风格都有其优劣之处，都可以在某种程度上满足决策者的需要，重要的是识别自身的决策风格，并有针对性地进行调整。

进行科学决策，必须了解个人的决策风格，每个人的生涯形态都是独特的，职业决策的牵动以及决策与决策间彼此的关联造成了个人独特的职业决策风格。

通过熟悉和了解决策的过程，理解职业决策的重要性，掌握决策的方法。了解自己的决策风格与决策方式，掌握科学的决策模式。

阅读思考

林同学面临的"两难"抉择

林同学，某职业技术学院计算机专业，在校期间品学兼优，专业成绩突出。他进入一家 IT 企业实习，实习的具体内容和自己的专业有一定的联系。由于他工作比较出色，公司决定正式录用他，但希望他从技术支持岗位转到销售岗位，因为人力资源说他性格比较外向，适合做销售，且公司销售岗正好有需求。这件事让林同学困惑不已。他在大学的所有努力都是为了将来从事计算机技术工作，现在从事的技术支持也与自己当初预期的职业目标大致吻合，可如果转做销售，大学所学的专业知识似乎都浪费了。而不接受这个机会也挺可惜的，毕竟不论是培训、薪酬、环境，这家公司都很不错，同时他也觉得销售工作是个挑战，可以去尝试。经过几天焦虑的思考之后，他还是拿不定主意，于是找到学校就业指导中心进行职业咨询。

点评：林同学的迷茫与困惑主要是因为没有认清自我及职业，没有掌握科学的决策方法，职业目标和行动计划不够明确。职业决策是我们人生中最重要的决策之一。

怎样才能有效地做出职业决策，突破职业发展瓶颈，真正实现自己的生涯目标，是我们每一位大学生将来必须面对的现实考验。案例中的林同学出现决策困难的情形属于"生涯不确定"一类，这对于大学生来说是正常的。大学生还处在生涯探索阶段，在以前的教育中缺乏与职业生涯规划相关的内容，因此难以进行生涯决策。林同学对自己的兴趣、性格、价值观等方面不够了解，对从事技术工作还是销售工作的问题缺乏深入思考。所以，当面临转岗要求时，他的想法并不是很坚定。此外，不知道如何运用职业决策的方法技巧将两个职业进行合理匹配，也是其陷入"两难"抉择的一个重要原因。林同学大学专业、职业目标和职业兴趣都是计算机技术，并且具有做技术支持的核心竞争力。尽管他性格外向，加上自己也愿意接受新的挑战，看似很适合干销售，实际上，销售这行除了要有一定的沟通能力和学习能力，还应有比较强的服务意识和成功愿望，需要掌握客户的心理，想方设法进行说服，这对于习惯与机器打交道的IT男来说显然不太适合。况且他品学兼优、能力强、容易相处，还可以逐步成为公司的技术骨干甚至上升到更高的层面，因此选择走技术支持这条路的发展空间和发展潜力可能会更大。

看完以上故事，你有哪些感想？对你未来的人生决策，有哪些启发？

第一节 了解决策理论 掌握决策方法

职教案例

善于运用 6S 理念

吴同学，某职业技术学院精细化工专业。大学生活给了他许多锻炼的机会，从实践中不断汲取成功的经验和失败的教训，让已经工作的他能更沉着、冷静地面对问题、分析问题、解决问题。吴同学毕业后一直在杭州百合克莱恩颜料有限公司从事分析工作，主要与单位其他技术人员合作优化了部分颜料检测方法，缩短了检测时间，提高了检测结果精确度。他还作为培训教师，培训新入职员工。

吴同学对公司的 6S 管理内容理解非常深刻，并在公司 6S 管理评比中获得了第二名。目前他已经被提升为分析班班长，在班组评比中名列前茅。那么他是如何进步，并取得今天的成绩的呢？他的领导周女士给我们讲了其中的一件事。

一天，分析部门接到一个新分析样品，看分析规程后发现需要的一种化学试剂手头没有，于是班长让人到二级库房去寻找，在试剂柜里找半天也没找到，班长只好让材料员去领取。三天后材料员从公司领回试剂，才进行分析。可若干天后，班长在找别的化学试剂时，又找到了该试剂，班长不免埋怨当事人没有好好找！吴同学当时还在实习期，他从这件小事中发现了很多问题：首先库存管理不善，没有执行 6S 管理；其次公司没有实行看板管理，找东西很花时间，这会造成寻找的损失、再购的成本损失、等待时间的损失以及库房空间的损失。他向周女士表达了他对这件小事的理解，并提出了很实用的解决办法。领导听了觉得非常有道理，马上让吴同学负责这个项目的具体操作，吴同学最终非常完美地完成了任务。

吴同学就是通过工作中的小事，发现问题并完善它们，他的个人能力也在这个过程中得到了提高。

一、丁克里奇的生涯决策风格理论

决策风格是影响决策效果与决策效率的一个重要因素。1968年，丁克里奇通过访谈研究，将人们做职业生涯决策时的风格归结为8类：

（1）冲动型：冲动型的典型想法是"先找一份工作干着，合不合适以后再说"，对选择非常盲目，只要抓住一个选择就不会考虑其他的选择。这种决策方式非常不明智，会错过很多更好的选择。

（2）宿命型：宿命论者认为所有的东西都是命中注定，人做的一切努力都是徒劳的，他们将生涯决策交给命运，不能以积极阳光的态度面对人生，这样的人容易成为环境的"受害者"。

（3）顺从型：缺乏独立性，在做决策时不考虑自身的实际情况，而是顺从别人的计划，相信"别人都认为是好的，那一定错不了"。这种从众的想法虽然能给自己一些所谓的"安全感"，但是顺从别人计划做出的决策往往并不适合自己。

（4）延迟型：就是我们常说的"拖延症"，把问题往后拖延，比如"我先准备一下公务员考试再找工作"。延迟型的人总是把该解决的问题拖到最后一刻做，幻想着过段时间问题会自动解决。

（5）烦恼型：遇事不果断，决策时要搜集海量的信息，不仅没有找到决策的依据，反而陷入信息洪流中，对不同的信息反复比较，左右权衡，典型的状态是"我还是拿不定主意"。

（6）直觉型：做决策时过度依赖自己的直觉，决策缺少可靠的根据，而是"感觉到是对的"。直觉在缺少充分信息的情况下可能会产生效果，但是和事实可能有偏差。

（7）瘫痪型：瘫痪型的人能够做出决策，但是不敢承担决策后的责任，做出决策后时常处于过度焦虑中，"一想到要开始工作就害怕"，结果就是无法真正为决策后果承担责任。

（8）计划型：使用如同标准化决策模型所推荐的理性策略。

上述8种决策风格各有优缺点，很难说哪一个最好，哪一个最坏。例如，直觉型决策者能快速提取信息，并根据已知信息快速做出决策，但可能会出现认知偏差。烦恼型和顺从型的人有依赖倾向，但是在反复的斟酌中可能会减小个人的认知偏差。决策风格的形成受到自我性格和外部环境的影响，一旦形成就具有一定的稳定性，但也不是绝对无法改变的。

二、克朗伯兹生涯决策理论

美国心理学家克朗伯兹在其职业生涯决策的社会学习理论中指出，职业选择过程受到四类因素的影响：遗传天赋和特殊能力（如内在素质、身体障碍、音乐和艺术能力）；环境条件与事件（如劳动法规、技术进步、社会机构变化、家庭资源）；学习的经验（如各种工具性学习、行为和认知反应、观察学习）；完成任务的技能（如设定目标、工作习惯、情绪反应方式）。

克朗伯兹和贝克于1977年提出的决策模式包括7个步骤：

（1）界定问题：描述必须完成的决策，估计完成所需时间并设定确切的时间表；

（2）拟订行动计划：描述决策所需采取的行动，并估计所需时间及完成的期限；

（3）澄清价值：描述个人将采取哪些标准，以作为评价各种可能选择的依据；

（4）描述可能做出的选择，确认选择方案；

（5）依据所定的选择标准、评分标准，逐一评价各种可能选择，找出可能的结果；

（6）比较各种可能选择符合价值标准的情况，从中选取最能符合决策者理想的选择；

（7）描述将如何采取何种行动以达成选定的目标。

【休验活动】 决策风格探索

对于如何做决定，每个人都有自己的独特方式，或者说独特的决策风格。有时我们会不满意自己的决策风格，那么首先让我们来测一下自己的决策风格吧！

你平时是如何做决定的呢？表4-1中的句子，是一般人在处理日常事务及生涯决定时的态度、习惯及行为方式，请阅读这些句子并填写右边的选项。注意每一个选项无所谓对错，只要符合你真实情况就可以。当你完成选择之后，将得分计算出来，看看你是属于哪一类的决策风格。

表4-1　生涯决策风格类型测试

序号	情景陈述	符合	不符合
1	我常匆促做草率的判断		
2	我常凭一时冲动做事		
3	我经常改变我所做的决定		
4	做决定之前，我从未做任何准备，也未分析可能的结果		
5	我常不经慎重思考就做决定		
6	我喜欢凭直觉做事		
7	我做事时不喜欢自己出主意		
8	做事时我喜欢有人在旁边，以随时商量		
9	发现别人的看法与我不同，我便不知该怎么办		
10	我很容易受到别人意见的影响		
11	在父母、师长或亲友催促我做决定之前，我并不打算做任何决定		

续表

序号	情景陈述	符合	不符合
12	我常让父母、师长或亲友来为我做决定		
13	碰到难做决定的事情,我就把它摆在一边		
14	遇到需要做决定时,我就紧张不安		
15	我做事总是东想西想,下不了决心		
16	我觉得做决定是件痛苦的事情		
17	为了避免做决定的痛苦,我现在并不想做决定		
18	我处理事情经常犹豫不决		
19	我会多方收集做决定所必需的一些个人及环境的资料		
20	我会将收集到的资料加以比较分析,列出选择的方案		
21	我会衡量各项可行方案的利益得失,判断出此时此地最好的选择		
22	我会参考其他人的意见,再斟酌自己的情况来做出最适合自己的决策		
23	经过深思熟虑之后,我会明确决定一项最佳的方案		
24	当已经确定所选择的方案,我会展开必要的准备行动并全力以赴做好		

1. 计分方法：选择符合的记 1 分，不符合的不计分。
2. 生涯决策风格类型测试结果如表 4-2 所示，得分最高一组代表主要生涯决策类型。

表 4-2 生涯决策风格类型测试结果

项目	序号 1~6	序号 7~12	序号 13~18	序号 19~24
得分				
决策风格类型	冲动直觉型	依赖型	犹豫不决型	理智型

3. 生涯决策类型分析：根据学者海瑞的观察，大部分人的生涯决策方式可以归纳为直觉型、依赖型、理智型三种，另外还有犹豫不决型等。

（1）直觉型：直觉型的人以自己在特定情境中的感受或情绪反应做出决定。这种类型的人做决定时全凭感觉，较为冲动，较少会系统地收集其他的相关信息，但他们能为自己的抉择负责。

（2）依赖型：依赖型的人是指等待或依赖他人为自己收集信息并替自己做决定，有的甚至到处求神问卜，找算命先生帮助，决策时不去有系统地收集信息，决策较为被动与顺从，十分关注他人的意见和期望，从而做出选择。对于此类的人而言，社会赞许、社会评价、社会规范是他们决定的标准，他们的口头禅是："爸妈叫我去……""我的男朋友/女朋友希望……""他们认为我很合适" "他们认为我可以，……可是……"。

（3）理智型：理智型的人所做的决策合乎逻辑，他们系统地收集充分的生涯相关信息，且分析各个选项的利弊得失，按部就班，以做出最佳的决定。

（4）犹豫不决型：此类型的人虽然收集了很多的相关信息，问东问西，但却常常处在挣扎、难以下决定的状态中。

前面的测验显示你是属于哪一类型？喜欢这样的自己吗？你认为怎样做可以使自己更完美？

第二节　整合决策信息　设计发展阶梯

职教案例

世间万物皆有尺度

在立体构成课上，我们要求学生制作教室天花板上的电风扇和日光灯的纸模型，重在培养学生观察事物、再现产品造型结构的能力。

有不少学生动作很快，一节课的时间就把模型做出来了，很主动地跟老师汇报，要求打分通过。老师看了看模型，摇摇头说："这样的模型只能打60分，不能再多了。"

学生很不解地问："老师，我们模型做得这么好，怎么才给及格分？"说话间他的情绪激动，自认为付出的努力得不到认可，非常不甘心。

老师把这些学生集中到一起，将模型放在中间，给他们分析起来："大家看，我们作为设计师，首先要有尺寸的概念，一样东西设计得再完美，如果不从实际出发，只能是一件艺术品！如果这个电风扇中间的轴大小是正确的话，叶片就偏小太多了……如果这个日光灯的宽度是对的，那么长度远远不够，灯管按比例得有庙里柱子那么粗了。"学生们笑了，但也都深有同感，发现了各自模型的问题，纷纷重新调整。

世间万物皆有尺度，工业设计专业的学生做设计时，必须做到实事求是、科学严谨，这种设计将来才能应用到产品生产中去。同样，我们选择职业和制定发展路径，也要遵循本质，成就更好地自己。

一、职业选择的方法与策略

（一）从客观现实出发

职业选择必须从客观现实出发。首先要将个人的职业意愿、自身素质与能力结合起来，加以充分的考虑，估计一下自己能否胜任某项职业的要求，认真评价个人职业意愿的可能性，即进行准确的自我评价和定位。其次对职业岗位空缺与需求做出客观分析。

（二）比较鉴别

将职业和自己的能力进行比较，将职业对人的要求具体化，比如教师职业要求有较强的语言表达能力，艺术工作者要求有丰富的创作力，等等。其次在选出的多种职业目标中进行比较。自己的条件可能适合好几种职业，应当选出那些更符合条件的，更符合自己特长和专业发展的，经过努力能很快胜任的职业。再次将职业提出的各种条件进行比较。因为从事某种职业所需要的各种条件是有主次之分的，每个人进行职业选择时也要考虑多个方面，当个人的素质符合某种职业的主要条件时，职业选择就比较容易成功。

（三）扬长避短

在选择职业时，要清楚地知道自己的长处是什么，短处是什么。一般来讲，当职业与个人的理想、爱好、个性特点、专业特长最接近时，个人的主观能动性容易激发出来。因此，在选择职业时如果充分考虑到最大限度地发挥自己的专长，有利于个人全面发展等因素，走上工作岗位后，才有可能热爱自己的工作，才能把工作当作一件愉快的事情去做，才能卓有成效地开创未来。

（四）适时调整

有的人可能当时的选择是对的，后来情况发生了变化，还有的人在选择时考虑不够全面，在实践中行不通，这就要依据新的情况，适时调整，慎重地进行新的选择，以实现自己的职业生涯规划。适时调整的含义是：对自己心目中的理想单位和职业，如果不能一步到位，可以采取打好基础、抓住机会、分步前进、逐渐逼近的策略。如果客观现实不具备，就应该适时调整，创造时机，使条件成熟。

大学毕业生的职业选择只是职业发展计划中的第一步，走好第一步固然重要，但未来的路还很长，也许还会面临更多的选择。管理大师彼得·德鲁克说过："对你而言，你所做的工作选择是正确的概率大约是百万分之一。如果你认为你的第一个选择是正确的话，那么就表明你是十分懒惰的。"因此，一个人必须通过大量地、不断地实践和转变，才可能发现一条从心理上和经济上都满意的职业发展道路。

二、职业目标的制定与管理

（一）职业目标的制定

美国学者戴维·坎贝尔曾经指出："目标之所以有用，是因为它能帮助我们从现在走向未来。"立定志向可以成为成功的驱动力，同时也可以使自己更能够掌握方向，明确应该做的事情。

（二）目标设定的原则

目标设定是在自我觉醒的基础上，对自己未来职业生涯的一个初步的概想。在进行职业目标设定时，应该遵循 SMART 原则。

1. S（Specific）

目标要清晰、明确。所谓明确就是要用具体的语言清楚地说明要达成的行为标准。明确的目标几乎是所有成功人士的一致特点。很多人不成功的重要原因之一就是因为目标定得模棱两可。要做到这一点，需要回答以下6个"W"。

Who：谁参与；
What：要完成什么；
Where：确定一个地点；

When：确定一个时间期限；

Which：确立必要条件和限制；

Why：明确原因，实现此目标的目的或好处。

例如，你确定了一个目标——"好好学习"，这就不是一个具体目标。你可以将此目标具体化，比如"每天去图书馆，至少看书2小时"。

心理学家得出了这样的结论：当人们的行动有了明确目标，并能把自己的行动与目标不断地加以对照，进而清楚地知道自己的行进速度和与目标之间的距离，人们行动的动机就会得到维持和加强，就会自觉地克服一切困难，努力达到目标。要达到目标，就要像上楼梯一样，一步一个台阶，把大目标分解为多个易于达到的小目标，脚踏实地向前迈进。每前进一步，达到一个小目标，就会体验到"成功的喜悦"，这种"感觉"将推动他充分调动自己的潜能去达到下一个目标。

2. M（Measurable）

目标要可量化，是明确而不是模糊的，要有一组数据，作为衡量是否达成目标的依据。确保你的目标可量化，你可以问自己：我怎么知道自己是否达到了目标？是多少？有的东西不好量化，也要尽量找到一个量化的标准。

假如你想熟练地掌握网站制作技能，那么你可以将自己的目标定位为：可以独立完成一个电子商务类网站的策划和制作。

3. A（Attainable）

设定的目标要高，要有挑战性，但又必须是可达成的。目标要通过努力可以实现，不能过低和偏高，偏低了无意义，偏高了实现不了。一般来说，当设定的目标对你有很重大的意义时，你会尽最大的努力去完成。假如你的目标是能够按时毕业，拿到学位，那么这种目标就是不具挑战性的。而如果你把目标设定为在学术造诣上超越爱因斯坦，那么基本上没有实现的可能，这种目标在设定上就是失败的。

4. R（Relevant）

设定的目标要有现实性，要和你的实际情况相关联。设定的目标最好是你愿意做，并且能够做好的。在职业目标的设定上，一定要注意目标的设定和岗位的职责是有关系的。比如说你打算从事会计工作，努力考个会计师证是很有必要的，而你花费很多时间去考心理咨询师证，就无太大必要了。

5. T（Time bound）

目标要有时限性，要在规定的时间内完成，时间一到，就要看结果。没有时间限制，就没有紧迫感。回到做好学生的目标，你问自己，有没有在学习？回答往往是肯定的。一年后，你再问自己，学到了什么？很多人回答不上来。针对这种情况，你完全可以设定类似这样的目标，如在2020年12月前，自学完成工业工程专业的全部课程。

（三）目标设定的方法

在设定职业生涯目标时可以采用时间分解法，将目标分为短期目标、中期目标、长期目标和人生目标。设定正确的目标不难，但要实现目标却不容易。如果目标太远大，我们会因为苦苦追求却无法达成而气馁。因此，如图4-1所示，将一个大目标科学地分解为若干个小目标,落实到具体的每天每周的任务上,正是实现目标的最好方法。

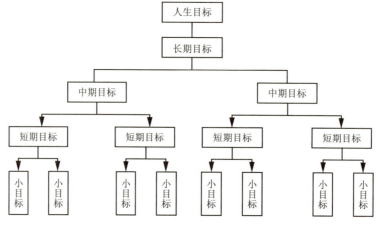

图 4-1 目标的分解法

1. 短期目标

短期目标通常是指时间在一至两年内的目标,是中期目标和长期目标的具体化、现实化和可操作化,是最清晰的目标。如对专业知识的学习、两年内掌握哪些业务知识、职业选择等。通常,又可以将短期目标分解为很多小目标,如一个月甚至一周的目标。在设定短期目标时,需做到:

(1) 目标具备可操作性;
(2) 明确规定具体的完成时间;
(3) 对现实目标有把握;
(4) 服从于中期目标;
(5) 目标可能是自己选择的,也可能是企业或上级安排的、被动接受的;
(6) 目标需要适应环境;
(7) 目标要切合实际。

短期目标对大学生来说,是十分重要的。短期目标设定是否合理,决定着中期目标和长期目标是否可以实现,相对而言,短期目标的分类也更为复杂一些,分类的标准不一样,分类则不尽相同。

按年级来分,可为一年级目标、二年级目标、三年级目标、几年级目标。

按照学期来分,可分为上学期目标、下学期目标。

按照假期来分,可分为暑假目标、寒假目标。

按照内容来分,可分为学习目标、生活目标、社团实践目标、兼职目标、实习目标等。

按照毕业后的去向来分,可分为就业目标、升学目标、留学目标、创业目标、培训目标。

2. 中期目标

中期目标一般指三到五年的目标。中期目标在长期目标的基础上确立,如毕业时找到一份满意的工作，上理想的学校和专业的研究生，到自己所梦想的国家去留学，先择业再创业，实现当老板的理想等。在设定中期目标时，需做到：

(1) 通常与长期目标保持一致；

(2) 是结合自己的志愿和企业的环境及要求来制定的目标；

(3) 用明确的语言来定量说明；

(4) 对目标实现的可能性做出评估；

(5) 有比较明确的时间，且可做适当的调整；

(6) 基本符合自己的价值观，充满信心，愿意公布于众。

3. 长期目标

长期目标是时间为五年以上的目标，它通常比较粗、不具体，可能随着企业内外部形势的变化而变化，在设计时以画轮廓为主。如，规划30岁时成为一家中型公司的部门经理，规划40岁时成为一家大型公司的副总经理等。在设定长期目标时，需做到：

(1) 目标有可能实现，具有挑战性；

(2) 对现实充满渴望；

(3) 非常符合自己的价值观，为自己的选择感到自豪；

(4) 目标是认真选择的，和社会发展需求相结合；

(5) 没有明确规定实现时间，在一定范围内实现即可；

(6) 立志改造环境。

长期目标主要受自己的人生目标的影响。在生活中，人们最容易忽视的就是长期目标。人们总认为，五年后的事情太远了，考虑这么多，这么远，没什么用，果真如此吗？当然不是。现在，大学生就业困难，很多大学毕业生找不到自己满意的工作，可是一些大学生还没有毕业就被名企高薪聘用了，而这些被聘用的大学生基本上树立了长期的目标。

4. 人生目标

人生目标是指整个人生的发展目标，时间长至40年左右。一般说来，短期目标服从于中期目标，中期目标服从于长期目标，长期目标又服从于人生目标。在实施目标时，通常是从具体的、短期的目标开始的。

(四) 职业目标的管理

1. 目标设立的客观性

个人发展目标的确立与团队或企业目标一样，必须具有客观性，否则就只能停留在幻想当中。也就是说，个人目标的设立必须建立在个人兴趣、爱好、知识、能力、身体条件及社会环境等因素的基础之上，应该是通过努力可以达到的，并且是可考核、可评价的，是明确、具体的，是可量化、可分解的。不具有客观性的目标是不可能实现的。如果一个人的身体条件本来是不适合运动的，那么长跑世界冠军的奋斗目标，就只能是一种幻想。

当然，个人的奋斗目标一经确立，也不是一成不变的。随着个人的成长，知识与阅历的增加，以及兴趣、爱好的转移，阶段性地调整自己的目标更加有助于自己人生价值的实现，但却不能过分频繁地变换目标。频繁地变换目标与没有目标，对于一个人的发展来说是同样危险的。

2. 目标分解的科学性

对于一个人的成长来说，在其实现自身价值的总目标确定之后，也要如登山一样将自己的总目标分成若干分目标，如阶段目标、年目标、月目标、周目标、日目标等。而且在目标分解的过程中一定要坚持科学性的原则，只有这样才能保证我们每走一步都能够离我们的总目标更近一点，也只有这样，我们人生发展的总目标及人生的价值才能真正实现。

职业生涯目标的实现可以用一系列的阶段来表示。为了顺利进入每一个新阶段，应根据新阶段的特点制定分目标。

目标分解就是根据观念、知识、能力差距，将职业生涯长期的远大目标分解为有时间规定的长、中、短期分目标，直至将目标分解为某确定日期可以采取的具体步骤。实现一个远大目标很少能够一气呵成，必须分解成若干个易于达到的阶段性目标。

目标分解是将目标清晰化、具体化的过程，是将目标量化成可操作的实施方案的有效手段。目标分解帮助我们在现实环境和美好愿望之间建立起可以拾级而上的途径。目标分解从最远、最高的目标开始，一直分解到最近的目标。在现实中，很多人做事之所以会半途而废，往往不是因为难度较大，而是因为觉得离成功较远，确切地说，不是因为失败而放弃，而是因为倦怠而失败。

目标分解可以按两种途径来进行：

（1）按时间分解，可分解为最终目标（人生目标）、长期目标、中期目标、短期目标。

按时间分解是最常用的目标分解方法，也很容易掌握。首先，你应该区分最终目标与阶段目标。选择了职业生涯发展路径，并确定了总体目标。这个总体目标是最终目标、人生目标。总体目标不清晰，就谈不上分解更具体的长期、中期、短期目标了。最终目标只有与自己的价值观相符，才是有效的，并且最终目标一经确立就不要再频繁更改。其次，把最终目标分解为若干个长期目标，每一个阶段都应有一个具体的目标。

（2）按性质分解，可分解为外职业生涯目标、内职业生涯目标。

美国职业心理学家施恩教授最早把职业生涯分为外职业生涯和内职业生涯。他指出，外职业生涯指经历一种职业（由教育开始，经工作期，直到退休）的通路，包括职业的各个阶段：招聘、培训、提拔、解雇、奖罚、退休等。内职业生涯更多地注重于所取得的成功或满足的主观感情以及工作事务与家庭义务、个人休闲等其他需要的平衡。

根据内、外职业生涯的内容，我们可以把长期目标、中期目标和短期目标分解出各自具体的内职业生涯目标和外职业生涯目标。

一是外职业生涯目标：

①职务目标。职务目标应当具体明确。

②工作内容目标。在现实生活中，能够升到高层职位的毕竟是少数。位置越高，

留给我们可以选择的机会也就越少，而且，能不能晋升，很大程度上并不取决于我们自己。所以，不要只盯着职务目标的晋升，而应把外职业生涯目标规划的重心移到工作内容目标上来。

③经济目标。我们从事一项工作，获得经济收入是一大目的，毕竟我们谁也离不开生存的物质基础。在职业生涯规划中列入收入期望无可非议，但要注意的是切合实际和自己的能力素质，还要大胆地规划一个具体的数目，不要含糊不清，或者不敢写。

④工作地点目标和工作环境目标。如果对工作地点和工作环境有特殊要求，就要在规划中列出这两项内容。

二是内职业生涯目标：只追求外职业生涯目标会让人遭遇很强的挫折感，怀疑上级对自己不公、上班太远累得慌、辛苦半天没拿多少钱、评优晋级没有份……越想越难受，越想越没干劲，每天都生活在抑郁之中。其实，我们还有一笔重要的财富不容忽略——丰富的知识经验积累，观念、能力的提高以及由此带来的快乐感、成就感。在分解和组合自己的职业生涯目标时，外职业生涯目标与内职业生涯目标应该是同时进行的，而且内职业生涯目标是尤其应该重点把握的内容。

①工作能力目标。工作能力是对处理职业生涯中各种工作问题的能力的统称，如策划能力、管理能力、研究创新能力、与领导无障碍沟通的能力、与同事协调合作的能力等。必要的工作能力积累是达到职务目标和收入目标的前提。所以，工作能力目标应当优先于职务目标。

②工作成果目标。在很多组织里，工作成果都是进行绩效考核的一个重要指标，扎实的工作成果带给我们极大的荣誉感和成就感，也铺砌了通往晋升之途的阶梯。

③心理素质目标。在职业生涯途中，有人成功达到目标，有人半空而坠，区别其实不在于机遇和外部条件。每个人的职业生涯发展过程中都会遇到这样那样的困难，只有心理素质合格的人才能正视现实，努力去克服困难，冲向卓越；而心理素质差的人只会怨天尤人、自暴自弃。为了职业生涯规划蓝图能够化为现实，要不断提高心理素质。提高心理素质目标包括经受挫折、包容他议，也包括在暂时的成功面前保持清醒冷静。

④观念目标。观念是对人对事的态度、价值观。很多跨国大企业都有自己的观念文化，这些观念影响着员工的行为，也影响着组织、领导、同事、客户对员工的态度。随时更新自己的观念，让自己总是站在前沿地带，也是我们规划个人职业生涯的重要内容。

3. 目标的实现是以每一天、每一件事的努力为基础的

中国有句古话，"世上无难事，只要肯登攀"，它是对目标及其实现途径的最贴切、最科学的阐述。科学地设立了目标、详细地分解了目标以后，如果不付诸实际的努力，也不会产生任何实际的成果。

任何一个人都不可能一步跨入自己的理想世界，都不可能瞬间实现自己的人生目标与价值。一个人的成功之路是由一个个目标铺就的，一个目标实现以后，一个新的目标必然出现在前方。这些具体目标也是相互关联的，它们在人生总目标的统领之下，逐渐分解而来。一个人人生价值的实现过程就如攀登一座高峰，要想顺利到达峰顶，就要从山峰的脚下往上攀,一步一步的踏点为我们支起了登顶的天梯。这每一个踏点也就是我们登顶过程中的一个个分目标,正是这些分目标的不断实现,才促使我们最终能够完成登顶的最大目标。

(五) 职业生涯目标的组合

目标组合是处理不同目标相互关系的有效措施。如果只看到目标之间的排斥性,就只能在不同目标之间做出排他性选择;而如果能看到目标之间的因果关系与互补性,就能够积极进行不同目标的组合。

目标组合有三种方法:时间组合、功能组合和全方位组合。

1. 时间组合

职业生涯目标在时间上的组合可以分为并进和连续两种情况。

(1) 并进。所谓职业生涯目标的并进,指同时着手实现两个平行的工作目标或建立和实现与目前工作内容不相关的预备职业生涯目标。有时候,外部环境给予我们的机会很多,这让我们面临多个选择,于是会出现两个或多个不同方向的职业生涯目标。只要处理得好,在一定时期内,是可以做到鱼与熊掌兼得的。当然,前提条件是有足够的精力和能力来应对。对普通年轻人,我们建议在一段时间内只定一个大目标。

这里所说的"同时着手实现两个平行的工作目标",指的是短期内进行的不同性质的工作,一般多为中、高级管理层"双肩挑"的情况。

而建立和实现与目前工作内容不相关的预备职业生涯目标,多发生在中、青年人身上,意在居安思危、未雨绸缪。例如,学校团支部书记为了今后获得更大的发展空间,在做好本职工作的同时,进修 MBA 课程。并进有利于我们开启潜能,在同样的时间内迎接更大的挑战,浓缩生命,发挥更大的价值。

(2) 连续。连续是指用时间坐标做纽结,将各个目标前后连接起来,实现一个目标再进行下一个。一般来说,较短期目标是实现较长期目标的支持条件。目标的期限性是相对的,随着时间的推移,长期目标成为中期目标,中期目标成为短期目标,短期目标成为近期目标。只有完成好每一个近期目标和短期目标,最终目标才有可能实现。

职业生涯目标分为最终目标和阶段目标(长期目标、中期目标、短期目标、近期目标),各个阶段目标的设定大体与最终目标一致并互相关联。这里应该明确,阶段目标是在一段特定的时间内要达到的结果。如果将职业生涯的阶段目标转变为职业生涯最终目标,只需将各个阶段目标连接起来,加上一个时间表,再加上一个衡量目标达成结果的评估方式。

2. 功能组合

很多职业生涯目标在功能上可以存在因果关系或互补关系。

(1) 因果关系。有些目标之间存在着明显的因果关系,如前面提到的工作能力目标与职务目标和收入目标,前者是因,后者为果,表现为:工作能力提高—职务提升—收入增加。通常情况下,内职业生涯目标是原因,外职业生涯目标是结果。

(2) 互补关系。一个管理人员希望在成为一个优秀的进口部经理的同时取得 MBA 证书,这两个目标之间存在着直接的互补关系。实际管理工作为 MBA 学习提供实践的经验体会；而 MBA 学习又为实际的工作提供理论支持和方法指导。同样地，高校教师往往同时肩负着基础教学和科研两项任务，基础教学为进行科研工作提供了理论基础和方法指导，科研实践又促进了教学内容的丰富更新和质量的提高。

3. 全方位组合

全方位组合已超越职业的范畴，它涵盖了人生全部活动。全方位组合指职业生涯、家庭和个人事务的均衡发展，相互促进。事业不是生活的全部，任何一个人都不能离开家庭和休闲娱乐，完美的职业生涯规划不应把生活中的其他内容排斥在外。目标组合可以超越狭隘的职业生涯范围，将全部的人生活动联系协调起来。

三、了解职业发展路线图

条条大路通罗马，每个人都有适合其发展的路径，但每个人都不同，谁也不能完全复制别人的成功之道。职业生涯路线是指一个人选定职业后从什么方向上实现自己的职业目标，是向专业技术方向发展，还是向行政管理方向发展。发展方向不同，要求就不同。因此，在制订职业发展行动计划之前，必须结合职业决策做出选择，以便安排今后的学习和工作，使其沿着职业生涯路线发展。

职业生涯路线选择的重点是对职业生涯选择要素进行系统分析，在对职业理想、职业能力、职业环境（我想做什么？我能做什么？环境允许我做什么？）三方面的要素进行综合分析的基础上确定自己的职业生涯路线。职业生涯路线选定后，还要画出职业生涯路线图。典型的职业生涯路线图是一个"V"字型的图形。假定一个人 22 岁大学毕业参加工作，即 V 型图的起点是 22 岁。从起点向上发展，V 型图的左侧是行政管理路线，右侧是专业技术路线。按照年龄或时间将路线划分为若干部分，并将专业技术等级或行政职务等级分别标在路线图上，作为自己职业生涯的目标，如图 4-2 所示。

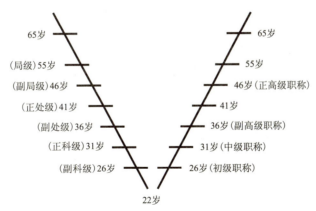

图 4-2　职业发展路线（管理路线、技术路线）

在确定职业目标、进行职业决策后，是向专业技术方向发展，还是向行政管理方向发展？不同的选择意味着不同的工作和生活方式。一般来说，有如下几种典型的职业发展路线，如表 4-3 所示。

表 4－3 职业发展路线

类型	典型特征	成功标准	主要职业领域	典型职业通路
技术型	职业选择时，主要注意力是工作的实际技术或职能内容。即使提升，也不愿到全面管理的位置，而只愿在技术职能区提升	在本技术区达到最高管理位置，保持自己的技术优势	工程技术、财务分析、营销、计划、系统分析等	财务分析员—主管会计—财务部主任—公司财务副总裁
管理型	能在信息不全的情况下分析解决问题，善于影响、监督、率领、操纵、控制组织成员，能为感情危机所激励，善于使用权力	管理越来越多的下级，承担的责任越来越大，独立性越来越强	政府机构、企业组织及其各部门的主要负责人	工人—生产组组长—生产线经理—部门经理—行政副总裁—总裁
稳定型	依赖组织，怕被解雇，倾向于按组织要求行事，高度的感情安全，没有太大抱负，考虑退休金	一种稳定、安全、氛围良好的家庭、工作环境	教师、医生、研究人员	更多地追求职称，如：助教—讲师—副教授—教授
创造型	要求有自主权、管理才能、能施展自己的特殊才能，喜好冒险，力求新的东西，经常转换职业	建立或创造某种东西，他们是完全属于自己的杰作	发明家、风险性投资者、产品开发人员、企业家	无典型职业通路，极易变换职业或干脆自己单独干
自主型	随心所欲制定自己的步调、时间表、生活方式和习惯	在工作中得到自由与欢乐	学者、研究人员、手工业者、工商个体户	自由领域中发展自己的个人事业

四、制订行动计划方案

行动计划分为短期计划、中期计划和长期计划。长期计划一般是职业规划和设计中要达到的最高点或者在一个相对较长时间（一般为 5～10 年）内要达到的计划；中期和短期计划是指在实施长期计划的过程中必须要经历的阶段计划。从时间上来讲，中期计划一般为 3～5 年，具有一定的战略规划价值；短期计划又有日、周、月、年计划之分，一般应该清晰、明确、切实可行。

制订职业生涯规划行动计划，通常遵循以下步骤方法。

1. 行动计划思考准备

（1）个人发展计划必备的要素是什么？
（2）我的职业目标是什么？
（3）怎样才能实现职业目标呢？

2. 制订行动计划书

完整的行动计划书应包含：题目、职业方向与总体目标、社会环境分析、学校分析、自身条件及潜力测评、角色及建议、目标分解、成功标准、差距、缩小差距的方案。

3. 实施行动计划

（1）实际行动。

（2）做好记录。

（3）分析行动结果。

（4）利用一切资源和机会。

4. 反思改进

（1）发生了什么事？

（2）为什么会发生？

（3）结果如何？

（4）现在怎么办？

（5）该如何改进？

【体验活动】 了解影响你职业生涯决策的要素

图4-3列出了很多可能会影响你未来做职业生涯决策的因素，请你仔细思考过后用1~5来表示你在做决定时对它们进行考虑的重要程度：1表示非常不重要，5表示非常重要。

图4-3 影响职业生涯决策的因素

第三节 评估决策效果 调整优化决策

职教案例

从高职逆袭成为麻省理工计算机博士

周同学，某经贸职业技术学院计算机专业，他出生于浙江一个贫困的小岛。童年时期他对读书没有任何兴趣，也没有人管，天天就知道玩。后来，他奋发图强，努力学习，在浙江大学完成硕士研究生的学业后，成为数据库领域图灵奖获得者Mike Stonebraker的学生，一名麻省理工计算机博士。

高职无法达成他的愿望。专升本有一条捷径，那就是在国家级的竞赛中拿到好成绩，经过权衡后，他把目标定在比较感兴趣的"大学生程序设计大赛"。在大一这一年，是他成长最为迅速的一年，通过一年的编程积累，他和同学在当年就拿下大学生程序设计大赛省一等奖。大三的时候，终于获得了省赛的特等奖，对他来说，这不仅是一张证书，更是走向更高台阶的敲门砖。大三下半学期，他参加了普通专升本考试，并成功进入了某本科院校计算机学院的学习。在这里，周同学4个学期以89.36的综合加权分稳稳地拿下了全专业第一，获得国家奖学金。他的考研目标是浙江大学和上海交通大学，这两所学校的考研难度差不多，经过再次决策，周同学选择了浙江大学。在第三次学业重大决策上，周同学申请去美国读博，凭借着他在浙大读硕士期间发表在计算机顶刊上的论文，他轻易地获得了麻省理工计算机系的博士录取通知书，师从大名鼎鼎的 Mike Stonebraker，这位是数据库领域现存的唯一一位图灵奖获得者，要知道，Mike 已经八年不招学生了。所以，任何时候，不要放弃自己。只要坚持，学会决策，做好规划，坚持行动，总有一天，你会散发出耀眼的光芒。

一、SWOT 分析法

SWOT 分析法又称态势分析法，它是由旧金山大学的管理学教授于20世纪80年代初提出来的。SWOT 四个英文字母分别代表优势、劣势、机会、威胁。所谓 SWOT 分析，即态势分析，就是将与研究对象密切相关的各种主要内部优势、劣势、机会和威胁等，通过调查列举出来，并依照矩阵形式排列，然后用系统分析的思想，把各种因素相互匹配起来加以分析，从中得出一系列相应的结论，而结论通常带有一定的决策性。

一般来说，求职者在进行 SWOT 分析时，应遵循以下4个步骤。

（1）评估自己的长处和短处。我们每个人都有自己独特的天赋和擅长的领域，现代社会分工越来越细，相信每个人都能找到适合自己才能的领域。新木桶理论认为，决定人们发展空间的不是最短的那块木板，而是最长的那块，只要将自己独特的天赋、技能发挥到极致，就能获得很好的发展空间，而不是要样样精通。例如有的人性格外向，喜欢与人打交道，每天坐在电脑前面对他们来说简直就是煎熬，而另外一群人则不善交际，不想和陌生人打交道。我们可以做个表格，将自己喜欢做的事情和自己的优势列出来，如果想做得更加准确，可以通过专业的测试来定位自己。同样也可以通过这种手段找到自己的劣势。列出劣势和找到优势同等重要，因为这样就可以对自己有一个全面的认知，一方面改正自己常犯的错误，提高自身技能，将优势发挥到最大限度，另一方面放弃劣势所对应的职业。

（2）找出自己的职业机会和威胁。每个行业（包括行业内的公司）都会面临外部的机会和威胁，行业和公司不同，面临的外部因素也不同。通过分析外部因素能帮助我们找到适合自己未来发展的职业。如果一个公司所处的行业受到外部的威胁较大，很不景气，在这家公司工作未来的职业发展前景就不会特别乐观，甚至会被裁员。如胶卷行业，随着数码技术的发展，曾经辉煌的柯达公司，最终在2012年宣布破产。相反，充满积极外部因素的行业可以为求职者提供良好的发展前景。先列出自己喜欢的行业，然后对其所面临的外部因素进行评估。

（3）通过列提纲的方式对自己今后 5 年内要达成的职业目标做一个梳理，并对自己做一个 SWOT 分析评估。这些目标可以是你打算从事的职业是什么，你打算做到的职位是什么，能拿到多少报酬。请时刻记住：你必须竭尽所能地发挥出自己的优势，使之与行业提供的工作机会完满匹配。

（4）提纲式地列出一份今后 5 年的职业行动计划主要涉及的一些具体内容。拟出一份实现上述第 3 步列出的每一目标的行动计划，并且详细地说明为了实现每一目标，需要做的每一件事，何时完成这些事。

二、CASVE 循环法

计划型生涯决策由沟通、分析、综合、评估、执行五个步骤组成。

在《职业发展和服务：认知方法》一书中，美国心理学家 Peterson 及其同事将来自认知的信息加工研究用于职业发展理论。在决策技巧领域，Peterson 等人将个体加工自我和职业信息的能力作为一般信息加工技巧。这些技巧按开头字母可缩写为 CASVE。它们代表了 Peterson 等人认为做出好决策所需的技巧，并以循环的方式呈现。如图 4 - 4 所示。

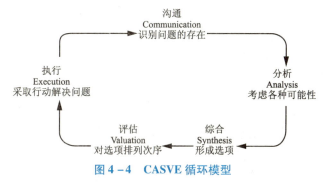

图 4 - 4　CASVE 循环模型

（一）沟通

沟通，包括内部和外部的信息交流，通过交流使个体意识到理想和现实之间存在的巨大差距。内部的信息交流，是指个体自身的身心状态，比如在毕业找工作的时候，如果进展不顺利，情绪上可能产生比较大的波动，如感情变得脆弱、焦虑、紧张等，身体上也会有所反应，如失眠、头痛等。情绪和身体上的变化都是提醒我们要进行内部交流的信号。比如学校发布了校园招聘会的通知，身边的同学开始准备简历，这些信息就提醒我们要开始准备找工作了；又如在求职过程中老师、企业的人力资源、前辈等提供的意见。大学生通过内部和外部的沟通，将会对面临的问题有更加具体的了解，这种交流对大学生来说是非常有必要的。

沟通阶段需要回答的最基本的问题是：此刻自己正在思考并感觉到自己的职业选择是什么？

（二）分析

分析，是通过思考、观察和研究，对兴趣、能力、价值观和人格等自我知识以及各种环境知识进行分析，从而更好地理解现存状态和理想状态之间的差距。在分析阶段主要运用的是前面讲到的认识自我和认识职业环境中提到的方法。

分析阶段的主要任务是对自我知识和环境知识进行分析。自我知识方面分析的因素包括：

（1）兴趣：比如我感兴趣的是哪些工作，做什么事情能得到满足感，什么事情能让我废寝忘食，不知疲倦。

（2）能力：什么事情我能做好，我具备什么样的知识和技能，哪些方面我比较有天赋。

（3）价值观：我觉得做什么事情是有价值的，我认可什么样的工作，我希望这个工作能给自己带来什么。

（4）人格：我是善于和人打交道还是喜欢专心致志地做一件事，我是个理性派还是感性派，我喜欢在宏观上把控局势还是喜欢在基层踏踏实实地做事，我习惯制订计划按部就班地推进工作还是想要随时迎接未知的挑战。

环境知识方面分析的因素包括：我做选择时外部的环境因素有哪些，这个选择会给我带来哪些方面的影响，做出选择后我需要做的事情是什么。比如：我是打算考公务员还是考研还是找工作；考公务员要读哪些书，考哪个岗位的公务员，薪资待遇如何，可预期的发展前景如何；考研要做哪些方面的准备，考哪个学校，研究生毕业后求职情况如何；找哪个行业领域的工作，行业的发展前景如何，这个行业有哪些排名靠前的公司，他们对岗位的要求是什么等。

（三）综合

综合阶段分两步完成。第一步是将分析阶段所有的信息罗列出来，扩展选择范围。通过分析阶段，我们对自我知识和环境知识各方面都有了很多了解，每一方面都会有对应的职业，将对应兴趣的职业、对应价值观的职业、对应性格的职业等都列出来，做一个大范围的选择列表。第二步缩小选择范围，将每个方面对应的职业有交集的部分选取出来，然后从其中选择3~5个自己最有可能从事的职业。先将职业范围扩大，再将其缩小，就基本能够找到自己想要从事的职业，这个过程非常重要。最后我们要继续思考，如果从筛选出来的3~5个职业中做选择，能否解决问题？如果可以就开始进入评估阶段，如果感觉不满意，就回归到第一步继续寻找信息。

（四）评估

这个步骤是对第三个步骤得到的3~5个职业做出具体的评估，评估工具可以选择生涯平衡单或SWOT分析法。评估的内容包括获得该职位的概率大小，以及选择了这个职业后对自己工作和生活产生的影响。比如：我最有可能获得的是哪个职位，哪个对我来说最有利，对我的家人和朋友来说哪个是最好的等。

（五）执行

执行，是整个CASVE循环的最后一步，前面四个步骤是帮助我们找到适合自己的职业，想要求职成功还要靠执行，通过执行将前面的成果转化为成功的职业选择。执行阶段将要做的事情包括：制订求职计划并开始求职，通过具体的求职过程为再一次回到沟通阶段提供线索，以便开始新的CASVE循环。

三、生涯决策平衡单法

生涯平衡单法是由詹尼斯和曼设计，它是将重大事件的思考方向集中到4个主题上：
(1) 自我物质方面的得失；
(2) 他人物质方面的得失；
(3) 自我赞许与否；
(4) 社会赞许与否。

台湾生涯辅导专家金树人将最后的两项"自我赞许与否"和"社会赞许与否"改为"自我精神方面的得失"与"他人精神方面的得失"，就是在"自我—他人"和"物质—精神"所构成的四个范围内来考虑，如图4-5所示。

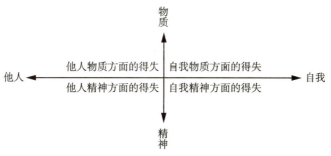

图4-5 生涯决策平衡的主题

得到的生涯决策平衡单，如表4-4所示。

表4-4 生涯决策平衡单

考虑项目 （权重 -5 ~ +5）		选择一				选择二			
		得（+）		失（-）		得（+）		失（-）	
		原始分	加权分	原始分	加权分	原始分	加权分	原始分	加权分
个人物质 方面的得失	1. 收入								
	2. 工作的困难								
	3. 升迁的机会								
	4. 工作环境的安全								
	5. 休闲时间								
	6. 生活变化								
	7. 对健康的影响								
	8. 就业机会								
	9. 其他								
他人物质 方面的得失	1. 家庭经济								
	2. 家庭地位								
	3. 与家人相处时间								
	4. 其他								

续表

考虑项目 （权重 -5 ~ +5）		选择一				选择二			
		得（+）		失（-）		得（+）		失（-）	
		原始分	加权分	原始分	加权分	原始分	加权分	原始分	加权分
个人精神方面的得失	1. 生活方式的改变								
	2. 成就感								
	3. 自我实现的程度								
	4. 兴趣的满足								
	5. 挑战性								
	6. 社会声望的提高								
	7. 其他								
他人精神方面的得失	1. 父母								
	2. 师长								
	3. 配偶								
	4. 其他								
合计									
得失差数									

【体验活动】**分析你决策中的 CASVE 循环**

请使用 CASVE 循环来分析自己即将面临的选择或者职业决策问题，可以参考以下问题进行：

1. 你是怎样意识到自己的需求的？

_____

_____

2. 你是如何分析这个问题，收集相关信息的？

_____

_____

3. 你是如何形成解决方案的？

_____

_____

4. 你是如何在不同的解决方案之间做选择的？你的选择标准是什么？

_____

5. 你是如何落实行动的？过程是否如你预期的那样？

6. 你怎样评价自己当时的决策过程？你对结果感到满意吗？如果不满意，是哪个步骤出现了问题？

7. 如此分析了你的决策过程之后，你对于自己的决策模式有了什么新的发现？这对你处理职业决策有什么指导意义？

【实践拓展】360 度评估你的职业生涯决策

苏轼的《题西林壁》中有这样的诗句："不识庐山真面目，只缘身在此山中。"人总有自己认识不到的盲区，而自己没有认识到的问题有时别人反倒能看得清楚。为了避免自我觉察可能有的片面性，可以采用 360 度评估法来进行自我认知。

360 度评估法又称多渠道评估法，是指通过收集与自己有密切关系的、来自不同层面人员的评估信息，来全方位地评估自我。通过评估反馈，可以获得来自多层面人员对自己的素质、能力等的评估意见，比较全面、客观地了解有关自己的个人特质、优缺点等的信息，作为自己进行职业生涯规划及能力发展的参考。对于大学生来说，可以请自己的老师、父母亲戚、同学朋友等对自己进行全面评估。如图 4-6 和表 4-5 所示。

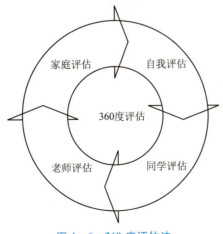

图 4-6　360 度评估法

表 4-5　360 度评估法

方式	评价内容	评价标准
自我评估	1. 自己的才能是否充分施展？ 2. 对自己的职业发展状态是否满意？ 3. 对自己的学习、生活状态是否满意？ 4. 对处理职业生涯发展与其他人生活动的关系的结果是否满意？	根据个人的价值观念及个人的性格、兴趣、能力
家庭评估	1. 是否能够理解和肯定？ 2. 是否能够给予支持和帮助？	根据父母亲戚的反馈意见
老师评估	1. 是否获得老师的认可？ 2. 是否有明显的缺点？ 3. 是否获得了长足的进步？ 4. 各项能力是否都得到了提升？	根据行为表现及综合素养
同学评估	1. 是否获得同学的认可与好评？ 2. 是否在某些方面树立了榜样？ 3. 是否存在哪些缺点？	根据行为表现及同学感受

HR提问

当你面临 A、B 两个岗位的选择，A 岗位的主要工作内容是以专业技术为核心，B 岗位除了需要承担一些专业技术工作，还需协助做一些管理类工作，你觉得自己更适合哪个岗位？说明理由。

专家视角

一、大学生职业决策常见问题

（一）自身利益和现实需要的冲突

大学生在选择职业时比较在意自身利益，较少考虑社会利益。比如，在选择就业单位时，一部分大学生对工资待遇、行业发展前景等职业的外在条件过分在意，一定程度上忽视了社会的需求。还有一些大学生毕业后没有过硬的知识技能，缺乏实践经验和吃苦耐劳精神，个人能力和社会需求有差距。由于没有平衡自身利益与现实需要的冲突，在实际工作中，他们难免会遇到困难和挫折，有时还会对职业发展产生负面影响。

（二）职业决策信息不充分

信息的充分性会影响到职业决策的效果。一些大学毕业生在选择就业单位及职业时，往往只能凭关于职业外在的少数、有限的信息，如工资待遇、地理环境、单位的规模和知名度等做出职业决策，而对企业发展战略、企业文化、人力资源管理等内在信息缺乏了解，这样的决策会引起供求双方的需求错位，导致人力资本的浪费和招聘企业用人成本的提高。当前大学生初次就业的巩固率不高，据统计，一年后的巩固率只有 20%，这与大学生进行职业选择时信息不充分有很大的关系。

（三）人职不匹配倾向

当前大学生选择职业时十分注重提升个人能力，但他们却没有准确了解某一职业在当前经济社会发展中所处的位置、未来发展的趋势、职业的特点以及对从业人员特质的需要，没有把个人特质同社会的需要、职业的需求进行很好的匹配，找到个人与社会的结合点。中国人力资源网的调查统计显示，大学生和企业人士在"解决当前大学生就业难的方法"上的选择有很大不同。在企业人士看来，最主要的是"学生的就业心态"，而"提高学生职业素质""提高学生技能"是其次；而在学生看来"提高技能"及"提高职业素质"是最主要的，"理性就业心态"反而次要。这从一定程度上反映了职业决策时人职不匹配的倾向。

二、幸运绝非偶然

著名职业生涯规划大师克朗伯兹有一本经典著作——《幸运绝非偶然》。在这本书中，作者强调：你的生涯任务并非一定要做出一个生涯决策，而是要学会采取行动来为自己创造一个更加满意的人生。

克朗伯兹认为，微小差异和机会性因素对个人的生涯发展具有极其重要的作用。也就是说，意外的、偶然的事件有可能引起个人生涯之路的巨大变化。我们通常喜欢认为成功的生涯转换就要先知道我们想做什么，然后利用这一知识指导接下来的行动，而事实上转变通常都不是这么发生的。应该先开始行动，然后才会有所领悟。以积极乐观的态度，面对及接纳做决策时的不确定以及成功概率的不确定，以直觉、开放的心态面对职业决策。现在就开始行动，增大未来有益的偶然事件发生的可能性，去创造无法预知的生涯机会。

下面是这本书的摘要，供参考。

生命中那些超出计划范围的事件以及突发状况，比起我们精心安排的事情，往往更能影响我们生命中重大的决定。一次偶然的会面，一次失约，一次临时决定的假期旅行，一个替补空缺的工作，一个新发现的个人爱好——这些各种各样的经验都可能影响我们生命的方向和职业的选择。

真实的人生故事，说明了幸运绝非偶然；根据这些故事给出的特别的建议，你能够将其应用到自己的生活中去。我们相信每个人都有类似的故事可以跟大家分享，我们期待着你阅读完本书以后能够写出自己的好运气的故事来。告诉自己"我今天要做一样不同寻常的事情"，然后去实现它。想想你的行动对其他人的好处，而不只是对你自己的好处。想清楚一点：即使你的行动失败了，总好过什么都不干。尝试给名人发电子邮件，问些能够激起他们兴趣的关于他们工作方面的问题；在宴会上，问些有挑战性的问题，如"要是你中了彩票大奖，你准备干什么"；开始学习一种乐器或魔术等娱乐方式，并达到你可以在晚会上表演的水平。

请牢记幸运绝非偶然，不用太早地决定自己的未来。随着你的成长，经过不断的学习，你周围的世界在不断变化，你人生的目标也会随之发生变化。意外的偶发事件会影响你的职业，请随时保持警惕，做好准备充分利用这些偶发事件。与梦想相比，现实会给你更好的选择。请牢记这一点，随时保持清醒。

人们都会犯错并经历失败，但同时也会给你提供绝佳的学习机会。你可以创造属于自己的偶然的幸运事件，通过志愿提供帮助、加入各种组织、学习各种课程、与朋友以及陌生人聊天、网上冲浪、阅读书报杂志等活动，让你自己对别人有帮助。一句话，让你的生活保持活跃，丰富多彩。每次经历都是一次学习的机会，每个新工作都是另一次学习的机会。即使没有工作，你也可以发现一大堆丰富多彩的活动能让自己过得满足，如帮助别人。

三、职业生涯明智选择的十一个方法

当你做了一个选择，但结果并不好，或者你发现有更好的选择时，恭喜你，你很有可能后悔了。下面是一些应对这个充满选择的世界的方法，其中很多对降低后悔的倾向有直接的作用。

（一）把精力集中在最重要的选择上

我们知道，拥有选择的机会对主观幸福感非常重要，但是选择本身也有劣势，选择越多，这些劣势也就越明显。拥有选择的优点是显而易见的，但缺点却以微妙的方式逐渐积累。也就是说，并非某个特定的选择出了问题，而是所有选择共同导致了最后的结果。

放弃选择的机会并不容易。要做到这一点，关键是要意识到，大多数时候对我们最重要的，是某个决定导致的主观感受而非客观结果。就算你能得到更好的，如果你在做选择时很不满意，那么就根本没有从中得到好处。很多时候，就是因为有过量的选择，才产生更好的客观结果和更糟糕的主观感受。

要应对过量选择带来的问题，必须首先明确究竟哪些选择对生活来说是最重要的，然后把时间经历都集中到重要决策上，其他的则可以放到一边。通过限制选择的数量，我们可以少做一点选择，多一点舒心。

不妨试试下面的方法：

（1）回顾最近所做的选择，无论大小；

（2）逐项列出做以上选择时采用的步骤、花费的时间、所做的研究以及做选择时的焦虑程度；

（3）回忆自己做选择时的感受；

（4）问问自己花这些工夫去做选择到底得到了什么。

这个练习可以让你更深刻地意识到选择的成本，让你放弃某些选择，或促使你建立一个筛选标准，确定需列在重点考虑范围内的选择，掂量每个选择需花费的时间和精力。

（二）成为选择者，而不是捡拾者

选择者是这样一种人：他们知道何谓重要的决定，知道何种情况下不应该做出选择，知道何时应该寻找新的选项，也知道如何选择更能凸显自己的不凡之处。能为自己和他人创造选择机会的正是选择者。不过面对海量选择时，我们通常会被迫成为捡拾者，只能被动地从已有选项里挑选。做选择者固然好，但要想多点自主选择，少点被动捡拾，我们就得学会在选择时自发地运用固有的习惯、习俗传统以及社会规范。

选择者有时间修正目标，捡拾者则没余地做出调整；选择者有时间避免从众，捡拾者则只能随波逐流。做出明智的决定需要消耗时间专注思考，只有选择者才能做到。

当你回顾最近所做的选择时，会更清楚自己付出了多少，也会发现什么是自己真正在意和不在意的东西。你可以：

（1）少花时间决定无关紧要的事；

（2）用省下来的时间问问自己，在人生中的重大抉择中，你想要的到底是什么；

当你发现现有的选项没有一个符合自己的要求时，不妨思考怎样创造出更好的选项。

（三）做一个满足者，而不是最大化者

在选择过量的社会里，最大化者会受更多的苦。最大化者在不切实际的期望中畅游，他们害怕后悔，不愿失去机会，害怕跟别人比较。当选择的结果不尽如人意时，最大化者将会非常失望。

学会接受"够好"的选择既可以减轻负担又能增加满足感。尽管在客观上，满足者可能不如最大化者做得那么好，但是如果"最好的"可望而不可即，最后还是只能选择"够好的"，满足者就会比最大化者感到好受很多。

我们必须承认，有时我们确实很难满足于"够好"，明明能做得更好却没有行动是很让人懊恼的事情。此外，这个世界上有很多人都在试图说服你，在有"更新更好"的选择时，仅仅选择"够好"是不够的。尽管如此，就算再苛求的人也不至于在生活的各个方面都做一个最大化者，人们至少有那么几个方面会比较容易感到满足。关键是要学会拥有知足常乐的心态，享受这个过程，让它渗透到生活中的点点滴滴，而不是让其任意发展。一旦成为一个懂得满足的有心人，和别人的各种比较就不再重要了，后悔也减少了。这样一来，即便身处这个复杂且选择过量的社会，内心也会更平静。

然而，要成为一个满足者，需要你慎重地反思自己的目标和雄心，使你做选择时能够设定"够好"的标准。要知道什么是"够好"，需要了解自己，知道自己在乎的究竟是什么。所以你可以：

（1）回忆生命中那些曾经因"够好"而满足的时刻；

（2）仔细想想那些时候你是如何进行选择的；

（3）把这些技巧运用到其他选择上。

（四）别太在意机会成本

做决定之前想想别的选项并没有错，如果无视这些"机会成本"，可能会高估最佳选项的优点。可是，我们对机会成本考虑得越多，就会越不满意最终的选择，所以反倒是不要多想那些已经被否决的选项为好。

光是想想那些被淘汰的选项的优点，就会削弱对最终选项的满意度。鉴于此，有人建议我们干脆把机会成本通通忘掉好了。可是如果不跟别的选项比较，我们就无法知道自己所选的到底有多好。比如，所谓的"好投资"，就是相比其他投资，这项投资的回报率更高。由于缺少绝对标准，适当考虑机会成本也是必需的。

但也要谨记过犹不及。在这方面，次级决定可以帮上一些忙。当我们决定不去做某些决定时，就不需要考虑什么机会成本。成为满足者也可以有所裨益，因为满足者对"够好"的东西有自己的标准,和最大化者相比,他们更少依赖选项之间的比较。对满足者来说,所谓"好投资"不过是回报率比通货膨胀率高,其他的就不用劳神思考,不用考虑机会成本,不用去想如果把钱用在别的地方会不会更好。

下面的几句小俗语可能有助于较少思考机会成本时带来的失望:

(1) 除非真的很不满意,否则还是买常用的那款;

(2) 不要轻易被所谓的"新款或改进版"所迷惑;

(3) 没"痒"别乱"抓";

(4) 不用担心选了这个,就没办法拥有其他新东西。

(五) 做不可逆的选择

当我们可以对某个选择反悔,满足感就会降低。要是某个选择是不可更改的,我们就会采用多种心理机制,使自己将所选择的那个和别的比较时感到好受一点。如果某个决定是可逆的,这些心理机制就没什么效果了。

做重大决策最能体现不可逆选择的威力。寻找终身伴侣跟到商场购物不同,两者不能相提并论。面对更具吸引力的选择,收获幸福和安宁的唯一途径就是对自己说:"我已经选择了自己的终身伴侣,就算那个谁长得再好看,也与我无关。"挣扎于你和伴侣的爱是不是真的,苦恼生活的质量是否达到平均水平,以及总是想你能否做得更好、找到更好,皆是痛苦之源。一旦做了不可逆的选择,你就可以把更多的精力放在改善已有的关系上,而不是进行无谓的猜疑。

(六) 培养感恩之心

我们对事物的评价很容易受比较的影响,比较的对象甚至可以是虚构的。同一种体验可以好坏并存,而我们是否对其满意,取决于我们关注的是哪一面。如果总是想象有更好的替代品,我们的选择就会显得很糟糕,而当我们想到有比它更差的选项时,我们的选择就会显得很不错。

下意识地用感恩之心看待我们的选择或体验,减少对消极方面的失落感,就能让心情变得更好。

感恩之心并不是自然自发产生的。一般来说,对已做选择的不满会引发我们去想可能的替代选项。要是生活不如意,我们就会想怎么才能过得更好。要是日子过得还不赖,我们就不会想它变差后会怎样。只要通过训练,我们都可以学会更积极地看待事物,对生活中的好事也会相应地感觉更好。

感恩也需要训练,如果你给自己的目标过于笼统,就不会真的去做。不如考虑一下下面的简单步骤:

在床头放个记事本,每天临睡前,在本子上记下这一天里发生的值得感恩的 5 件事。有时可能是大事,例如第一次约会,但大多数时候会是小事,比如看到明媚的阳光穿透寝室窗户洒落房间、听朋友说了一句舒心的话、吃了一条可口的红烧鱼,或者在杂志上读到一篇好文章。

刚开始这样做的时候你也许会觉得很傻,但如果坚持下去,你会发现越来越简单,越来越自然。你还会发现,原来最普通的日子里也有那么多事情值得感激。最后,你会发现自己对生活越来越满意，不再渴望找什么"更新更好"的玩意儿来改善生活。

（七）告诉自己不后悔

无论感到自己可能后悔还是真的追悔莫及，后悔带来的刺骨之痛都会影响人们的选择。虽然后悔在很多的时候都有其合理性和启发性，但当它强烈地影响了我们的选择时，就该想方设法减少它。

我们可以用下面的方法来减少悔意：

（1）采用满足者而不是最大化者的标准；

（2）在做决定前，减少选项的数量；

（3）对决定的好处心存感激，而不要纠结于不好的方面。

生活是如此复杂，任何一个我们以为能改变一切的决定，其实都渺小无比。

（八）为适应做好心理准备

我们会适应任何有规律可循之物。生活艰难时，适应能使我们免受困难的冲击；生活不错时，适应就会让我们踏上"享乐跑步机"，消耗我们从积极体验中获得满足的能力。我们没有办法阻止适应的发生，我们能做的，就是对不同阶段的体验做出符合实际的期望。

关键是要记住，无论高档音响设备，还是豪华轿车都不会像我们最初体验的那样，源源不断地给我们带来欢乐。学会在愉悦感减弱后依然感到满足，当适应发生时才不会感到失望。我们也可以采用满足者的策略，通过减少做决定所花的时间和精力，来减少适应带来的失望。

为了减少失望，更好地适应，做好心理准备，我们可以试试下面几点：

（1）买新车的时候要明白，无论你买的车多好，两个月后，你都不会像现在这样激动；

（2）少花些时间去找完美的东西，你就不会因为高昂的搜寻成本而减少从最终选择中得到的满足感；

（3）提醒自己关注现在的事物有多美好，而不是关注它们现在没有原先那么好。

（九）控制过高的期望

我们对体验的评价大多受到期望的影响，若想增加选择的满足感，最简单的方法就是不要对它们期望太高。然而说比做容易得多，尤其是在这个鼓励高期望的世界，到处都是选择，以至于让人以为总能找到完美选项。要想把降低期望的任务变得容易一些，你可以：

（1）减少选项的数量；

（2）做一个满足者而不是最大化者；

（3）留心那些突如其来的意外事件。

（十）学会避免社会比较

我们通过与他人比较来评价自己的体验。虽然社会比较能提供有用的信息，但也常常减少我们的满足感。所以少一点比较，我们的满足就会多一点。类似"少管别人在做什么"的建议很容易说出来，但要做到就不简单了。别人在做些什么显而易见，而我们中的大多数好像都很在意彼此间的地位，再加上有些生活中的重要资源（比如好大学、好工作）只有同辈中的优胜者才能获得，所以我们很容易产生比较心理。然而，社会比较对我们的身心健康影响恶劣，所以还是少一点为妙。满足者比最大化者更懂得如何避免社会比较，学会接受"够好"，就足以降低对他人在做什么的关注。

当用绝对的标准来衡量问题时，人们对结果的感觉会没那么好。不采用绝对标准，是避免社会比较的好办法。所以你应该：

关注让你快乐以及让你的生活有意义的事物。

（十一）把选择的限制看成是解放而非束缚

随着我们面对的选择越来越多，选择的自由最终会变成选择的暴政。常规的选择过程花费太多的时间和精力，使每一天都变成煎熬。在这种情况下，我们应该学会把选项的限制看成是解放而不是束缚。社会为选择提供规则、标准和规范，而个人经验则形成习惯。遵循规则使我们得以避免一次又一次费劲地做出决定，帮我们省时省力，把时间花在那些尚无规矩可循的选择上。

短期来看，初级决定也就是关于生活中什么时候需要深思熟虑、什么时候可以走捷径的决定，为生活增添了一丝复杂性。但长期来看，很多日常的麻烦将因此而消失，我们会发现自己有更多的时间和精力，去思考那些保留下来但还没有做出选择的问题。

想想养在鱼缸里的鱼，生活在这个受到限制但也受到保护的世界里，小鱼可以去试验、去探险、去创造、去谱写它的未来，而不用担心挨饿或者被吃掉。没有鱼缸也就没有了限制，但小鱼可能要拼尽全力才能活命。有限制的选择和有约束的自由，使得小鱼可以想象各种美妙的可能性。

综上所述，我们从中可以有很多重要收获，其中一些结论并不那么显而易见，有一些甚至违反我们的直觉，比如：

（1）想过得更好，就应该在选择的自由上自愿接受一些限制，而不是完全拒绝束缚；

（2）想过得更好，就应该追求"够好"，而不是"最好"；

（3）想过得更好，就该降低对选择结果的期望；

（4）想过得更好，做决定时就不应该给自己留退路；

（5）想过得更好，就应该少关注身边的人在做什么。

有些生活中的常识，如选择越多越好、高标准出好结果、有退路总比没有好，正好与上面提到的结论截然相反。我希望告诉大家，这些常识其实是错的，至少在我们做决定时，不是选择越多我们就会越满意。

我们要去了解那些让人不堪重负的选择，因为它们对人类生活方方面面的影响不容忽视。要建立过量选择的档案，我们必须从需求层次的底层开始，慢慢往上走。

第五章

学业生涯自我管理

本章导图

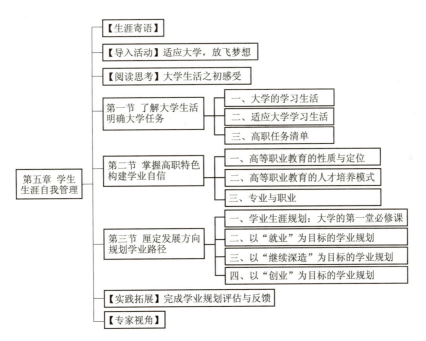

生涯寄语

好好学习，天天向上！

——毛泽东

【导入活动】适应大学，放飞梦想

从高中到大学，同学们迎来了人生新的起点，对过去经历的总结，有助于同学们更好地了解自己,也有助于同学们更好地适应大学的学习与生活。请认真完成图 5-1 中的问题,看一看,有哪些新的发现。

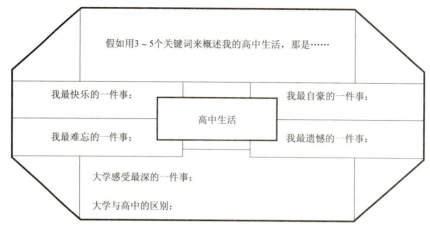

图 5-1　高中生活的总结

现在,拟定自己在大学期间的目标与任务,然后将这些目标、任务与自己的人生梦想进行对比分析,看看有哪些联系。

阅读思考

大学生活之初感受

有的大学生说:"大学就是 University,上大学就是'由你玩世界',在大学里可以做我自己想做的任何事情,大学就是自由的天堂。"

也有大学生感慨:"自从进入大学,我的心里感觉空荡荡的,一点方向都没有,也不知道自己该干什么,难道这就是我要的大学吗?"

也有大学生总结:"就要毕业了,可是回头看看自己的大学生活就想哭,不是因为离别,而是因为感觉自己什么也没学到:不知道简历怎么写,不知道自己想干什么,不知道自己有什么能力,对自己缺乏足够的自信……"

当然,也有大学生认为:"虽然初入大学有些迷茫,而且也曾经出现过心理波动,但是在老师和同学的帮助下,树立了学习目标,端正了学习态度,经过自己的艰苦努力,就一定能够取得成功。"

对于大学生活,目前你有哪些感受?你打算如何度过自己的大学生活呢?

第一节　了解大学生活　明确大学任务

职教案例

大一学生的喜悦

潘同学，某职业技术学院制药专业，是分院团总支学生的一员，参加了"关于临安竹产业的发展和大学生创业的调查"暑期实践小分队。在到达后的第一次队内会议中，队长章同学说："这次活动开展有两个比较棘手的难题，一是要去临安电视台争取说服他们来报道我们的活动，二是要去临安林业局找他们拿一些关于近些年临安竹产业发展的文献资料。"这是他们人生中第一次参与社会实践，完全想不到什么好点子去解决这些难题。

那天早上，大家先去了电视台，找到了台里的相关负责人，向他们介绍了该项目的基本情况和实施方案。或许是初次接触这样的场面，潘同学有点紧张，言语表达上有些慌乱，最终没能说服电视台负责人。

中午的小组总结会上，大家情绪都比较低落，气氛显得很沉重，因为害怕下午的林业局之行再受打击。有几个成员提出下午不要去林业局了，去临安人流量大的地方做些调查问卷，再去一些竹产品加工厂和竹林区考察考察就算了。听到这些话，一直沉默的潘同学更加内疚了，但他不想放弃，所以说了一句："不行，我想再试试。"看到他这么说，大家也没再说什么。

下午到了林业局，是一位50多岁的老科长接见的大家。潘同学汲取了上午失败的经验和中午的总结，从我们大学生为什么选择去做农业调查项目、做这样的项目有多大意义、该项目建设对临安竹产业发展有何意义等角度出发，多方面讲述了他们的项目。老科长在认真听取了大家的叙述后说："听得出来，你们在做这个项目之前做了很多准备工作，希望我给你们的资料能够帮助到你们。"在顺利拿到大家需要的资料之后，早上的阴霾一扫而空，而大家也对接下来的活动开展有了更多的信心。

人的一生，需要面对很多的选择，勇敢面对，才有机会成功；选择逃避，你注定将一事无成。

一、大学的学习生活

当中学学习生活的习惯还在延续而未褪尽的时候，学生进入大学仿佛置身于万花筒之中，到处充满新鲜，学习和生活已发生明显的变化。

（一）大学学习的特点和变化

大学学习的特点与中学学习相比已发生了明显的变化。大学学习是在教师的指导下，有目的、有计划、有组织、有系统地进行的，是在较短的时间内接受前人所积累的文化科学知识，以此充实自己的过程。大学学习有其独有的特点：

1. 专业性

大学学习以某一专业为主，通过系统的专业学习，大学生不仅要熟练掌握一门专业知识，而且要具有能较好利用该专业知识来解决本专业领域内实际问题的能力，专业性强是大学学习的首要特点。由于各种因素的影响，社会对大学所设置的专业偏好不同，评价不一。但学校里所开设的专业都是社会发展必不可少的，每个从事自己就读专业相关工作的大学生都会有一番天地，都可以取得成绩。因此，大学生要理性思考自己所学的专业，坚定专业方向，调动自己的学习热情，树立积极正确的专业学习思想，避免出现认识上的误区。

2. 广泛性

随着社会化大生产和社会分工的发展，尤其是随着知识信息时代的发展，仅有专一的知识是不能完全适应社会发展需要的。一专多能、全面发展是时代对大学生的要求。因此，大学生除了要精通一门专业知识，还必须广泛涉猎有利于自身学习的相关知识，掌握科学的学习方法，培养自主学习和独立思考问题、分析问题、解决问题的能力，这是大学阶段学习的重要特点。

3. 互促性

大学学习，可以根据共同的理解、兴趣、爱好和追求，与其他同学形成一个个小的学习团体或伙伴关系，通过讨论、交流等形式，交换学习体会和心得，在思想碰撞中找到知识启发和学习灵感，达到相互激励、相互促进的目的。

4. 自主性

实行学分制的大学，除公共科目、学科基础课和专业课属于必修课之外，各专业都开设选修课。大学生可根据个人情况选择相关课程，也可根据个人兴趣爱好和能力选择第二专业的学习。大学自由支配的学习时间较中学有所增多，学习的自主性也大大加强。大学生应当自主地安排自己的学习时间、制订自己的学习计划、选择学习内容、寻找适合自己的学习方法。

根据以上学习特点，大学生应相应调整自己的学习方法和学习态度。学习方法由"学什么"转变到"怎么学"、学习态度由"要我学"转到"我要学"，因此培养自学能力和终身学习的意识就成为关键。

（二）大学生活的特点和变化

大学生活是一个全新的天地，较中学而言在很多方面都发生了改变。大学生活也是一个从学校到社会的过渡期。这个过程是自由的，是充满矛盾和酸楚的，是人生发展的必经阶段，也是悦纳自我的必然过程。如何尽早把握大学生活的规律，是大学生应该着手解决的问题。

（1）大学新生陡然从一个"熟人型"社会进入"陌生人"社会，人际交往由"一元化"向"多元化"转变。来自五湖四海、四面八方的同学组成一个学院、一个班级、一个宿舍，兴趣爱好、生活习惯可能存在差异，互相理解和关心成为一种需要。

（2）日常生活由父母"包办"的家庭生活变为独立自主的集体生活。大部分学生读大学都需要离开父母独立生活，许多学生还远离家乡，因此大学生就必须独立支配自己的生活，比如衣、食、住、行、经济开支等都由自己自行安排、独立处理。

（3）大学校园管理与中学相比也有许多不一样的地方，学校管理由中学的"封闭型"向大学的"松散型"转变。在大学里没有固定的教室上晚自习，没有统一的作息时间要求，老师不像中学时那样紧随身边监督，学校的规章制度也有所变化。

（4）社会活动范围由窄变宽。进入大学后，学生参加各种社会活动的概率大大增加：党组织、团组织、学生会、班委会等组织的活动对于每一个学生都有很强的吸引力；各种学生社团丰富多彩的活动也有很强的诱惑力；老乡交往、舍友交往、恋人交往、师生交往等人际交往也将不同程度地占据大学生的生活空间。大学生可以根据需要选择参加各种活动，合理安排学习时间和参加活动时间，积极地参与到健康向上的社会活动当中，在相互交往中培养能力，拓展人脉，促进了解，增进友谊。

二、适应大学学习生活

大学生可以通过以下几方面的努力，尽早适应、尽快融入大学生活。

（一）升华理想，确定新的奋斗目标

适应环境最根本的因素是要有明确的奋斗目标。进入大学后，专业方向已定，可以把美好的理想与所学专业结合起来，从社会理想的高度来认识上大学的意义，增强社会责任感和历史责任感，把社会需要与自身条件相结合，确立新的奋斗目标。

（二）摸索适应大学学习的方法

对大学学习的不适应最易产生情绪波动与自我评价偏差。刚入学，要正确认识大学学习的特点，逐步摸索与自己水平、基础相适应的学习方法，注重自学能力的培养，学会管理和支配时间，学会应用工具书和利用图书馆等条件培养自学能力。

（三）尽快提高生活自理能力，养成科学的生活习惯

上大学后，应该摆脱过去的依赖心理，在辅导员、班主任的指导下自觉主动参与集体生活，学会照顾自己。按时作息，养成科学的生活习惯，不要因为卧谈或者上网玩游戏而熬夜，影响第二天的学习。计算机是一种学习的工具，控制好自己使用计算机的时间而不要让它来控制你。在大学里，一些学生由于网瘾荒废学习被退学、开除，追悔莫及！

学习之余参加一些文体活动，不但有利于缓解学习压力，调节生活，还可以放松心情，有助于提高学习效率。

（四）学习掌握人际沟通技巧

与来自祖国各地，性格、家庭背景、风俗习惯各异的同学交往，难免会有矛盾，需要大学生把握交往机会，学习沟通技巧，采取积极主动的方式与他人交往，并能够做到用宽容的心态去接纳别人，用赞赏的眼光去学习别人的长处。

三、高职任务清单

（一）第一阶段：大学生入学第一学期前半学期

这时的大学生虽然在角色上已经是大学生，但是在其心理上属于高中后、大学前阶段。他们刚刚接受高考的洗礼，正在享受高考的胜利，很多学生踌躇满志，对大学生活充满了憧憬与幻想，几乎每个人都为自己确立了远大的目标，制订了实现目标的

宏伟计划。但是，这时的大学生对大学生活还不够完全了解，对大学的认知只是停留在道听途说上，学生本人对于自我和环境的探索不够。

该阶段生涯目标的特点是：生涯目标的确立多来自成长经历及外界的影响，目标高远，但显得空洞。

该阶段的大学生的生涯规划任务是：

（1）适应大学生活；

（2）积极进行自我探索，分析高中时建立起来的职业生涯目标，发现问题并修正目标；

（3）了解社会职业、职位设置；

（4）制订切实可行的大学阶段成长计划；

（5）参加校园文化活动和社会实践活动；

（6）进行专业的心理咨询和生涯咨询。

（二）第二阶段：大学生入学后第一学期后半学期

这时的大学生在校园已经有了两个月的生活和学习经验，对大学生活有了一定的了解和理解，并且对自我有了一定的认识，制定了大学生涯规划。随着对所学专业的进一步了解及大学生活的深入，每一位学生的具体目标逐渐凸显出来。

该阶段生涯目标的特点是：目标逐渐与所学专业结合。

该阶段大学生的生涯规划任务是：

（1）进一步进行自我探索，发现自身的优势、劣势、兴趣、爱好、性格、能力，发现自己希望提高的地方；

（2）了解社会职位素质要求；

（3）根据发现确定阶段性具体目标；

（4）制订实现目标的计划并积极行动；

（5）进行相应的素质测评；

（6）参加校园文化活动和社会实践活动；

（7）参加能力提升训练。

（三）第三阶段：大学一年级下学期

这一阶段的大学生已基本适应大学生活，经过大学生活的亲身体验和专业课程的学习，各方面能力有了一定的提高，对自我的探索逐渐深入，并开始探索职业发展方向。

该阶段生涯目标的特点是：目标开始与自我性格、爱好、能力等相结合。

该阶段大学生的生涯规划任务是：

（1）继续进行自我和环境的探索，了解自己的职业发展方向，了解社会相关的职业资讯；

（2）对大学生涯进行合理规划；

（3）制定大学期间的阶段性目标；

（4）积极行动实现阶段目标；

(5) 参加校园文化活动和社会实践活动；
(6) 参加成长训练。

(四) 第四阶段：大学二年级上学期

这一阶段的大学生经过一年的大学生活的适应，已经完全适应大学生活，掌握了大学生活规律，建立了一定的人际关系，新环境的适应压力逐渐消退。这时的大学生开始真正从现实角度关注自己的成长，积极参加各种活动，主动进行能力提升训练；与此同时，大学生对自己的性格、能力、优势、劣势、职业兴趣以及将来的职业方向，社会对各种人才的需求，社会经济、政治的发展，社会各职业发展的趋势等状况的探索更加积极和有实效，他们已经意识到探索的重要性，并积极行动，希望自己快速成长。但是，受经历、经验、阅历的影响，这一阶段的大学生需要有效的帮助，借助外力的支持，会大大地加快大学生成长的速度。

该阶段生涯目标的特点是：目标的确立开始考虑社会需要与个人需要的结合。

该阶段大学生的生涯规划任务是：

(1) 进一步进行自我探索；
(2) 了解将来的就业环境及职业方向；
(3) 了解社会政治、经济、文化发展状况及职业、职位状况；
(4) 制定自己的职业生涯规划；
(5) 参加校园文化活动和社会实践活动。

(五) 第五阶段：大学二年级下学期前半学期（含暑假）

这一阶段的大学生对于自我的认知和社会的认知达到了一定的水平，职业生涯发展方向进一步明确。这时的生涯规划、计划避免了刚进入大学时的盲目性，更加切合实际，更具有可操作性。

该阶段生涯目标的特点是：在长远规划的基础上更加具体和现实。但由于个体的差异，有些学生仍会因为寻找生涯发展目标和个人价值处于迷茫状态。

该阶段大学生的生涯规划任务是：

(1) 学习并掌握生涯规划中生涯目标的建立方法和生涯抉择方法；
(2) 建立合理的价值体系和认知结构；
(3) 围绕职业生涯规划制订相应的成长计划；
(4) 参加校园文化活动和社会实践活动；
(5) 参加专项行为训练，提升实现目标的行动力。

(六) 第六阶段：大学二年级下学期后半学期

这一阶段的大学生通过对自我及环境的探索，逐渐找到了自我价值与社会价值的结合，积极探求实现自我价值的有效途径；通过学习生涯规划目标的确立及生涯抉择方法，大大提高了自我掌控及自我设计的能力；通过参加各种实践及成长训练，综合能力快速提升，为即将到来的职业实践奠定了良好的基础。这时的大学生职业生涯发展道路开始出现不同，有的学生希望大学本科毕业后找到一份称心的工作，开始自己的职业生涯；有的学生则希望继续在某一领域进行深造。个人的选择来自两年的探索。

该阶段生涯目标的特点是：目标的确立直接反映了大学生的个人价值观，并与社会现实相结合。

该阶段大学生的生涯规划任务是：

（1）了解自己的职业兴趣，确定职业发展方向；

（2）掌握与就业相关的信息；

（3）掌握与就业相关的法律、政策、就业程序；

（4）树立正确的职业道德观念；

（5）完善并落实成长计划；

（6）参加校园文化活动和社会实践活动；

（7）参加专项行为训练，提升实现目标的行动力。

（七）第七阶段：大学三年级第一学期

这一阶段的大学生由于志向的不同出现了生涯发展方向的不同，这种不同带来了大学生活以后阶段的发展道路不同。希望继续深造的学生开始备战应考，将志向确定为找工作的大学生则更加积极地参加各种活动，有些学生则会到相关的单位进行职位实习。

该阶段生涯目标的特点是：

中长期目标逐渐明确和坚定，近期目标更加具体，开始聚焦大学生涯目标。

该阶段大学生的生涯规划任务是：

（1）进一步明确自己的职业方向；

（2）发现自身职业竞争力的不足之处，制订职业竞争力提升计划；

（3）参加职业（实习）实践；

（4）参加校园文化活动和社会实践活动；

（5）参加专项行为训练，提升实现目标的行动力。

（八）第八阶段：大学三年级第二学期

这一阶段的大学生面临大学毕业，即将走入社会，真正开始进入自己的职业生涯。从职业生涯规划的层面上而言，能否真正适应将来的工作及工作环境，尽快走向成功，成为每一位即将走入社会的大学生关心的问题。大学生希望通过最后的大学生活使自己更加完善。

该阶段生涯目标的特点是：由于与社会密切接触，职业生涯目标得到有效修正，修正后的目标进一步反映了个人理想与社会现实的结合。

该阶段大学生的生涯规划任务是：

（1）了解职业社会，逐步适应由学生向社会人的角色转变；

（2）确定职业发展方向和各阶段发展目标；

（3）寻求适合自己职业生涯发展的有效路径；

（4）参加相应的能力提升训练，包括为专升本、出国或创业做必要的准备。

（5）与相关单位及个人建立稳定的关系。

【体验活动】 给现在一个期许，给未来一个回忆

现在，想象一下，给5年后的自己写一封信，你会写点什么？你对未来的自己有哪些期许，希望自己5年后成为什么样的人，达到什么样的状态？也许，当5年后你再次打开这封信时，会产生很多感慨！请放飞自己，给现在一个期许，给未来一个回忆。

要求：不少于1000字。

第二节　掌握高职特色　构建学业自信

榜样引领

努力就有希望

4位同学，某职业技术学院机电专业，参加浙江省工程训练比赛主题是这样的：设计一种小车，驱动其行走及转向的能量是根据能量转换原理，由给定重力势能转换而得到的。该给定重力势能由竞赛时统一使用质量为1kg的标准砝码（$\varnothing$50mm×65mm，碳钢制作）来获得，要求砝码的可下降高度为400mm±2mm，然后做有规则的越障运动。比赛分"8"字组和"S"组，也即意味着小车的好坏是看每组做的精度，根据以往的比赛经验是，小车的零部件及组装精度越高则其累积误差越小，小车走的距离就越远。

由于我带的是"S"组，所以两个"S"组的情况我比较了解。这两组的情况相差很多，WPY这组是比较好的，他们的车一看就很精致，并且他们组的队员在比赛前一个半月就一直在调试，到比赛前最好成绩是走18个"S"（因为小车组装起来后要不断地调试才能满足比赛的要求，走出很好的路线）；而另一组是HJB这组，虽然他们也挺努力，但比赛前5天了，车子还没装好，并且我一眼看上去，这个车的做工似乎有些粗糙，在学校期间只能走2个"S"。大家看了都说WPY这组肯定能拿奖，而HJB这组

肯定是去"打酱油"的。但他们没有泄气，仍然兴致勃勃地去参赛了。

令人意想不到的是，最后这两组都获得了浙江省二等奖的好成绩。这主要是因为比赛的现场环境太恶劣，结果WPY这组没发挥出水平，HJB这组反而因为做工粗糙成为优势，获得了很好的成绩。

其实人生也是这样，有时候感觉自己在很多方面不如别人优秀，但是只要保持一颗平静、永不言弃的心，很多时候可以做出比自己预想要好得多的成绩。

一、高等职业教育的性质与定位

我国的高等职业教育属于一种在理论研究层次方面低于本科、应用技能方面高于本科的教育层次，它是面向社会产业，培养应用型、技能型人才，具有为社会经济发展服务的性质的教育。

高职教育是高等教育的重要组成部分，高职教育与普通高等本科、专科教育的定位不同。前者属于职业类教育，培养技术型、技能型人才；后者属于科研类教育，培养科研型、学术型人才。高职教育是相对于初等职业教育和中等职业教育而言的，是一种职业特征鲜明的高层次职业技术教育类型。

（一）目标定位

高等职业教育的目标是培养面向生产、管理和服务第一线的，德智体全面发展的，具有一定的文化基础知识与专业理论知识，具有较强的实践技能，适应市场经济建设和社会发展需要的高级应用型技术人才。同时，关注的焦点是尽可能地提高劳动者适应社会发展与技术变革的能力，满足社会对就业者越来越高的学历要求，为职业生涯的进一步发展提供一个坚实的平台。

（二）职业定位

高等职业教育属于能力为本的教育，它是为学生进入现实和未来市场进行就业或创业准备的教育。面对就业市场的需求，其培养目标应锁定在就业有优势、创业有能力、继续教育有基础、发展有空间的位置上，其职业能力的培养应体现实用性、技能性和职业性。

（三）能力定位

高等职业教育是对学生进行某种生产技能培训和管理的教育。它以就业为导向、以岗位群的需要为依据来研究制订教学计划；按职业岗位、职业能力的要求来组织理论和实践教学；着眼于地方产业结构和产品结构的调整来选择教学内容与构建课程体系。这种体系必须打破学科型的教学模式，建立技术主导型的教学体系，培养具有实践技能、创业能力、创新精神的与市场经济相适应的高素质的劳动者。

二、高等职业教育的人才培养模式

（一）就业导向的专业结构体系

高等职业教育贯彻"以就业为导向"的方针，专业设置紧贴区域经济与社会发展的需要，紧贴特定行业的职业岗位群的需要。专业建设以行业技术领域内的岗位群整合设立专业群，以岗位群所需知识、素质和关键能力的培养构建专业群公共技术平台；以特定就业岗位的需求灵活设立专业方向，据此构建准订单式专业教学体系。基于这种思路形成的专业结构体系，与传统的专业设置相比，具有明显的优势：专业群内共享公共技术平台（包括课程、师资、实训条件等），公共技术平台的教学内容相对稳定，有利于教学建设和规范管理；专业群内设置的专业方向，依据特定就业岗位的变化和市场需求而灵活设置，满足了企业对人才的即时需求。

（二）双证融通的课程体系

就业导向、工学结合的重点和难点在于课程体系。从人才培养方案的设计上，根据技术领域和职业岗位（群）的任职要求，参照相关的职业资格标准，重构课程体系和教学内容，把岗位职业资格所要求的应知内容和应会技能融入教学过程中，使学生毕业时在取得毕业证书的同时获得岗位职业资格证书。课程建设过程中有两个重点环节：一是根据行业技术领域内的岗位群所需基本职业素质，构建专业群公共技术平台的知识和能力模块，根据特定就业岗位所需的专业知识与技能，构建专业方向的知识和能力模块；二是将岗位群内完成典型工作任务所需的关键知识和能力分解为单项（单元）知识和能力以及综合能力，并按实际培养的需要划分形成一组公共技术平台的核心课程和实训项目，按照同样的原理方法，形成各专业方向的岗位职业资格课程和技能综合实训。

（三）基于工作过程的系统化课程

工学结合的人才培养模式，强调的是学生校内学习与实际工作的一致性，探索课堂与实习实训地点的一体化。通过先进的职业理念和课程开发方法，结合典型的职业工作任务，以工作过程系统化为主线开发课程。结合新课程的开发，高职院校一般配套有教材和课程数字化资源建设，建立系统的工学结合的校本教材、知识点素材库和虚拟实训项目，建立利用课程数字化教学资源助教的资源利用共享平台，以及数字化的工作任务项目库。这些系统化、标准化的课程建设保证了人才培养的质量。

（四）校企合作的实训基地

实施工学结合的人才培养模式，生产性实训实习基地是不可或缺的关键因素，高职院校一般通过校企合作、校内校外结合两种方式来实现基地的建设。校内生产性实训基地，就是校内的实训基地按工厂模式办，校内的工厂按实训基地办，给参加实训的学生一个真实的生产环境，让学生通过这样的实训，学到职业岗位需要的实际知识和技能。实际上，校内生产性实训基地就是一种教学工厂。满足各专业顶岗实习需求的校外实习基地是将教学实习基地与学生就业基地相结合，建立学生顶岗实习、毕业设计与就业三位一体的实施运作机制。这种做法可有效提高高职生就业从业的竞争力，达到较高的就业率和就业质量。

（五）"双师"结构的教学团队

工学结合人才培养模式需要"工学结合"的教师队伍。"双师"结构的教学团队，不仅注重提高专业教师的"双师型"或"双师素质"的比例，更注重大量聘请行业企业的专业人才和能工巧匠到学校来担任兼职教师，逐步形成实践技能课程主要由具有相应高技能水平的兼职教师讲授的机制。这样，学校教学与生产实际始终保持着最紧密的联系，始终与前沿的技术与工艺保持着最迅速的对接和应用，使高职院校培养出来的人才能直接胜任岗位工作。

（六）专业人才培养规范与课程质量标准

为保证高职人才培养质量，高职院校在人才培养规格与定位、专业设置、教学设计、过程控制、教学考核、质量评价以及其他教学建设诸方面，都有基本的制度规范；在各专业的核心课程中，建有反映教学文件制定、备课、授课、教学手段与教学方法、辅导、作业、单元与单项能力训练、考核等课程教学各环节的课程质量标准。

三、专业与职业

（一）了解专业

1. 专业的含义

专业是学科和职业之间的桥梁，它按照学科进行划分，对应着一定的职业群。专业也是职业发展的基础，它为若干相近的职业群提供必要的基础知识和基本技能。

2. 专业的分类

从专业选择与转换角度看，可将专业分为三大类：

（1）理工类专业：主要包括实用技术类、公安学类、职业技术教育类、数学类、物理类、化学类、生物学类、天文学类、地质学类等几十类专业。

（2）文史类专业：主要包括哲学类、法学类、马克思主义理论类、社会学、政治学、教育类、中国语言文学类、历史学类、图书档案学类等。

（3）文理兼收类专业：主要包括经济学类、体育学类、外国语言文学类、艺术类、中医学类、药学类、管理科学与工程类、工商管理类、公共管理类、新闻传播学类等。

（二）专业学习的价值

大学阶段的专业教育并不说明大学教育已经进入专才教育阶段，在大多数情况下还应属于通才教育。学生有必要接触各个学科领域，包括自然科学、社会科学、人文科学等，成为一个有着全方位知识体系的人，从职业生涯规划的角度来说，就是在当今社会上最受青睐的"复合型人才"。专业不能给我们提供任何进入某个行业或者从事某个职业的保证，但是却可以为我们打开一扇通往某个职业目标的大门。相关专业知识为进入某个行业打下基础，许多行业的入门专业并不都是同学们脑海中的模糊印象，专业知识的应用范围其实很广泛。如果进行合理规划，可以让专业背景更加吸引人。学经管的同学从事新闻传播，专门报道财经类消息，做财经评论，进入"第一财经"或者专业类经济媒体；学中文的同学进入广告公司，从事文案创作和产品包装，每天都要绞尽脑汁地想出配合画面的漂亮广告词；学社会学的同学从事市场调查；学教育学的同学从事人力资源……经济学家林毅夫本科读的是农业工程，后来考取的是企业管理硕士，工科背景和管理学思想对其后来从事经济学研究带来极大的益处。其实专业打开的门并不仅仅是一扇，选择哪个方向，还得靠自已去慢慢摸索。

(三) 专业与职业的关系

高职高专的专业设置与培养方案是以服务产业为目标,以某个产业链应用型人才需求状况的结构分析为基础,以岗位胜任素质与能力为核心构建而成的。所以,高职高专的专业教育具有极强的针对性和实用性。对于高职高专的大学生而言,所学习的专业基础理论、专业岗位群所必需的专业技能,是未来就业的核心竞争力。一般来说,高职高专的专业与所从事的职业或工作岗位具有很高的匹配性,或者说专业对口率很高。

1. 一对一的关系

这种情况最为简单。一个专业方向对应一个职业目标,这种情况一般存在于中职学校或高职学院,培养目标相对单一明确。此类职业的技术含量相对比较高,也比较单一。这类专业和职业一般都适合于专业技术人员。比如数控机床专业适合企业中数控机床的操作与维护人员,社会体育专业学生毕业后最适合的是从事健身技能指导,最后发展成为高级私人健身教练技师。

2. 一对多的关系

这类专业一般都存在于普通高校中,人们常说的宽口径、厚基础就是指这类专业。一个专业可以对应一个职业群,职业群一般由基本操作技能相通,工作内容、社会作用以及从业者所应该具备的素质接近的若干个职位所构成。职业群横向划分,是相同的职业存在于不同的产业或行业之中,如人力资源专业所对应的职业群广泛分布于国民经济的各个产业和行业之中。纵向划分,是同一职业存在于同一行业若干个不同的岗位及其可能晋升的职务上。例如人力资源专业的职业发展路线为:人力资源助理→人力资源专员→人力资源主管→人力资源经理→人力资源总监。

3. 多对一的关系

这是指多种专业都可以发展到某一种职业的形式。这类职业一般属于管理型人格的职业,比如高校教师、科研人员、新闻记者、编辑人员、营销主管、企业管理人员等。对于某一职业,比如新闻记者,它可以接收经济学、新闻、中文、哲学、历史等许多专业的学生。

例如,体育基础课程与职业的对应关系就有运动员、体育教师、教练、裁判员、军人、演员、潜水员、飞行员、船员、水手、骨科医生、地理学专业科技工作者、体育编辑、体育理论研究工作者、体育解说员、记者、救生员、导游、侦探、公安人员、警卫员等。

(四) 探索专业与个人发展方向

1. 探索专业特色

首先要清楚所修专业属于哪一学科门类和哪一个一级学科类别。要对一级学科的基本特色有所了解,对其相近学科和本学科的前沿知识和发展动向有所了解。在对学科的内涵及其生存发展的广度和深度进行了解的基础上,有效把握所学专业在学科中的位置和生存发展空间。

其次，从专业特色的角度，探索专业对应行业的特殊领域，以及专业特色对应岗位的特殊专业知识与专业技能。掌握了专业特色，就把握了人才需求的核心。

2. 探索专业人才的培养目标

不同高校同一专业的人才培养目标会有所不同。通常，各院校会根据自身的学术水平、社会影响、社会需求等对毕业生有一个基本定位，专业人才培养目标都是根据这个定位来确定的。

首先要明确本专业是为谁培养毕业生，也就是明确本专业人才对口的主要行业领域；其次要明确本专业所培养的是哪种类型的人才，是基础理论型还是应用推广型，是单一型还是复合型等。

了解培养目标时，可结合学校的办学层次和学历层次，对应探索未来可以选择的用人单位及起点岗位，为职业规划做好准备。

【体验活动】 专业探索

对大学生而言，专业是每一位大学生与大学的直接交叉点，不管这个专业是不是自己所选择的，也不管这个专业学习难度有多大，对于大学生来说，都应该珍惜专业学习的机会，选择你所爱的专业，爱你所选择的专业。

专业知识是大学生毕业后走上工作岗位时必需的基本技能，大学时代的专业知识和技能是就业之后知识与技能的基础。因此，大学生必须正视专业知识的学习，学好专业，打下扎实的专业基础。

你对自己所学的专业了解多少？现在，试着填在表5-1中吧。

表5-1 专业探索记录

专业名称	
培养目标	
专业价值	
核心课程	
教学方法	
知识和技能	
相关专业	
近年就业状况	
近年升学状况	
对口行业状况	
可能适合职业	
学习资源渠道	
专业相关名校、名师、学习达人	

如果你对自己填写的还不满意，或对自己所学专业了解还不够深入，请马上去找

自己的辅导员或班主任，去找师兄师姐，或找你熟悉的专业课老师去聊聊吧，他们会帮你进一步认识本专业的价值，有助于你思考和明确自己未来的专业出路。

第三节　厘定发展方向　规划学业路径

职教案例

一个高职学生的成功案例

　　求同学，某职业技术学院生物制药专业，是一个典型的凭借着自身不懈努力和顽强拼搏而事业有成的高职学生。这个学生的成功案例，我不止一次地在课堂上向学生讲述过。

　　求同学在校期间成绩上不是很拔尖，当初印象比较深刻的是比较爱问问题，跟老师沟通比较多，实训很认真。让人刮目相看的是，在大三实习返校的时候，问他实习的情况（该生不是我带的，所以之前实习了解不多），他说在老家一家生物诊断试剂公司实习，跟着一个师傅学习生化分析仪的操作。师傅脾气不好，态度很差，经常骂他，但是他真心喜欢实习的东西，觉得很有用，所以即使师傅总是刁难他，他也不介意，尽量帮师傅做事。这样的日子过了整整三个月，一学期的实习都快结束了，师傅终于彻底接纳了他，将自己所掌握的有关生化分析仪及其他生物诊断试剂方面的技能悉数教给了他。凭借着自身刻苦的学习，他从一个以前从来没有接触过生化分析仪的门外汉，成长为公司这个方面的高手，以至于后来当他的师傅走了以后，公司最懂生化分析仪的就是他了，他成了不可或缺的专业技术员，公司也将他看成正式员工，给他计发各项待遇。

　　他毕业后过了半年打电话来问候我的时候，说已经从原来实习的公司出来了，公司老板说要给他加薪，但是他觉得这家公司太小了，没有发展前景，就给上海一家生物诊断试剂的龙头企业写了求职信。刚开始的时候一直没有回音，他就打电话过去问消息，对方回答说他的学历太低，至少需要本科才能进他们公司。于是他对公司的招聘人员说，他觉得自己完全能胜任公司生化试剂售后服务的岗位要求，请求给予机会面试。后来公司答应给他面试机会。他凭借着扎实的技术功底和解决问题的能力，很快打动了对方，打破了公司之前从来没有录用过专科生的先例，让他从事大西南地区的售后服务。几个月后他又凭借着出色的业绩和灵活的为人处世的能力，成了整个大西南地区的售后负责人，一年以后，又成了大西南地区的销售负责人，享受公司的双薪待遇，手下员工既有本科生，也有研究生。

　　我在课堂上向学生们讲述他们学长的成功经历的时候，强调了兴趣、执着、努力、自信以及学会为人处世等几个方面的重要性，如果具有了岗位的不可替代性，你的价值就会放大，当机会来临的时候，就有足够的能力紧紧抓住。

一、学业生涯规划：大学的第一堂必修课

　　学业规划是做好职业生涯设计的前提和基础，同时也是它的组成部分，制订并实

行良好的学业规划可以更好地迎接社会的挑战。

（一）有助于发掘自我，促成自我发展

一份有效的学业规划设计，包括自身条件和现实问题两方面，因此它能够引导大学生认识自身的个性特征、现有的和某些潜在的资源优势，帮助他们重新认识自身的价值并使其持续增值，引导他们对自身的长处和短处以及综合素质进行对比分析，引导他们弄清个人目标与现状之间的距离，引导他们学会如何应用科学有效的方法，采取切实可行的步骤，不断增强自己的专业竞争力，从而实现自己最初的梦想。

马斯洛的五层次需要理论指出：高层次的认识需要能否实现，很大程度上依赖于自己职业生涯的进展状况，而一个科学可行的职业生涯又是以一个良好的学业规划为前提和基础的。现代著名文学家刘英曾说过这么一句话："人生最可怕的不是疾病、贫穷、死亡，而是自己拥有很多的剩余时间而不能过有价值的生活。"我们很难想象，一个抱着"和尚撞钟"的心态浑浑噩噩度日的人能实现自己高层次的需要，感受到人生成功的快乐吗？

因此，大学生都应该是自己人生、学习、事业的规划者和耕耘者，设计自己的发展蓝图，为实现自身价值准备、创造、抓住机会，从而使自己成功的可能性更大，效果更好。

（二）有助于促使大学生集中精力、提高热情，增强大学生的主动性

如果大学生没有自己的学业规划，他的时间、精力就会处于荒废和散乱之中，很容易进入与学业无关的琐事中，虚度美好光阴；相反，拥有自己学业规划的大学生能够合理调节自己的日常学习，自己做的每一点都是实现未来目标的一部分。学业规划使得大学生心中的理想具体化、更容易实现，对学业的顺利完成做到心中有数、热情高涨，也使得他们心中的学习意识发生转变，从"要我学"变为"我要学"，变被动为主动，增强大学生的学习主动性。

（三）有助于大学生的自我定位，尽早地明确自我的人生目标

学业规划的前提是认识自我，只有认识自我、了解自我，才能有针对性地明确学业方向，而不盲目化。认识自我是对自我深层次的解剖，了解自己能力的大小，明确自己的优势和劣势，根据过去的经验、经历，选择未来可能的工作方向，从而解决"我想干什么"和"我能干什么"的问题。自我定位是学业规划乃至人生规划和行动得以成功的基本依据，正所谓"知己知彼，百战不殆"。

二、以"就业"为目标的学业规划

就业，即大学生毕业后直接选择求职择业，走入社会。毕业生通过学校推荐，参加各种"供需见面会"，双向选择，签订就业协议后就业，这是目前大多数毕业生的选择。

大学的目标与意义在于成长成才。通过大学的历练，根据自身条件和社会需要选择未来的职业及人生发展道路，进行人生规划与设计，是大学生成才的必由之路。

(一) 管理好自己

就业成功的关键在于竞争力。竞争力是大学生职业生涯中参与职业活动所必需的、最基本的能力。竞争力必须具有普遍的适用性和广泛的可迁移性，其影响辐射到行业通用技能领域和专业特定技能领域，对大学生的终身发展和终身成就影响深远。以就业为导向的学业规划，提高自身的综合素质是关键，这就要求大学生必须正确认识自己，并根据社会需要来调整自己的知识结构和综合素质，在校期间不单要学好科学文化知识，同时还应努力提高自身的竞争力，为顺利就业创造条件。

首先，认知上，学习知识的同时学会如何学习，如何认真把握学习的方向，如何利用学校教育来开发自己的潜能，增强解决问题的能力。

其次，学习上，学会安排自己的时间。大学中，很多时间都是学生自主安排的，要学会统筹规划，把学习、做作业、锻炼身体、娱乐及休息时间安排好。

再次，生活上，学会共同生活。大学生活既是集体的生活，也是独立的生活，必须树立正确的生活观念，有序生活，有益娱乐，有度交往，怀着宽容和理解的心去处理生活中的各种小摩擦、小矛盾。

最后，思想上，要注意全面发展，即身心、智力、责任感、精神、价值观念等方面的协调发展，学会掌握自己命运所需的基本能力，即思考、判断、想象、表达、情绪控制和社会交往等方面的能力，不断提升自身综合素质，获得未来职业发展的通行证。

(二) 设计就业路

大学几年的学业规划，仿佛是一个不断攀爬"金字塔"的过程，不同年级都有阶段性的目标与任务。大学生要在学习的不同阶段，针对学业能力及职业生涯发展阶段的特征，进行针对性的规划，打好基础。

大一阶段，适应大学生活，树立规划意识。完成从中学生到大学生的角色转变；虚心请教师兄师姐，积极参加集体活动，建立新的人际关系圈；熟读学生手册，关注辅修专业和第二学位的申请条件，保证较好的学习成绩。

大二阶段，确定主攻方向，培养综合素质。虚心请教师长和校友，根据自己的发展意愿选定主攻方向；建立合理的知识结构，注重专业能力的培养，参加英语、计算机等工具性证书的考试；可以根据自己的兴趣爱好加入学生会或社团工作，培养自己的组织协调能力和团队合作精神，提升自己的综合素质。

大三阶段，提升求职技能，做好就业准备。加强专业知识学习的同时，取得与职业目标相关的职业资格证书；增强兼职、实习的职业针对性，积累对应聘有利的实践经验；扩大校内外交际圈，加强与校友、职场人士的交往，提前参加校园招聘会，与用人单位招聘人员进行沟通；学习求职技巧，学会制作简历、求职信，了解面试技巧和职场礼仪。

毕业阶段，充分掌握资讯，实现毕业目标。留意学校就业中心通知和其他重要的招聘渠道，不要遗漏关键的招聘信息；登录招聘单位网站或通过咨询、访谈等方式，了解招聘单位的相关信息，为面试做好准备；选择实用性高的毕业设计（论文）题目，借机证明自己的应用研究能力。

三、以"继续深造"为目标的学业规划

每年"专升本"考试，都引来众多专科生及其家长的高度关注。不少专科生说："专科生找工作不容易，升本后拿个本科文凭，求职更自信！"随着高校扩招，就业压力越来越大，选择升学既可以解决就业压力，多一块敲门砖，又可以重新选择自己所喜欢的专业，也为改变未来就业方向提供了一个机会。

其实，很多同学选择升学，还是因"好学生就得升学"的旧观念在起作用。现在社会上在职深造的机会越来越多，工作后再充电也未尝不可，特别是对于家庭经济比较困难的学生来说，就业比升学更划算。

【政策解读】什么是专升本？

中国高等专科学生升本科考试，简称专升本，是中国教育体制专科层次学生升本科学校或者专业继续学习的考试制度。这一考试在大多数有专升本教学系统的高等教育学校举行，一般每年举行一次。

首先，参加考试必须具有专科学历，在读和专科毕业的考生才可以参加专升本考试，考试分数及其他身份考查通过后可进入本科学校继续学习。

四种专升本考试类型、录取难度、毕业难度和文凭含金量对比如表5-2所示。

表5-2 专升本考试类型

考试类型	录取难度	毕业难度	文凭含金量
成考专升本	全国统一入学考试，但考试相对容易，录取率较高	录取后学习较容易，一般都可获得毕业证，目前已有不少成人学校开始实行注册入学，不用考试	毕业证盖所学习高校章，证书上显示"成人教育脱产或函授"字样，国家承认学历。在同等情况下，社会认可度低于普高本科和自考本科
远程教育专升本	只要具有国民教育专科学历都可入学，较为简单	要求必须通过教育部规定的英语和计算机基础统考才能毕业，但获取学位较为容易	毕业证盖所学习高校章，证书上显示"网络教育"字样，国家承认，电子注册。在同等情况下，社会认可度低于普高本科和自考本科
自考专升本	全国统一考试，难度较大	主要依靠自学，无论考试课、实践课，还是毕业论文，只要有一样不及格，就拿不到毕业证	全国统考，毕业证盖主考大学章和省自考委的章，国家承认，在工资、人事待遇、考研究生、考证、考公务员、出国留学、职称评定以及其他方面与普通本科具有同等效力

续表

考试类型	录取难度	毕业难度	文凭含金量
专升本	各省政策不一致，如浙江省是省统考英语与数学或英语与语文。考试录取难度大	只要考上，获取本科毕业证和学士学位证较容易	享受与该本科学校学生一样的待遇，毕业证和普通本科生略有差异，即专科起点，修完两年制本科和高中起点的修完四年制本科的差异。毕业证含金量高

四、以"创业"为目标的学业规划

当前，我国正处于创业经济的活跃期，越来越多的大学毕业生加入自主创业的大军中，成为创业洪流中的亮点。创业不是一个被动的"等、靠、要"的过程，而是主动地自我雇佣的过程，它已成为有愿望、有条件、有能力的青年人主动就业的积极选择。

案 例

某高职学生创业园4楼1452办公室里，摆着单车，放着最新的歌曲，办公桌上摆放着造型各异的小玩意，工业灰的墙面上挂着"KILLWINNER""WONBEEN""AND"的金属字母。一群打扮时尚的年轻人正在电脑前忙碌工作着，陪伴他们的，是一排排新潮的服装，一段段动感的街拍视频和他们心中的中国原创潮牌服装品牌的梦想。这就是杭州黑星服饰有限公司。

公司创始团队由程奕维、叶成俊、汤武臻三人组成，其中程奕维和汤武臻均是某职业技术学院的毕业生。2017年5月，他们走上了从0到1的创业之路，成立了杭州黑星服饰有限公司，主要从事"国潮服装品牌"的设计、生产和销售。他们根据自身专业特长及工作经验，成功创立了"KILLWINNER""WONBEEN""AND"三个不同类型的国潮服装品牌，凭借时尚的运营理念、新潮的设计款式、合理的价格定位，借助互联网，通过线上代理和社群营销，在创业初期便取得了不错的成绩，营业额过千万元。

公司计划未来在两方面拓宽自己的业务。一是在企业内部，通过互联网提升供应链效率，加快生产周期。二是在对外市场上加大创新。除了在天猫、淘宝、京东等电商平台销售，还要打造自己的IP，通过鲜活的形象与年轻消费者产生共鸣；同时打造立体式、多样化的会员粉丝销售，借助娱乐营销、社群营销、碎片化营销等多种方式，与消费者建立持续有效的沟通与服务。

大学生有人生追求的激情和梦想，然而理想和现实却总是存在着相当的差距，真正的创业之路必然是充满艰辛和曲折的。自主创业，不同于一般意义上的就业，创业是有风险的。但是，创业是主动的，就业则是被动的。年轻人开创的事业能否真正生存下去，并得到稳定经营和有效发展，是人们所关注的焦点。良好的心理素质、必备的专业知识技能和相应的经营管理知识，以及坚忍不拔和勇于奋斗的精神，是创业的首要条件。

(一) 了解创业意愿

在创业开始之前，大学生需要评估自己的优势和劣势，看看自己是否具备创业的素质和能力。大学生可通过认真思考和回答以下问题，来初步判断自己是否有创业的基本素质和能力。

(1) 你适合创业吗？作为创业者或者小企业的领导者，在如何拓展业务、如何定位市场、如何管理财务和员工等各个细节方面，经常需要做出决策，而这些决策是在压力环境下要求你迅速独立完成的。创业需要热情、需要理念，更重要的还需要你的能力。你的策划和组织能力如何？你的团队组建和管理能力如何？你的决策和综合管理能力如何？你的创业风险（资金风险、竞争风险、团队分歧风险、核心竞争力缺乏风险等）规避能力如何？

(2) 你能长时间保持创业激情吗？运营一个企业有时能把你的意志耗尽。尽管有些创业者感觉自己被肩上的责任重担压垮了，但是强烈的创业激情和坚强的意志，却能够使其创业成功，并且在遇到经济衰退等困难的时候帮助他顽强地生存下来。因此，检查你选择自主创业道路的原因，确认这些原因在今后创业的道路上无论碰到什么困难，都将激励你勇敢地坚持下去。至少你的创业冲动能够强到使你长时间保持创业的激情。认真检查你个人拥有的技能、经验和意志，因为有可能在相当长的一段时间内，企业的业务没有进展，有可能会出现与员工发生激烈思想碰撞的现象，不理解你、不支持你的现象也可能会经常发生，这将会使你感到郁闷、孤独，你准备如何承受？你承受得了吗？

(3) 你的身体和精神状态适合创业吗？创业过程充满挑战，意味着长期而艰苦工作的开始。同时，创业也意味着创业者需要更加努力、自觉地工作，将失去很多休息时间。身体健康是承受创业高强度体力和精神压力的前提，你的身体健康状况是否允许你从事这样的工作？在创业过程中，有时会令人非常兴奋和愉快，有时会给人带来烦恼和颓丧，你有没有这样的心理准备？

(4) 你的家庭支持你创业吗？和谐稳定的家庭是事业成功的基础，创业之初对你的家庭生活影响很大，能否获得你的家庭的支持也很重要，你确信你的家庭会支持你吗？

(5) 你准备承受创业初期的风险了吗？创业始终伴随着风险。在确定了创业目标后，创业者接下来要问的问题是：创业的风险有哪些？我创业最坏的结果是什么？我能否接受？我能否从坏结果中走出来？

(二) 明确创业决策

对于大学生来说，选择就业还是创业，关系到自己一生的职业起点问题。希望获得最理想的职业发展状态，就需要认真地对自己进行完全剖析，知道自己真正希望得到什么，达到何种状态。

做出创业的决策应遵循几个原则：

(1) 择世所需：选择真正有市场需求、真正有社会价值的创业项目；

(2) 择己所爱：要结合自己的性格、兴趣、价值观来进行决策，创业应该是自己真正感兴趣和乐于选择的，而不应是被逼的无奈之举，创业的决策应与自己职业生涯的愿景相一致；

（3）择己所能：决策时要考虑自己的能力素质是否能胜任，以及创业的现实可操作性；

（4）择己所利：创业决策应能给自己带来较为丰厚的物质或精神回报。

创业有风险，大学生在进行创业的决策时，一定要经过科学、客观的分析和思考。在创业之前问自己的问题越多，做出的决策越理性；有明确答案而且思路清晰的方法越多，创业的成功概率就越高。

（三）提升创业能力

1. 刻苦学习创业知识

知识可以促进能力的发展。任何能力的形成和提高都是在掌握和运用知识的过程中完成的，创业能力也不例外。在学习创业知识的过程中，认真思考，吸取前人的经验，同时也锻炼了自己综合分析问题的能力。"知识就是力量"，要使知识变成力量，一定要有能力。不能死读书，读死书，成为书呆子。要学会将学习、思考、实践综合起来，经过自己的消化，吸收转化为运用知识的手段和本领，进而为创业能力的形成和提高打下坚实的基础。

首先，课堂、图书馆和社团是获得创业知识的一个重要途径。通过课堂学习能拥有一门过硬的专业知识，在创业过程中将受益无穷。图书馆通常能找到创业方面的报纸和图书，广泛阅读能增加对创业市场的认识。大学社团活动能锻炼各种综合能力，这是积累经验必不可少的实践过程。其次，纸媒体和网络媒体也是一个很好的途径。通过阅读和浏览能了解更加丰富的创业知识。再次，注意培养良好的社会意识，主要包括与人协调合作、集体工作的意识和强烈的社会责任感以及竞争意识、环境意识、质量意识、品牌意识、安全意识等，这是提高创业素质的极其重要的社会基础。

2. 加强社会实践

（1）创业能力的形成和提高必须在创业实践中才能实现。创业者应根据自身条件和专业特点，在培养自己强烈的创业意识、创业精神，认真学习创业知识的基础上，积极参与创业实践活动，提升创业能力。

（2）利用空闲时间进行尝试性、见习性的实践活动。如可以和家人、朋友或同学合伙，也可独立投入一点小资本进行经营活动，参与家庭或他人的创业活动，到公司实习等。

（3）模拟实践。可以参加创业实践情景模拟，进行有关创业活动的情境体验，如招聘雇员的面试、产品推销等。

（4）利用实习期间进行创业实践训练。进入创业启动阶段后，可以单独或与同学轮流租赁或承包一个小店铺，或加工、修理、销售、服务等，在真刀真枪的创业实践中提高自己的创业能力。

3. 向专家或行家咨询

大千世界，藏龙卧虎，有些人身怀绝技，能讲出常人所没有认识到的道理，能解决常人所不能解决的问题。商业活动是无处不在的，在生活的周围，找有创业经验的亲戚、朋友、同学、老师交流，在他们那里，将得到最直接的创业技巧与经验。大学生创业者甚至还可以通过 E-mail 和电话等方式拜访崇拜的专家或行家，或咨询与创业项目有密切联系的商业团体,如果有认真谦逊的态度,往往能得到他们的帮助。

【体验活动】 澄清学业方向与目标

请拿出笔,准备写下你未来学业的整体设计,或者你的学业理想与目标。

注意,不必考虑这些理想目标该用什么方式去实现,先尽量写,不要做任何限制,可以写关于你未来的工作、家庭、交友、情绪、健康、生活等,涵盖越广越好。

图5-2是大学目标规划九宫图,供参考。

学习	专业	人际交往
情感	身心健康	休闲
自我成长	社会工作	兼职工作

图5-2 大学目标规划

现在,审视你写下的上述目标或心愿,来思考预期达成的时限。6个月?1年?2年?5年?10年?如果你的目标有达成的时限,对你将会大有帮助。可能有些目标你希望一蹴而就,而有些却遥遥无期。如果你的目标多为近程的,那你就把眼光放得远些,找出一些潜在有可能的目标;如果你的目标多为远程的,那你也得建立一些阶段性的目标。

选出在这一年里对你最重要的四个目标,从你所列的目标中选出你最愿意投入、最能令你满足的四件事,并把它们记录下来。

然后明确、扼要、肯定地写下你实现它们的真正理由,告诉你自己能实现这些目标的把握和它们对你的重要性。人生中,我们常想要一些东西,但实际上只是对它们有兴趣而已,却从没有下定决心要得到它们,结果我们依然两手空空,这就是有兴趣与有决心的区别。如果你做事知道如何找出充分的理由,那你就无所不能了,因为追求目标的动机远比目标更能激励我们。

核对你所列的四个目标,你对这些目标是否有肯定的期望?对预期结果有什么感觉?如果你达成这些目标,带来的结果是否对你及社会有利?

现在请写下,如果你要实现这些目标,应该具备什么样的条件或资源,包括人脉、财物、专业背景、知识能力等。指出你已经具备或拥有哪些资源条件。

针对你的四个重要目标，问问自己，我第一步应该如何做？要实现该目标，需要哪些必要的步骤？目前有什么因素妨碍我前进？我该如何改变自己？我每一天应该做什么？

祝你能尽早确定人生的方向和目标，规划好自己的大学生活与学业！

【实践拓展】完成学业规划评估与反馈（见表5-3）

表5-3 学业规划评估与反馈表

	专业知识和技能发展规划				个人特长及素质发展规划						兴趣爱好发展规划		综合素质拓展规划		
	课程成绩计划	获奖学金计划	专业素质拓展计划	其他方面发展计划	文娱特长发展计划	体育特长发展计划	计算机特长发展计划	思想政治素质发展计划	心理健康发展计划	其他方面发展计划	读书计划	其他计划	技能认证考试计划	组织能力发展计划	社会活动计划
第1学期	必修课、限选课、任选课等的成绩，英语、计算机等的等级考试	综合测评奖学金以及其他各类奖学金	与专业相关的知识、素质、技能发展	如发表专业论文、参加专业竞赛等	音乐、舞蹈、曲艺、美术设计等方面	体育运动、比赛等方面	计算机软硬件的学习、利用、活动等	积极争取参加各级党校培训等	健康积极的心理素质等	如演讲、辩论等	阅读课外书籍，提高知识面和个人修养	其他	考取与所学专业相关或跨专业的技能认证证书	担任学生干部参与班级管理、组织大型活动等	青年志愿者服务、社会实践、爱心奉献、专业实习等

续表

规划内容			
完成情况			
总结分析			
后续规划修正			

HR提问

在学习期间，你认为自己需要具备哪些知识、技能、资源、人脉，对应聘心仪的岗位有促进作用？

专家视角

李开复：大学几年应该这样度过

这"第四封信"是写给那些希望早些从懵懂中清醒过来的大学生，那些从未贪睡并希望把握自己的前途和命运的大学生以及那些即将迈进大学门槛的未来大学生们的。在这封信中，我想对所有同学说：

大学是人一生中最为关键的阶段。从入学的第一天起，你就应当对大学几年有一个正确的认识和规划。为了在学习中享受到最大的快乐，为了在毕业时找到自己最喜爱的工作，每一个刚进入大学校园的人都应当掌握七项学习：学习自修之道、基础知识、实践贯通、兴趣培养、积极主动、掌控时间、为人处事。只要做好了这七点，大学生临到毕业时的最大收获就绝不会是"对什么都没有的忍耐和适应"，而应当是"对什么都可以有的自信和渴望"。只要做好了这七点，你就能成为一个有潜力、有思想、有价值、有前途的快乐的毕业生。

大学是人生的关键阶段。这是因为，进入大学是你终于放下高考的重担，第一次开始追逐自己的理想、兴趣。这是你离开家庭生活，第一次独立参与团体和社会生活。这是你不再单纯地学习或背诵书本上的理论知识，第一次有机会在学习理论的同时亲身实践。这是你第一次不再由父母安排生活和学习中的一切，而是有足够的自由处置生活和学习中遇到的各类问题，支配所有属于自己的时间。

大学是人生的关键阶段。这是因为，这是你一生中最后一次有机会系统性地接受教育。这是你最后一次能够全心建立你的知识基础。这可能是你最后一次可以将大段时间用于学习的人生阶段，也可能是最后一次可以拥有较高的可塑性、集中精力充实自我的成长历程。这也许是你最后一次能在相对宽容的，可以置身其中学习为人处世之道的理想环境。

大学是人生的关键阶段。在这个阶段里，所有大学生都应当认真把握每一个"第一次"，让它们成为未来人生道路的基石；在这个阶段里，所有大学生也要珍惜每一个"最后一次"，不要让自己在不远的将来追悔莫及。在大学几年里，大家应该努力为自己编织生活梦想，明确奋斗方向，奠定事业基础。

大学几年每个人都只有一次，大学几年应这样度过……

……

我对大学生们的期望：

踏入大学校门时，你还是一个忙碌的、青涩的、被动的、为分数读书的、被家庭保护着的中学毕业生。

就读大学时，你应当掌握七项学习：学好自修之道、基础知识、实践贯通、兴趣培养、积极主动、掌控时间、为人处世。

经过大学几年，你会从思考中确立自我，从学习中寻求真理，从独立中体验自主，从计划中把握时间，从交流中锻炼表达，从交友中品味成熟，从实践中赢得价值，从兴趣中攫取快乐，从追求中获得力量。

离开大学时，只要做到了这些，你最大的收获将是"对什么都可以拥有的自信和渴望"。你就能成为一个有潜力、有思想、有价值、有前途的中国未来的主人翁。

所以，我认为大学几年应是这样度过。

（引自 https：//www.douban.com/note/573787082/，有删减）

第六章

职业素养自我管理

本章导图

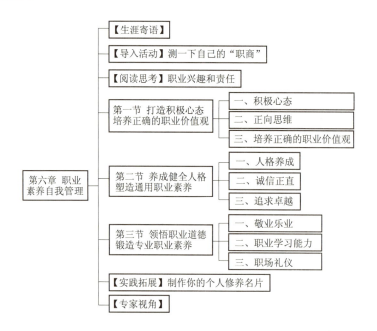

生涯寄语

青年之字典,无"困难"之字;青年之口头,无"障碍"之语;惟知跃进,惟知雄飞,惟知本身自由之精神,奇僻之思想,锐敏之直觉,活泼之生命,以创造环境,征服历史。

——李大钊

【导入活动】测一下自己的"职商"

回答下面测试题中的问题，尽量做到准确和真实，凭自己的直觉真实地回答每一个问题，提高这个测试的有效性。

共 75 题，只能选择"是"和"否"。

一、明确目标

1. 你已确定你的主要目标吗？　　是□　否□
2. 你已确定达到那个目标的时限吗？是□　否□
3. 你制订了达到那个目标的具体计划吗？是□　否□
4. 你规定了那个目标将给你带来的收获吗？是□　否□

二、积极心态

5. 你知道积极心态的意义吗？是□　否□
6. 你能控制你的心态吗？是□　否□
7. 你知道任何人都能控制的唯一的东西是什么吗？是□　否□
8. 你知道怎样去发现自己和别人的消极心态吗？是□　否□
9. 你知道怎样使积极的心态成为一种习惯吗？是□　否□

三、"多走些路"

10. 你有没有经常做一些超过自己能力以外的服务？是□　否□
11. 你是否知道职员何时会获得加薪？是□　否□
12. 你是否认识这样的人：不必努力就能成功？是□　否□
13. 你是否认为一个人不必做没有回报的事情，做了就要有回报？是□　否□
14. 如果你是老板，你对自己目前的工作满意吗？是□　否□

四、正确的思考

15. 你是否把不断学习有关你的职业的更多知识作为你的职责？是□　否□
16. 你是否有一种习惯：对你所不熟悉的问题发表"意见"？是□　否□
17. 当你需要知识时，你知道如何寻找吗？是□　否□

五、高度的自制力

18. 当你生气时，你能沉默不语吗？是□　否□
19. 你习惯于三思而行吗？是□　否□
20. 你易于丧失耐心吗？是□　否□
21. 你的性情一般是温和的吗？是□　否□
22. 你习惯于让你的情绪控制你的理智吗？是□　否□

六、集体心理、领导才能

23. 你总是通过设法影响别人来使自己完成目标吗？是☐ 否☐
24. 你相信一个人没有别人的帮助也能成功吗？是☐ 否☐
25. 你相信如果家庭成员反对，工作也能容易成功吗？是☐ 否☐
26. 老板和下属和谐共事是否有好处？是☐ 否☐
27. 当你所属的团体受到赞扬时，你感到自豪吗？是☐ 否☐

七、应用信心

28. 你相信你有无穷的智慧吗？是☐ 否☐
29. 你是一个诚实正直的人吗？是☐ 否☐
30. 你相信你有能力去做你决定要做的事吗？是☐ 否☐
31. 你是否合理地摆脱了下列 7 种基本恐惧：

（1）恐惧贫穷（2）恐惧批评（3）恐惧健康不佳（4）恐惧失去爱（5）恐惧失去自由（6）恐惧年老？（7）恐惧死亡 是☐ 否☐

八、令人愉快的性格

32. 你有令人讨厌的习惯吗？是☐ 否☐
33. 你有应用"金科玉律"比如"己所不欲，勿施于人"的习惯吗？是☐ 否☐
34. 同你在一起工作的人喜欢你吗？是☐ 否☐
35. 你常打扰别人并使人烦吗？是☐ 否☐

九、个人的首创精神

36. 你有工作计划吗？是☐ 否☐
37. 你的工作一定要别人帮你计划吗？是☐ 否☐
38. 你在工作方面具有别人所没有的卓越才能吗？是☐ 否☐
39. 你有拖延推脱的习惯吗？是☐ 否☐
40. 你有力图将计划制订得更完备，尽量想出更好的方法来工作，以提高工效的习惯吗？是☐ 否☐

十、充满热忱

41. 你是富有热情的人吗？是☐ 否☐
42. 你能倾注你的热情去执行你的计划吗？是☐ 否☐
43. 你的热情会干扰你的判断吗？是☐ 否☐

十一、控制注意力

44. 你习惯于把你的思想集中到你所做的工作上吗？是☐ 否☐
45. 你易于受外界的影响而改变你的计划或决定吗？是☐ 否☐

46. 当你遇到反对时，你就倾向于放弃你的目标和计划吗？是□　否□
47. 你能排除不可避免的烦恼而不断地工作吗？是□　否□

十二、协作精神

48. 你能同别人和谐相处吗？是□　否□
49. 你能在帮助别人的时候像要求别人帮助你那样大方吗？是□　否□
50. 你经常同别人发生争论吗？是□　否□
51. 你认为同事间的友好合作有巨大的好处吗？是□　否□
52. 你知道不和同事合作会造成损失吗？是□　否□

十三、从失败中学习

53. 你遇到挫折就会半途而废，遇到失败就停止努力吗？是□　否□
54. 如果你在某次尝试中失败了，你能继续努力吗？是□　否□
55. 你认为暂时的挫折就是永久的失败吗？是□　否□
56. 你从失败中学到了什么教训吗？是□　否□
57. 你知道如何将失败转变为成功吗？是□　否□

十四、创新能力

58. 你能把你建设性的想象力运用到工作上来吗？是□　否□
59. 你具有决断力（自己做决定的能力）吗？是□　否□
60. 你认为唯命是从比遵从命令另外还加上自己的创意更好吗？是□　否□
61. 你有创造性吗？是□　否□
62. 你能就你的工作提出行之有效的主意吗？是□　否□
63. 当情况令人满意的时候，你能听从合理的忠告吗？是□　否□

十五、合理安排时间和金钱

64. 你能按照一定的比例节省你的收入吗？是□　否□
65. 你花钱不考虑将来吗？是□　否□
66. 你每夜都睡得很充足吗？是□　否□
67. 你是否养成利用业余时间研读自我修养书籍的习惯？是□　否□

十六、保持身心健康

68. 你知道保持健康的五要素吗？是□　否□
69. 你知道良好健康的起点吗？是□　否□
70. 你知道休息与健康的关系吗？是□　否□
71. 你知道调节健康所必需的四要素吗？是□　否□
72. 你知道"忧郁症"和"心理病"的意义吗？是□　否□

十七、养成良好的个人习惯

73. 你养成了你所不能控制的习惯吗？是□　否□
74. 你已戒除了不良的习惯吗？是□　否□
75. 近来你培养了良好的新习惯吗？是□　否□

【评分方法】

（1）下面21题的正确答案为"否"：

12，13，16，19，20，22，24，25，32，35，37，39，43，45，46，50，53，55，60，65，73。

（2）其余54题的正确答案为"是"。

（3）答对了的题，每题计4分，答错不得分。

（4）计算你的得分，并从下面查出你的职业化商数等级。你的得分是_____。

职业化商数等级：

①0～99分：极差（下等）；

②100～199分：较差（中下）；

③200～274分：一般（中等）；

④275～299分：优良（中上）；

⑤300分：极优（上等）。

【测试说明】

本项测验的结果只是基于目前的认识，并不是决定性的，不可改变的。如果你得的分数高，只表示目前你的职业适应能力强。反之，如果你得的分数较低，只表示目前你的职业适应能力较弱。原因是多方面的，但请你相信，经过相关理论的学习、培训和实践，改变以往的思维模式，你的"职商"一定会有较大的提高。

阅读思考

职业兴趣和责任

中央电视台《绝对挑战》有一期节目，是阿里巴巴旗下的淘宝网招聘商务谈判经理。当时，专家问了三个很经典的问题，其中一个是："如果你感兴趣的事情你的上司偏不让你做，而你不感兴趣的事情，上司偏让你做，这时候，你会怎么办？"

当时二号选手说："和上司沟通。"

"如果沟通不成呢？"马云接着问。

二号选手说："那我要告诉他，不为结果负责任。"

专家意味深长地点了点头。

这个问题应该怎样回答？我们必须先搞清楚兴趣和职业究竟如何匹配。

第一，对于个人来讲，一定要做自己感兴趣的工作。

几乎每一个人都知道，人如果要长期发展，就要有动力，而"兴趣"是人发展中最重要的动力之一。但是，在现实中，很多人在选择职业时要"做自己喜欢的"，实际行动中，选择的却是"看似不错的行业""容易进入的企业""待遇不错的工作""听上去有发展前景的事业"。尽管这些选择并没有错误，但是如果缺乏了兴趣——动力的来源，很可能出现的情况就是，缺乏足够的竞争力，或者在面临困境和压力时难以坚持下去。

第二，对于职业人来说，不仅有兴趣，还要有责任。

有兴趣的人经常会在职业中受挫，因为很多事情不符合自己的兴趣。于是很多人疑惑：我应该选择自己感兴趣的工作，还是做工作中感兴趣的事情？于是，对于兴趣的看法也是衡量职业人成熟度的一个话题。

对于职业人来讲，只有兴趣还不够，还要有责任。工作，经常是一部分让你感兴趣，也有一部分让你不感兴趣。比如，你喜欢和人打交道，但是不一定喜欢和各种类型的人打交道。所以每个人都会在工作中遇到兴趣和工作的冲突，这个时候，成熟的职业人会采取"暂时忍耐"的策略，以工作需要为重。

第三，对于职业人来讲，兴趣和职业的匹配是一个渐进和艰难的过程，很多时候不得不暂时放弃自己的兴趣。

成功的人都会讲，自己是如何做自己感兴趣的工作，但是在成功的道路上，更多的时候很难做到兴趣和职业的匹配。比如，你喜欢自由，但是职业会有很多约束；你喜欢管理，但是经常被人管；你喜欢创意，但是经常要循规蹈矩；你喜欢做事，但是经常陷入"办公室政治"中不能自拔。

职业规划的道路上，太多的职业人面临着"如何接纳一个不喜欢的职业状态"的挑战，有的时候甚至是改变自己的核心价值观的问题。在多年摸索的道路上，职业人必须明白一个事实，那就是：兴趣是可以培养的，也是可以管理的；有的时候，可以放弃一种已有兴趣来焕发一种新兴趣。

通过阅读，同学们对职业兴趣和职业责任有哪些新的认识？

第一节　打造积极心态　培养正确的职业价值观

职教案例

感动客户的刘同学

刘同学，某职业技术学院电子商务专业。学习过程中刘同学等10位同学在专业老师的指导下开了一个网店。由于客服工作时间长、技术难度不大而且每天都会遇到各种难缠的买家，其他同学不喜欢这个岗位，但是刘同学认为客服不仅是个基础性工作，而且在网店运营过程中发挥着重要作用。她工作态度很积极，用心体会为顾客服务的技巧，为网店的声誉打下了坚实的基础。

曾经有个要求退货的买家写了这么一段评价："这是我网购经历中遇到的最好卖家，非常耐心，多次来电解决问题，我要求的超出服务范围的改装服务已经完成。"这是个难缠的买家，售前服务过程中已经有值班学生反映过，后来他又提出一些不合理的想法，客服已经准备做退货处理，但是店长刘同学完美地处理了这件事情。刘同学多次打电话和买家沟通，刚开始买家以为不肯退货，说话极其难听。刘同学秉着帮助买家解决问题的态度，积极与买家沟通。最后，买家提出改装车子。可是，厂家都是标准化生产，不提供改装服务。刘同学为了解决问题，又多次联系厂家售后服务师傅，让他帮忙解决，跟师傅解释新店开张的不容易以及新店多次退货对店铺的影响。在她多次的积极协调下，厂家满足了买家的改装要求，从而使退货变成了好评。

很多学生对客服工作充满牢骚和不满，但像刘同学这样能把客户的要求当作是自己的事情，通过改变自己的工作方式来增添工作的价值和乐趣的不多。这也让刘同学获得了企业的青睐，直接被企业招聘为运营总监，接管两家淘宝店铺、一家天猫商城和一家京东商城。

一、积极心态

积极心态就是面对工作、问题、困难、挫折、挑战和责任，从正面去想，从积极的一面去想，从可能成功的一面去想，积极采取行动，努力去做。积极心态要求人们在一时一事中学会积极的思维。积极思维是一种思维模式，也就是可能性思维、肯定性思维，它使我们在面临恶劣的情形时仍能寻求最好的、最有利的结果。事实证明，当你往好的一面看时，你便有可能获得成功。积极思维是一种深思熟虑的过程，也是一种主观的选择。也就是说，在看待事物时，应考虑生活中既有好的一面，也有坏的一面，但强调好的方面，就会产生良好的愿望与结果。

积极心态是一种对任何人、任何情况或任何环境所把持的正确、诚恳而且具有建设性，同时也不违背人类权利的思想、行为或反应。积极心态允许你扩展你的希望，并克服所有消极心态。它给你实现自己欲望的精神力量、热情和信心。积极心态是当你面对任何挑战时应该具备的"我能……而且我会……"的心态。积极心态是迈向成功不可或缺的要素，积极心态是成功理论中最重要的一项原则，你可将这一原则运用到你所做的任何工作上。

二、正向思维

正向思维使我们的大脑处于开放状态，处于积极的激活的状态，使我们的情绪处于"兴奋""激情"状态。这种状态正是大脑指令的表达，并能调动身体各个系统和各个器官有效地、良好地朝指令方向"动作"，于是，能力、创造力和潜力被挖掘出来。负向思维恰好相反，它否定自我，轻视自我，并放弃开发自我的努力。

在恶劣的环境，正向思维的优势就更加显现出来。正向思维的人首先从内心培养坚强的意志，不断地分析自己的长处，不断地强化自己的信念，然后去奋斗和努力。正向思维的人能在追求成功的道路上更多地获得他人的支持，因为他们对他人采取对自己一样的态度：肯定自我、肯定他人，接受自己、接受他人，热爱自己、热爱他人，将自己的力量扩大到群体力量上，他们当然更容易成功。

思维方式的建立，是一个长期的调整、强化、反复的过程，这种过程，并非脱离实践的修身养性，而是在追求成功的过程中反复实践和成功循环。不断强化这种思维方式，即正向思维—导向成功—强化正向思维—进一步成功。

一个拥有健康的正向思维能力的人，能抵御生活中各种负向的影响，那种怨天尤人、悲风苦雨、灰心丧气、无能为力、无所作为的情绪，很难进入他们的头脑，即使有些低沉，也会及时调整，尽快清除。正向思维的人总处在激情、激活的状态，灵感、思想火花、绝妙的观点和宏伟的策略，都会迸发而出。自觉地、一次又一次地反复调整和控制自己，长此以往，一种良好思维方式就会变成自己的意识活动。

三、培养正确的职业价值观

（一）敬业

敬业精神指的是对工作的责任心、成就感、奉献精神和信义程度。

"敬业"早在我国古代《礼记·学记》中就以"敬业乐群"明确提出来。大学问家朱熹说，"敬业"就是"专业致志以事其业"。在现代企业中，"敬业"就是爱岗，顾名思义，就是爱惜自己的工作岗位，全心全意投入工作。

"敬业"就是有责任心。责任就是不仅要对自己承担的工作有责任感，而且要敢于承担工作中因失误所造成的后果，这样才能真正地对得起自己，对得起企业，对得起社会。

心怀敬业精神，是保证事业正确发展之基。敬业，是尊崇自己的职业，对工作、他人和集体承担责任，以一种尊敬、虔诚的心灵去对待自己所从事的职业。敬业表现出一种崇高的使命感和神圣感，敬业体现出不断学习和勇于创新的良好习惯。

一个人的人生目标不管有多远，兢兢业业地做好本职工作是实现人生大志的第一步和最基本的一条。在工作中，许多时候决定成败的往往是工作态度，并非工作能力，是敬业精神决定成就的大小。只有全力以赴地投入工作，个人潜能才会得到充分挖掘，而增长的才干又会让人更加兢兢业业工作。如此良性循环，成功自然就来了。

敬业精神是做好本职工作的重要前提和可靠保障。当前用人单位对毕业生的敬业精神提出了更高要求，而敬业精神的缺失成为制约当代大学生就业的瓶颈之一。大学生应该培养敬业精神。

（二）忠诚

忠诚是职场最基本的道德，也是职场成功最核心的品格。

所有成功伟大的组织在选择其用人的价值观的时候，无不以忠诚为核心品格。他们在制定组织的核心价值观的时候，也将"忠诚"纳入其列。比如索尼公司有这样一个招聘原则："如果想进入公司，请拿出你的忠诚来。"索尼能不能接纳一个人进入公司，首先要看他是否忠诚。

那么什么是忠诚？唐孔颖达："忠者，内尽于心也。"新版《辞海》："忠，尽心竭力"，"诚，真心实意"。"诚，中国古代的哲学术语与道德的行为规范。《中庸》认为，'诚'这一精神实体起着化生万物的作用：诚者，物之终始，不诚无物"。简言之，"忠诚"就是"尽心竭力，真心诚意，一心一意，专注不二"。

忠诚是信任的根本前提，也是责任担当的根本前提。没有忠诚，就不会有信任；而没有信任，就不会有责任和担当；没有责任和担当，就不会有情谊、机会和持续的高价值的利益。

忠诚是对归属感的一种确认。如果一个人确认自己属于某一个集体，这个集体可以是学校，可以是企业，也可以是社会，就会自觉地认为他必须为团队做出最大的贡献，才能得到这个团队的承认。所以，忠诚可以确保任务的有效完成，以及对责任的勇敢担当。

（三）服从

在工作中服从领导安排是职员所应具备的一种美德，也是日后取得工作成绩的必备条件。"服从"主要强调的是一种团队合作意识。团队合作的意义不仅在于"人多好办事"，而且在于通过团队来实现对个人力量的整合，从而凝聚成一股强大的动力。

对于一个团队来说，无条件执行的服从精神非常重要，只有拥有这一美德的人才能在团队中游刃有余，才能得到上司的赏识和重视，也比其他人拥有更多成功的机会。因此，很多团队领导在考虑"最想要一个怎样的下属"的问题时，都指出了一个共同点，那就是懂得服从领导。

（四）自信

在充满竞争的职场里，在以成败论英雄的工作中，谁能自始至终陪伴你，鼓励你，帮助你呢？不是老板，不是同事，不是下属，也不是朋友，他们都不可能做到这一点。唯有你自己才会伴你走完人生的春夏秋冬，也唯有你自己才能鼓起你的信心，激励你更好地迎接每一次挑战。

自信不是潇洒的外表，但它会带给你外表的潇洒。它是需要长期坚持的一种生活习惯，它会让你认识自己所扮演的人生角色，自己在哪方面有足够的能力，还有哪方面需要再发掘自己的潜能，这样你就能精神饱满地迎接每一天升起的太阳。

自信不是财富，但它会带给你财富。拥有并保持十分的自信，你就拥有发言权，就会得到升迁的机会，就会拥有自己的办公室，就会承担新的、更具挑战性的工作，你得到的成功机会也就更大。

（五）感恩

感恩是一种世界观，就是把自己看得很轻，把别人的帮助看得很重，因而难忘，心存感激。心存感恩，知足惜福，如此才会有一个积极的人生观，健康的心态。

感恩是一种处世哲学，也是生活中的大智慧。一个有智慧的人，不应该为自己没有的东西斤斤计较，也不应该一味索取和使自己的私欲膨胀。

学会感恩，会少一些抱怨，多一些平和；学会感恩，会少一些不满，多一些知足；学会感恩，感激父母的无私，感激师长的教诲，感激朋友的帮助，感激对手让我们有一颗更加坚强的心；学会感恩，为自己拥有的而感恩，感谢生活的赠予。

感恩不仅是一种美好的心态，更是一种高尚的美德。

职场需要感恩的员工。学会感恩，是一种职业道德！感恩是大学生必不可少的一种道德素质。做一个感恩的人，拥有一颗感恩的心，能更好地帮助大学生培养积极主动的就业心态，学会诚信就业和理性择业。

（六）奉献

奉献社会就是要求从业人员在自己的工作岗位上树立起奉献社会的职业理想，并通过兢兢业业的工作，履行对社会、对他人的义务，自觉为社会和他人做贡献，尽到力所能及的责任。当社会利益与局部利益、个人利益发生冲突时，要求每一个从业人员把社会利益放在首位。

奉献社会是一种人生境界。奉献社会不仅有明确的信念，而且有崇高的行为。奉献社会是职业道德的出发点和归宿。

因此，无论从事什么职业都要树立正确的义利观，正确处理好公利与私利的关系。当"义"与"利"发生矛盾时，要有顾全大局、乐于奉献的精神，真正把国家、集体和人民的利益放在首位。要杜绝斤斤计较、只讲索取不讲奉献、只讲权利不讲义务、只讲金钱不讲道德的思想观念。

（七）尊重工作

没有不重要的工作，只有不尊重自己工作的人。

职业是生命的重要价值，不允许我们去敷衍它，或者忽视它。在人生的道路上，我们都是幸运的，有权利去选择一份自己所热爱的事业。这份事业，需要我们用所有的热情去浇灌。

严肃对待工作的人，把工作当成人生中重要的一部分，兢兢业业，一丝不苟，即使身处底层也照样把工作做好。尊重自己的工作，同时也会得到别人的尊重。

工作就是一个人人格的表现，看到了一个人所做的工作，就是"如见其人"了。自尊、自信是成就大事业的必备条件，对工作不能尽心尽力、只想敷衍塞责的人，是不会具备这种品质的。

大学生想要在工作中取得成就，首先就要从尊重自己的工作开始。尊重自己的工作，就要懂得如何去面对工作。以一种什么样的心态去面对自己所从事的工作，是能否做好这份工作的前提。不论做什么工作，大学生都要端正心态，用积极的、主动的、包容的、自信的、学习的、感恩的、竞争的心态投入其中。以良好的工作心态来解决工作中的问题，才能使自己不断进步，不断取得成功。

【体验活动】积极心态十步法

第一步：牢牢掌握自己的思想。

通往积极心态之路只有一条：必须牢牢掌控自己的思想！

第二步：只关注自己想得到的事物。

运用想象力把自己不想要的东西屏蔽掉，对过去经历的失败和不幸关闭大脑的闸门，把它们挡在外面。

第三步：实践黄金定律——积极心态。

（1）给人以希望：它是让人实现成功的神奇力量。分享它，你也会拥有希望，未来就会有希望！

（2）给人以幸福：它能让你拥有最宝贵的精神力量。释放它，你就会拥有勇气，得到鼓励！

（3）给人以喝彩：它是一种阳光语言。表达它，你也会心情开朗，精神振奋！

（4）给人以愉快的反馈：它是矛盾的中和剂。做到它，你就会心情愉快，并得到愉快的反馈！

第四步：通过自省，消除消极思想。

1. 消极思想出现的四大原因：

（1）你觉得亏待了自己，而沉湎于自怜；

（2）你将责任归咎于他人、情况或环境；

（3）你受过打击，自尊心被伤害；

（4）最明显但多数人最不愿承认的一点是：你对人、对己、对物都是自私的。

2. 打败消极思想的对策——"我拒绝参加的聚会"：

（1）自怜聚会——你觉得亏待了自己；

（2）自保聚会——你总想把责任归咎于别人；

（3）自尊聚会——你的自尊心受过伤害；

（4）自私聚会——你其实是自私的。

第五步：自己快乐，也带给别人快乐。

要想快乐，就要表现得快乐。

要富有激情，就要表现得充满激情。

对着自己微笑，对着全世界微笑。

当然人没有十全十美的时候，总有一些事物会让自己感觉难以面对，如果你必须担心，也要积极地担心！

克服担心的良方：

（1）我很担心……，它的最好结果可能是……。

（2）这种结果是可能发生的，毕竟……是很有可能的。

第六步：学会去爱，养成宽容的习惯。

意大利诗人卢恰诺·德克雷申说：我们都是只有一个翅膀的天使，只有相互拥抱着才能飞翔。

学会去爱，学会在孤独中而不是在寂寞中静候你的有缘人。

学会宽容，学会耐性，而不是在那里茫然失措；学会让自己的心灵充实起来，而不是在那里宣泄、自暴自弃，甚至伤害别人。

第七步：给自己积极的暗示。

（1）我是最棒的！

（2）我是最优秀的！

（3）我是成功者！

第八步：改变你的习惯用语。

（1）不要说"我真累坏了"，而要说"忙了一天，现在心情真轻松"；

（2）不要说"他们怎么不想想办法"，而要说"我知道我将怎么办"；

（3）不要在团体中抱怨不休，而要试着去赞扬团体中的某个人；

（4）不要说"这个世界乱七八糟"，而要说"我要先把自己家里弄好"。

第九步：制定目标。

欲望（D－E－S－I－R－E）法：

（1）决定（Determine）；

（2）衡量（Evaluate）；

（3）确定（Set）；

（4）确认（Identify）；

（5）重复（Repeat）；

（6）每天（Each day）。

取得成就有四步：明确计划，用心准备，积极推进，坚持不懈。——威廉·A．沃德

第十步：每天学习、思考、做计划。

抽时间学习、做计划，是对自己的挑战。

如果你以积极的心态抽出时间阅读和做计划，你就会收到立竿见影的效果。不过要记住爱迪生的话：多数人分不清什么是机会，因为机会总是披着工作的外衣。

第二节　养成健全人格　塑造通用职业素养

职教故事

做不做假账呢？

陈同学，某职业技术学院会计专业，就职温州东茂公司多年，由于工作努力踏实，从出纳做到了主办会计。商场变幻莫测，公司因产品销售不畅，新产品研发受阻，预计本年度将发生800万元亏损。刚刚上任的公司总经理责成主办会计陈同学想办法实现当年盈利目标，并说："实在不行，可以对会计报表做一些会计技术处理。"陈同学很清楚公司本年度亏损已成定局，要落实总经理的盈利目标，只能在财务会计报告上做手脚。她感到左右为难：如果不按总经理的意见去办，自己以后在公司不好待下去；如果照总经理的意见办，自己也有风险。为此，陈同学思想负担很重，不知如何是好。经过几天的深思熟虑，陈同学做出了判断和决定：把利害关系跟总经理阐述清楚，自己会想尽办法在会计准则范围内提高利润，但如果做假账被查出来，不仅自己要承担刑事责任，总经理更是首当其冲。如果是一个明理的上司肯定会收手；反之，如果还是一意孤行，这样的公司待下去也是耽误自己的职业生涯。想通了以后，陈同学如释重负！

一、人格养成

人格是指人的性格、气质、能力等特征的总和，也指个人的道德品质和人作为权利、义务的主体的资格。而人格魅力则指一个人在性格、气质、能力、道德品质等方面具有的很能吸引人的力量。在今天的社会里，一个人能受到别人的欢迎、容纳，他

实际上就具备了一定的人格。良好的人格特征包括妥善的为人处事方式、广泛的兴趣爱好、幽默的性格等因素。

大学生完善的人格指的是人格构成诸要素——气质、能力、性格和理想、信念、人生观等方面的均衡发展。大学生的人格养成要体现在良好的道德素质，综合的文化素质，和谐的人际关系，健康的心理状态，彬彬有礼、温文尔雅的礼仪形象上。同时还要体现在学会感恩父母，学会承担自己在学校在家庭的责任和义务，学会感受为他人服务的快乐，学会在乎每一个人，学会尊重每一个人上。

二、诚信正直

人有长幼、性别、贫富、地位、性格之别，发展机遇和生存环境也各不相同，但是在言谈举止、为人处世之中，却处处能够反映出一个人的道德品质和修养。在众多的道德操守中，诚信正直堪称做人的基本准则。

诚信正直是一个人应有的美德，也是一个人的立身之本，是社会得以维系的基础。就人的自身而言，诚实待人，正直处世，可以使人心胸坦荡，正义凛然，少费了许多心机，可以用更多的时间和精力去干一些正当的有意义的事，有利于树立自己的信誉，有利于自己的发展，有利于社会的进步。这可能也是君子与小人的最大区别，所谓"君子坦荡荡，小人长戚戚"。虚伪奸诈的小人，常常用尽心机，劳神费力地去算计别人，到头来总是会暴露无遗，信誉全失，害人害己，得不偿失。从交际的角度讲，诚信正直具有强大的亲和力，与朋友交往可以减少别人的防范心理，给人可以信赖之感。

一个人的诚信正直，可以在他的各个方面的行为中得到体现，它是内在品格的外在化表现。你的表现应当是可以预见的，因为你的选择及你的行动，一直都没有也根本不会背离你的原则与价值观。诚信正直不是不会犯错误，而是犯了错误之后你依然能坦然地以一贯的正直的态度承认错误并请求别人的谅解。对人以诚信，人不欺我；对事以诚信，事无不成。

一个诚信正直的人获得发展的机会可能不如弄虚作假、投机钻营的人来得快，但那些利欲熏心的人在得到金钱、地位和满足的同时，已经丢掉了自己做人的品格，显得猥琐而渺小，诚信正直的人获得的成功才是一种真正的成功，即使是小的成就也总是显得那么坦荡而自然。可见，做到了诚信正直，才是一个顶天立地的人，才是一个大写的人。

三、追求卓越

（一）要做就做最好

一项工作，做到最好才算好。比如你得了 80 分，要想办法达到 85 分，达到 85 分了，再想办法达到 90 分，然后是 95 分、100 分，不断努力，不断在否定中提高自己，直至做到最好。

我们对待工作，绝不要抱着无所谓、马马虎虎、得过且过的态度。面对每份工作都应积极开动自己的大脑，勇于承担责任，不为失败找借口，不让抱怨成习惯，每个环节都力求完美，那么结果一定是最好的。

（二）多做事情，少问问题

这是一种敬业精神，对上级的托付能够立即采取行动，全心全意去完成任务——"把信交给加西亚"。上级交给你一个任务，就是给你一个目标，至于采取什么方式去实现目标，那就是员工应该考虑的问题。目标是虚的，而执行力却是由实实在在的工作组成的，如果领导交给员工的工作，员工都能不多问一句地完成好，这样的员工还怕没有成功的那一天？

（三）没有任何借口

接受了任务就意味着做出了承诺，而完成不了自己的承诺是不应该找任何借口的。可以说，工作就是不找任何借口地去执行。思想影响态度，态度影响行动，一个不找任何借口的员工，肯定是一个执行力很强的员工。无论在什么样的工作行为上，都要对自己的工作负责，不要用任何借口来为自己开脱或搪塞。

"拒绝借口"应该成为所有企业追求完美的最有力的保障，它强调的是每一位员工都应该对自己的职业行为准则奉行不渝，没有任何借口地坚定执行。不以任何借口为理由并不是最终的目的，这种要求是为了让个人学会应对压力和挑战，培养自己不达目的决不罢休的毅力。

（四）注重细节

中国伟大的思想家老子曾说："天下难事，必作于易；天下大事，必作于细。"细节到位，执行力就不成问题。因此，作为员工，应把做好工作当成义不容辞的责任，要认真对待，注重细节，来不得半点马虎与虚假。

看不到细节，或者不把细节当回事的人，对待工作就会缺乏认真的态度，对事情只能是敷衍了事。他们只能永远做别人分配给他们做的工作，甚至即便这样也不能把事情做好。而考虑到细节、注重细节的人，不仅认真对待工作，将小事做细，而且注重在细节中找到机会，从而使自己走上成功之路。

【体验活动】打造个人品牌

品牌是一种识别标志、一种精神象征、一种价值理念，是品质优异的核心体现。个人品牌体现了个人在别人心目中的价值、能力以及作用，是职业生涯中的第二个自我。个人品牌对个人职业生涯有着长远而深刻的影响。良好的个人品牌，有助于把别人对你的看法变成职业发展的机会。

建立个人品牌，首先要进行"品牌定位"，弄清楚你擅长什么，想要什么，你的价值在哪里。每个人都有他内蕴的精华，通过观察和分析，发现自我亮点，找出自己独有的个性、特长或优势，然后把自己的个性、激情、经历都融入品牌定位中。现在，试着给自己进行品牌定位：

个人品牌 = 我是谁 + 我的愿景

我是谁：_____

我的愿景：_____

人才市场卖点：_____

用几个词描述出你的特色：_____

每个人都具备不同的特质，个人品牌就是要充分展示出个人独特内涵中最有价值、最有影响力的那一部分。你的竞争优势在哪里，你的个人品牌价值就在哪里。

用几个词描述你的独特竞争优势：_____

在建立个人品牌的过程中，要注意寻找到一些可以强化自身品牌的识别标志。这些识别标志可以帮助别人更好地理解个人品牌所传达出来的信息，加强品牌信息的有效送达和有效接收。

最吸引人的形象或符号设计是：_____

如果说品牌最核心的东西是质量保障，那么个人品牌最重要的就是品质保障。在打造个人品牌的过程中，我们可以借助各种手段来扩大自己的影响力，加强别人对你的认知。

你的个人网站构想（微博或QQ）：_____
你的个人光盘构想（宣传页或手册）：_____
关于你的新闻报道设计：_____
关于你的光辉故事设计：_____
关于你的社会交往规划：_____

需要注意：忽视人品修养，过分追求其他都是无实质意义的。真正的个人品牌在于我们内在的人品。

第三节 领悟职业道德 锻造专业职业素养

职教故事

李同学的自我管理素养

某职业技术学院茗雅茶艺社接到了一个特殊的任务：在浙江财经大学女教授团拜会上提供茶事服务和茶艺表演。这对茶艺社的同学来说是一个走出去服务实践的机会，一个学以致用的机会。

前期，服务队员要做好必要的知识和技能准备，而表演队员则要准备好表演道具和表演节目。在前后长达两周的练习时间里，面对寝室里温暖被窝的诱惑，面对室外凛冽寒风的考验，部分同学开始产生懒惰情绪。这部分同学没有时间观念，迟到或早退，东摸摸西碰碰，宝贵的时间偷偷地溜走了。但也有一部分同学准备工作做得相当好，特别值得一提的是旅游专业的李同学。她本次负责的是新娘茶艺的表演，每一次，她总是第一个到茶艺室，一遍遍试验如何完美地布具，一遍遍巩固新娘茶的操作流程。规定时间不够用，她就主动找我拿钥匙，自己晚上再过来练习。功夫不负有心人，最后李同学等几位准备充分的同学参加了本次团拜会的活动，茶艺社同学的服务和表演获得了浙江财经大学书记、院长和老师们的好评，她们出色而圆满地完成了任务。

在我们的学习生活中，我们都期许鲜花和掌声，展望着美好的未来。然而，面对目标，更需要加强自我管理，树立时间观念，增强具体的计划和执行能力。

一、敬业乐业

（一）敬业

1. 何谓敬业

没有哪个成绩斐然的员工不深爱自己的工作，没有哪个连连升职的员工不珍视自己的工作。个人的成就必然与不懈的奋斗相关，而敬业的精神更是无私、坚韧、热忱、智慧、群体荣誉等全部光辉的集中体现。

所谓敬业，就是敬重自己的工作，将工作当成自己的事，其具体表现为忠于职守、尽职尽责、认真负责、一丝不苟、一心一意、任劳任怨、精益求精、善始善终等职业道德。

我国著名的思想家、教育家孔子曾经提倡"执事敬，与人忠"的道德规范，教导我们做事与做人应表里如一，无论做什么事都应全身心投入，全神贯注，做到尽心尽力，尽职尽责。这就体现了敬业精神。

敬业不是一辈子只做一份工作，而是表现为对工作一丝不苟，忠于职守，尽职尽责，善始善终。简单地说就是尊重自己的工作，将工作当作自己的事，一定要做好。

敬业并不仅仅是有利于你工作所在的单位和老板，真正的最大受益者是自己。养成对事业高度的责任感和忠诚感，你会成为一个值得信赖的人，可以被委以重任的人，这种人永远不会失业。如果一个人缺乏忠诚敬业的态度，必将影响到他的今后，甚至影响他的一生。

敬业是一种职业道德，它包含了对自己工作的一种使命感和责任感。"干一行，爱一行"是人们工作的出发点。

2. 不敬业的典型表现

（1）不求有功，但求无过。做事情总是不主动去做，从不去多做一点，认为多做就有可能多出错，干脆少做事或不做事。

（2）三心二意，敷衍了事。有的人每天上班只是人来了而心没来，工作无精打采、心不在焉，白白浪费大好时光。

（3）明哲保身，怕负责任。做的工作越多，意味着担负的责任越重。所以，干脆只要做好自己的事情就可以了，其他的事情能不管就不管、能推则推。

3. 敬业的标准

（1）敬业到位。每个企业都会明确规定员工的工作范围和职责范围。首先必须保证做好自己的本职工作。同时，责任边界总是会有交叉的地方，同事之间、上下级之间在责任边界上会经常存在模糊地带，这个时候，往往需要自己积极主动，多承担一些责任，不能存在责任的空白区。这是敬业到位的基本要求。

敬业不到位自然就是缺位。积极主动地工作往往能够使你的工作成果更加突出；相反，如果工作不积极主动，许多工作都做不到位，换来的是不合格的工作效果。领导、同事都能看到你的行为的。

（2）敬业彻底。一个人一时的敬业很容易做到，要做到在工作中始终如一，将敬业当作一种习惯却是难能可贵的。

4. 如何做到敬业

（1）珍惜每一个工作机会。一个成功者是不会错过任何一个学习机会的，即使在店里扫地的时候，也会观察老板是怎样接待顾客的。

（2）找准自己的位置。作为一名员工，无论你干什么工作，不管保安、专业技术人员，还是中层管理者，不论职位高低、轻重、贵贱，成功的关键就是找准自己的位置，行为与自己的位置相符合，并且让你的领导知道你、认可你。很多人认为，领导的眼睛是亮的，员工如果工作好，领导迟早会看到的。其实，情况往往不是这样，很可能你工作相当出色，而领导根本不知道。如果是这样，你既不能怨天怨地，也不用怨命。

（3）行动是最可贵的。无论是怎么样的结果都只有在真正行动之后才会出现，这是任何人，特别是一个公司员工在面对自己从来没有做过的项目的时候应该牢牢记住的一点。

（4）尽职尽责地做好每一件事。一个人无论从事何种职业，都应该尽心尽责，尽自己的最大努力，取得不断的进步。这不仅是工作的原则，也是人生的原则。如果没有了职责和理想，生命就会变得毫无意义。无论你在什么工作岗位上，如果能全身心投入工作，忘我工作，就一定会取得成就。

一位总统在学校做演讲时说："比其他事情更重要的是，你们需要知道怎样将一件事情做好；与其他有能力做这件事的人相比，如果你能做得更好，那么，你就永远不会失业。"

一位哲学家说过："不论你手边有何工作，都要尽心尽力地去做！"

（5）每天多做一点。每天多做一点工作会让你比别人多付出一些，但同样，你得到的回报也会比别人多一些，你会赢得良好的声誉，增加他人对你的信赖和关注，获得晋升和加薪。

（6）要把事情做在前面。每个员工都想获得升迁，每个员工都想获得更多的薪水和奖金，与其说决定权在上司那里，还不如说掌握在自己手里。

敬业的最高标准是：你要把事情做在前面。10分 = 创造者或者把事情做在前面的人；5分 = 努力认真地做好本职工作；1分 = 我已经超负荷工作了。由此可见，把事情做在前面是评价一个员工是否敬业的关键标准。

（7）集中一切精力。职业人应当把精力集中在工作和事业上，随时随地学习、提高，集中的精力越多，工作起来也就越觉得容易。

歌德说过："你适合站在哪里，你就应该去站在那里。"这是给那些三心二意的人最好的忠告。

（二）乐业

1. 何谓乐业

乐业，就是安于职守，乐于效力，以工作为乐。乐业是一个有关幸福的范畴，是描述人们的工作是否能给人以幸福或快乐。

高尔基说："工作是一种乐趣时，生活是一种享受！工作是一种义务时，生活则是一种苦役。"

梁启超说:"我确信'敬业乐业'四个字,是人类生活的不二法门。人生能从自己职业中领略出趣味,生活才有价值。"

子曰:"知之者不如好之者,好之者不如乐之者。"

"乐业"即寻找到工作的乐趣,尽力把工作做到尽善尽美,以便找到工作的真正意义并发挥自己最大的潜能。乐业的力量很大,《资治通鉴》说:兵精足用,英雄乐业,当横行天下。有了"乐业"思维,人们就会对工作充满激情,不断挑战艰巨的任务,使自己的知识和技能持续得到快速提升,最终获得事业上的成功,成就企业以及自己的"伟业"!

人们应该像孔子一样,"其为人也,发愤忘食,乐以忘忧,不知老之将至云尔。安其居,乐其业。"抱着一份怡然的心态,工作也是一种乐趣,在快乐中工作,成功自至。

2. 乐业的表现

乐业主要体现在职业情感和职业行为两个方面。

职业情感是对所从事的工作的好恶、倾慕和鄙夷的情绪与态度。从内心的情感来说,热爱一项工作,就意味着对它有一种崇高的职业尊严感和荣誉感、明确的事业心和成就感,有信心和自尊心,始终深信自己的工作是有益于国家、有益于民族、有益于他人的。

从事一项工作,应对它抱有浓厚的兴趣,倾注满腔的热情,把它看作一种乐趣,看作人生活中不可缺少的内容,并在刻苦奋斗后取得成就时感到无比的兴奋和快乐。学者梁启超说过"乐业即是趣味",人生能从自己的职业中领略趣味,生活才能有价值。

内心的职业情感必然表现在具体的职业行动之中。职业行动是人们在职业活动中的所作所为。对所从事的职业和岗位的热爱,必然具体体现在日常的工作态度和工作作风上,把乐业的思想通过职业行动表现出来。被誉为新时期时传祥式的模范群体的徐州下水道四班,30 年来在艰苦的作业条件下,以"宁肯一人脏,换来万人净"和"辛苦我一人,造福千万家"的崇高精神,以苦为荣,以苦为乐,尽职尽责,无怨无悔,默默奉献。他们的工作受到社会和广大群众的广泛赞誉和尊重,在平凡的岗位上创造了不平凡的业绩。

3. 学会乐业

天下第一等苦人,莫过于无业游民,终日闲游浪荡,不知把自己的身子和心子摆在哪里才好,他们的日子真难过。

第二等苦人,便是厌恶自己本业的人,这件事分明不能不做,却满肚子不愿意做。不愿意做能逃得过吗?到底不能。结果还是皱着眉头,哭丧着脸去做。

在我们的生活中,工作占一天 1/3 的时间,是人生的重要组成部分。既然人生大部分时间都在与工作打交道,更应该学会以工作为乐,享受工作。

(1) 以正面的态度接受工作的辛苦、压力甚至枯燥乏味。如果认为工作就是工作,每天做同样的事情,每天看同样的脸孔,每天听同样的抱怨……根本没有前途可言,所以对工作很失望,那你可能会决定开始混日子,只求多一事不如少一事,这样的结果对你与公司都不好。换一个角度想,没有人说工作一定非得有趣不可,它只是非做不可罢了,既然一定要做,当然有可能遇到瓶颈,如果自己不愿意去改善,成天鬼混也可以,但这并不会让工作变得更加有趣,反而只会让它更加乏味。

大学生可以这样做:

①从工作中发掘乐趣,试着用工作满足你心灵的需求;

②以愉快的心情处理工作上琐碎乏味的事，让它成为日常工作的一部分；

③珍惜你所有表现杰出的时刻，即使别人不认同，你仍应为自己感到光荣；

④工作再怎么无趣，工作本身或者因工作接触的人也仍有值得你学习的地方；

⑤想想你的未来，今天的经验都将成为明日的基石。

（2）让脚步慢下来。每天早上，地铁是拥挤不堪的上班族，公交车站是等得着急的上班族，马路上是行色匆匆的上班族，有的为了赶上单位的打卡时间，还得气喘吁吁地一路小跑……对于大多数人来说，快节奏的生活让身处这个社会的你感到很是劳累，又有何快乐可言？

其实，生活原本不必如此。在每天的生活中，不妨留心身边正在发生的事，可以遛遛小狗，可以愣一会儿神，可以偶尔发个呆，可以优哉游哉地拎着小包悠闲地逛街，可以给自己找个好地方慢慢地吃午餐，而不用着急赶去上班……放慢脚步，享受美好的生活。

（3）摆脱工作观念的束缚。人们的工作观念不是亘古不变、始终如一的，它们随着社会主流思想的变化而变化。因此，没有法律或者道德上的义务去遵守那些毫无益处的观念和行为。事实是，成功和效益不需要严阵以待的严肃态度。

摆脱一些工作观念的束缚后，你会意识到，不仅控制、冷静和权力可能带来成功，快乐同样可以做到。每个人都有童真的一面，经常被忽略的一面。释放你的童真，快乐地玩耍，展现真实的自己，你会发现工作中的快乐。

（4）保持工作与快乐的平衡。工作也许很复杂，快乐其实很简单。

工作需要快乐，快乐也离不开工作，在两者完美结合时，快乐增加了工作的价值、趣味和利润。调整心态，对工作充满激情；为成功勾画蓝图；高效做事；建立和谐的人际关系；具备较高的工作能力；化压力为动力；保持工作与快乐的平衡，保持事业与生活的平衡，快乐地工作并且享受生活。

二、职业学习能力

根据职业能力的定义，职业能力是在学习和掌握知识、技能，并具备了一定的态度和经验的基础上形成的。那么，提升职业能力应该从知识、技能和态度三个方面着手。

（一）知识的学习

知识的学习是职业能力形成和发展的第一个阶段。在这个阶段中，新信息进入短时记忆，与来自长时记忆的原有知识建立一定的联系，并纳入原有的知识网络，从而得到理解。另外，个体学习的内在动机能够促使个体积极主动地将新知识同化于原有的认知结构中，并使这种学习真正成为有意义的学习。个体通过类属、归纳及并列、结合等内在同化过程获得知识，并且运用记忆规律促进知识的保持，用所学知识解决类似或同类课题，做到知识的迁移。

（二）技能的学习

技能是指个体在特定目标指引下，通过练习而逐渐熟练掌握的对已有的知识经验加以运用的操作程序。技能的学习要以程序性知识的掌握为前提，一般通过感性认识（看或听)、模仿(学习)、练习反馈等过程由不会到会到熟练,从而达到自动化式的定型。

(三) 态度的培养

个体对职业不同的态度决定着个体不同的认识和情感,而且还会影响个体在职业中的不同表现。态度不是先天就有的,而是社会性学习的结果。在家庭、社会和学校等不同情境的作用下,通过他人的社会示范、指示或忠告,将社会的要求内化为自己的态度,并会在一定条件下产生迁移和改变。

(四) 知识、技能、态度的内化迁移与整合

知识、技能、态度等的习得或应用,并不等于已具备了职业能力。职业能力的形成和发展,必须参与特定的职业活动或模拟的职业情境,通过对已有的知识、技能、态度等的内化迁移,并得到特殊的发展与整合,才能形成职业能力。

三、职场礼仪

(一) 怎么"穿"

1. 着装

初入职场的着装,最关键的就是做到适合,既适合你的身材和工作性质,又和公司的整体着装风格相符(如图 6-1 所示)。所以,要做一个有心人,经常留意身边大多数同事的着装,相信你就会把握住适合你的着装风格,从而帮助你以最快的速度,融入你所在的团队中,与同事和谐相处。

2. 饰品

饰品要少而精。适当地搭配一些饰品无疑会给你的形象锦上添花,但搭配饰品也应讲求少而精,一条丝巾,一枚胸花,就能恰到好处地体现你的气质和神韵。应避免佩戴过多、过于夸张或有碍工作的饰物,让饰品真正有画龙点睛之妙(如图 6-2 所示)。

图 6-1 着装

图 6-2 饰品

(二) 怎么"行"

1. 微笑

人与人相识,第一印象往往是在前几秒钟形成的,而要改变它,却需付出很长时

间的努力。良好的第一印象来源于人的仪表谈吐,但更重要的是取决于他的表情。微笑则是表情中最能给人以好感,增加友善和沟通,愉悦心情的表现方式,也是人与人之间最好的一种沟通方式。

2. 站姿

正确的站姿是抬头,目视前方,挺胸直腰,肩平,双臂自然下垂,收腹,双腿并拢直立,脚尖分开呈"V"字形,身体重心放到两脚中间;也可两脚分开,比肩略窄,双手交叉,放在体前或体后(如图6-3所示)。站立开会时,男员工应两脚分开,比肩略窄,双手合起放在背后;女员工应双脚并拢,脚尖分开呈"V"字形,双手合起放于腹前。

图6-3 站姿

3. 坐姿

男士:入座时要轻,至少要坐满椅子的2/3,后背轻靠椅背,双膝略分开。身体可稍向前倾,表示尊重和谦虚。

女士:入座时应用手背扶裙,坐下后将裙角收拢,两腿并拢,双脚同时向左或向右放,两手叠放于腿上。如长时间端坐,可将两腿交叉叠放(如图6-4所示)。

图6-4 女士坐姿

（三）怎么"做"

1. 接电话

在接听电话时你所代表的是公司而不是个人，所以不仅要言语文明、音量适中，更要让对方能感受到你的微笑。同时，也不要忘记每一个重要的电话都要做详细的电话记录，包括来电话的时间、来电话的公司及联系人、通话内容等，这样才能为将来开展业务奠定良好的基础。

2. 迎送礼仪

当客人来访时，你应该主动从座位上站起来，引领客人进入会客厅或者公共接待区，并为其送上饮料。如果是在自己的座位上交谈，应该注意声音不要过大，以免影响周围同事。切记，始终面带微笑。

3. 名片礼仪

递送名片时应用双手拇指和食指执名片两角，让文字正面朝向对方，接名片时要用双手，并认真看一遍上面的内容。如果接下来要与对方谈话，不要将名片收起来，应该放在桌子上，并保证不被其他东西压起来，这会使对方感觉你很重视他。参加会议时，应该在会前或会后交换名片，不要在会中擅自与别人交换名片。

4. 介绍礼仪

介绍的礼仪是行为大方得体。介绍的原则是将级别低的介绍给级别高的，将年轻的介绍给年长的，将未婚的介绍给已婚的，将男性介绍给女性，将本国人介绍给外国人。

（四）怎么"说"

新人面对全新的职场文化，要学会恰如其分地应对进退，并且懂得如何避免经常说错话。

1. 多看

把相关情形看清楚，再去做综合判断。比如在会议中，你明知道资深同事的发言中有错误，跟老板交代的不一样，但不需要马上当众把错误揪出来。

一方面是因为你对公司文化还不够了解，另一方面是因为资深同事掌握的信息比你多。因此，当你对事情的掌控还没有十足把握，不用急着表达意见，搞不好会弄巧成拙。

另外，新人可以试着用书面文字表达意见，因为用口语面对面跟资深同事沟通的方式会没有缓冲，而且你沟通的态度或口吻，或许会影响到你与同事以后的关系。

2. 多问

要适时、适当虚心请教。如果不问，当你说错话时，被责难的概率会比较大。但当你问了，说错话时，至少还有保障空间。

问也要有技巧，有些资深同事比较没有耐心教新人如何应对进退，新人也怕言多必失，所以要先观察资深同事适合怎样的问话方式。例如，有的人喜欢直接问话方式，有的人比较能接受迂回问话方式。

【体验活动】职业礼仪训练

假设你要应聘一个职位，请你按职位要求准备着装，对着镜子，做一个三分钟的自我介绍，中英文各演练一遍，有条件的可以录音。看镜子，观察自己的表情、眼神、站姿、坐姿、手势语等细节是否自然大方。听录音，注意语速、语调、用词和时间控制等细节是否流利完整。通过这种练习，寻找面试的感觉。

应聘职位：

着装情况：

自我介绍内容：

表情修正：

眼神修正：

坐姿修正：

站姿修正：

手势修正：

语速修正：

语调修正：

用词修正：

时间控制：

【实践拓展】制作你的个人修养名片

根据你对自己的了解或拟定个人看重的修养内涵，给自己画几张能代表自己品德修养的名片，内容和形式不限。

利用你手中的名片，去寻找与自己比较相像的同学，交换名片，沟通个人对品德修养内涵的理解。

HR提问

未来的你入职后,带领着团队正在很努力地研发一个新的项目,但是在进展过程中,出现了难题和瓶颈,公司以时间过长和耗费资金过多为由,计划取消项目,这时作为团队负责人的你,会如何做?

专家视角

一、塑造积极心态的方法

美国成功学学者拿破仑·希尔在《成功之路》中提到心态的意义时说过这样一段话:"人与人之间只有很小的差异,但是这种很小的差异却造成了巨大的差异!很小的差异就是所具备的心态是积极的还是消极的,巨大的差异就是成功和失败。成功是由那些抱有积极心态的人所取得的,并由那些以积极的心态努力不懈的人所保持。"

1. 消除脑海中的消极因素

切断与自己过去失败经验的所有联系,消除脑海中和积极心态背道而驰的所有不良因素。

2. 追寻你的目标

找出自己一生中最希望得到的东西,并立即着手去得到它,借着帮助他人得到同样好处的方法,去追寻自己的目标,如此一来,便可将多付出一点点的原则,应用到实际行动之中。

确定需要的资源之后,便制订得到这些资源的计划,然后所订的计划必须不要太过度,也不要太不足。别认为自己要求得太少,记住:贪婪是使野心家失败的最主要因素。

3. 日行一善保无忧

培养每天说或做一些使他人感到舒服的话或事,你可以利用电话、明信片,或一些简单的善意动作达到此目的。例如给他人一本励志的书,就是为他带一些可使他的生命充满奇迹的东西。日行一善,可永远保持无忧无虑的心情。

4. 训练寻找与挫折等值的积极面

打倒你的不是挫折,而是你面对挫折时所抱的心态,训练自己在每一次不如意中,都能发现和挫折等值的积极面。务必使自己养成精益求精的习惯。应该记住:懒散的心态,很快就会变成消极心态。

5. 帮助他人解决问题

当找不到解决问题的方法时,不妨帮助他人解决他的问题,并从中找寻自己所需要的方法。在帮助他人解决问题的同时,你也正在洞察解决自己问题的方法。

6. 与你冲撞过的人联络

彻底地"盘点"一次自己的财产,你会发现你所拥有的最有价值的财产就是健全的思想,有了它你就可以自己决定自己的命运。和自己曾经以不合理态度冒犯过的人联络,并向他致上最诚挚的歉意。这项任务愈困难,你就愈能在完成道歉时,摆脱掉内心的消极心态。

7. 改掉你的坏习惯

我们在这个世界上到底能占有多少空间，是和我们为他人利益所提供之服务的质与量以及提供服务时的心态成正比例关系的。改掉你的坏习惯，连续一个月每天禁绝一项恶习，并在一周结束时反省一下成果。如果你需要顾问或帮助，切勿让自尊心使你却步。

8. 控制你自己

自怜是独立精神的毁灭者，你要相信自己才是唯一可以随时依靠的人。把一生当中所发生的所有事件，都看作是激励自己上进而发生的事件，因为只要能给时间圆润你的烦恼的机会，即使是最悲伤的经验，也会为你带来财产。放弃想要控制别人的念头，在这个念头摧毁你之前先摧毁它，把你的精力转而用来控制自己。把全部思想用来做自己想做的事，而不要留半点思维空间给那些胡思乱想的念头。

9. 向生活索取合理的回报

用感谢已拥有的生活来调整自己的思想，以使它为你带来想要的东西。向每天的生活索取合理的回报，而不要光等着回报跑到你的手中，你会因为得到许多所希望的东西而感到惊讶——虽然你可能一直都没有察觉到。

10. 保持健康状态

使自己多多活动以保持健康状态，生理上的疾病很容易造成心理的失调，身体应和思想一样保持活动，以维持积极的行动。增加自己的耐性，并以开阔的心胸包容所有事物，同时也应与不同种族和不同信仰的人多接触，学习接受他人的本性，而不要一味地要求他人照着你的意思行事。

11. 付出你的爱

爱是生理和心理疾病的最佳药物，爱会改变并且调节体内的化学元素，以使它们有助于你表现出积极心态，爱也会扩展你的包容力。接受爱的最好方法就是付出你的爱，以相同或更多的价值回报给你好处的人，"报酬增加律"最后还会给你带来好处，而且可能会给你带来所有你应得到的东西的能力。记住，当你付出之后必然会得到等价或更高的东西。

12. 目标的力量胜过任何限制

参考别人的例子提醒自己，任何不利情况都是可以克服的。虽然爱迪生只接收受三个月的正规教育，但他却是最伟大的发明家。虽然海伦·凯勒失去了视觉和说话能力，但她却鼓舞了数万人。明确目标的力量必然胜过任何限制。

13. 接受善意的批评

对于善意的批评应积极地接受，而不应消极地应对。借着学习他人如何看待你的机会做一番反省，并找出应该改善的地方，别害怕批评，你应勇敢地面对它。

14. 以强烈的欲望驱动你的目标

分清楚愿望（Wishing）、希望（Hoping）、欲望（Desiring）以及强烈欲望（A Burning Desire）与达到目标之间的差别，其中只有强烈的欲望会给你驱动力，而且只有积极心态才能供给产生驱动力所需的燃料。避免任何具有负面意义的说话形态，尤其应根除吹毛求疵、闲言闲语或中伤他人名誉的行为，这些行为会使你的思想向消极面发展。

15. 锻炼你的思想

锻炼你的思想，使它能够引导命运朝着你希望的方向发展。随时随地都应表现出真实的自己，没有人会相信骗子的。相信无穷智慧的存在，它会使你掌握思想和导引思想进行奋斗所需要的所有力量。

16. 信任与你共事的人

相信你所拥有的解放自己并使自己具备自决意识的能力，并借着这种信心作为行事基础把它应用到工作上，现在就开始做！信任和你共事的人，并确认如果和你共事的人不值得你信任时，就表示你选错人了。

当学会上文所要求的良好习惯并且调整好自己的思想之后，你的心态便会随时处于积极状态。

二、决定职业生涯成功的正能量

1. 决心

决心是最重要的积极心态，是决心而不是环境在决定人们的命运。

2. 企图心

企图心，即对达成自己预期目标的成功意愿。要想成功，仅仅有希望是不够的。

3. 主动

被动就是将命运交给别人安排，消极等待机遇降临，一旦机遇不来就没办法。凡事都应主动，被动不会有任何收获。

4. 热情

没有人愿意跟一个整天都提不起精神的人打交道，没有哪一个领导愿意去提升一个毫无热情的下属。

5. 爱心

内心深处的爱是一个人一切行动的源泉。不愿奉献的人，缺乏爱心的人，就不太可能得到别人的支持；失去别人的支持，离失败就不会太远。

6. 学习

信息时代的竞争，已经发展为学习力的竞争。信息更新周期已经大大缩短，危机每天都伴随我们左右。

7. 自信

什么叫自信？自信就是眼睛尚未看见就相信，其最终的回报就是能够真正看见。

建立自信的基本方法有三个：一是不断地取得成功；二是不断地想象成功；三是将自己在一个领域取得成功的"卓越圈"，运用心理技术移植到自己需要信心的新领域中来。

8. 自律

人人崇尚自由，然而，自由的前提是自律。成功需要很强的自律能力，往往还需要人们为此付出代价。比如，有时候需要人们暂时与家人分离，去外地推销产品。

9. 顽强

在追求成功的过程中，一定会遇到许多艰难、困苦、挫折与失败。成功有三部曲：

第一,敏锐的目光;第二,果敢的行动;第三,持续的毅力。用敏锐的目光去发现机遇,用果敢的行动去抓住机遇,用持续的毅力把机遇变成真正的成功。持续的毅力就是一个人顽强的意志力。

10. 坚持

假使成功只有一个秘诀的话,请问那会是什么?那应该是坚持!

第七章

职业能力自我管理

本章导图

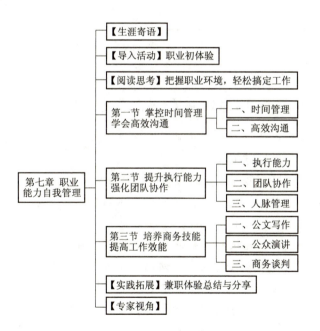

生涯寄语

道德是做人的根本。根本一坏,纵然你有一些学问和本领,也无甚用处。

——陶行知

【导入活动】职业初体验

职业是指具备劳动能力的个体,运用自身的知识、技能与态度,从事社会生产服务，为社会创造物质财富与精神财富，并获取合理的个人报酬，以满足自身的物质与精神需求的持续性活动。对大学生来说，职业是实现自身职业规划目标的载体。

职业探索，是对你喜欢或要从事的职业进行理论分析和实际调研的过程，目的是对目标职业有充分的了解，并在明确和职业的差距中制定求职策略。

在大学学习期间，你有很多与社会接触的机会，如实习、勤工俭学，请将你的这些"职业初体验"记录下来。

1. 该项工作的主要工作内容。

2. 你从事该项工作的主要收获和体会。

3. 经过工作之后，你如何在以后的学习、生活、实践中进行改进？

阅读思考

把握职业环境，轻松搞定工作

戴同学，某职业院校体育与科学专业，是一名东北女孩，迈入大学伊始，她就给自己定了目标：毕业要找份好工作。

"就业难"是大学生热点话题，戴同学认为"就业难"的根本原因在于大学生对就业市场缺乏足够的了解，与用人单位之间信息不对称，不了解用人单位的需求，导致盲目地求职择业，不能有效地把握机会。

基于这种判断和认识，她从大二就开始有意识地加强对就业市场和就业环境的了解。她经常浏览人才网站和学校就业中心网站，了解最新的就业信息与形势政策；她还经常关注与自己专业对口的用人单位，搜集并研究其招聘信息和招聘要求。

面临毕业的时候，她通过分析积累的各种信息，结合自己实际，很快确定了自己的求职目标。经过一个月的充分准备，她在目标单位组织的招聘考试中取得第一名，高效搞定自己心仪的第一份工作。

总结大学历程，戴同学认为自己的成功经验有三点：一是脚踏实地地从基础开始，慢慢积累就业所必需的基础知识；二是一点一滴地做好就业准备，把握人才市场的动态需求；三是按用人单位的需求提升自己的素质和能力。

请思考戴同学成功的主要因素有哪些。

点评：

了解职业与发展环境，是职业规划的重要环节。职业是大学生职业生涯规划的出发点和归结点。而职业发展环境是大学生进行职业生涯规划的重要依据，是实现职业理想的必要条件。科学分析职业环境，合理利用各种信息资源，将会使职业发展更加顺利。总之，对职业本身的认知和对职业环境的有效分析，是大学生合理规划职业生涯的保障。

第一节　掌控时间管理　学会高效沟通

职教案例

两次"迟到"的代价

王同学，某职业技术学院软件专业，成绩排名前二。她参加了杭州规模比较大的一家软件企业的招聘考试，考试成绩优秀，单位人事主管通知他第三天来单位参加面试。到了面试的那天，王同学由于不太熟悉路线，换乘公交后到单位时迟到了。那天王同学的面试情况很不错，单位人事主管通知他说，单位基本确定录用他，年薪是12万元（起薪排名靠前），让他一周后正式来单位报到，并让他千万不要再迟到。王同学非常高兴，连连答应不会再有迟到情况发生。到了去单位正式报到的那一天，王同学考虑到那天面试时迟到的情况，特意提前了半小时出发。可是，意外发生了，路上发生了罕见的堵车情况。王同学想尽了各种办法，最后还是迟到了。第二天，人事主管通知他说，公司经过慎重考虑，最后决定不录用他。公司认为，一个人如果连准时上班这样简单的事情都做不到，要认真做好本职工作是不太可能的。王同学最后对我说："单位录用我本来是板上钉钉的事情，主要是自己思想上还是没有真正重视迟到这等小事，才因此付出了沉重代价。"

一、时间管理

时间管理技能被称为当今职业人的三大核心技能之一，是一个人职业化素养的重要体现。时间管理就是用技巧、技术和工具帮助人们完成工作，实现目标。时间管理并不是要把所有事情做完，而是更有效地利用时间。时间管理的目的除了要决定你该做些什么事情，还有一个很重要的目的是决定什么事情不应该做。时间管理不是完全地掌控，而是降低变动性。时间管理最重要的功能是将事先的规划，作为一种提醒与指引。时间管理是大学生需要注意学习的非常重要的技能，在外部压力骤减的大学时代，如何管理自己的时间决定着大学生活的成败。

大学生提高时间管理技能，要养成良好的个体习惯，要善于协调两类时间：一是他控时间，如学校安排上课、实验的时间；二是自控时间，即属于自己自由支配的时间。提高时间管理技能的具体方法有：要善于制订长期计划并编写"每日必做表"，做到时间的高效立体支配；养成使用备忘录、通信工具、交通工具等减少时间浪费的习惯；学习回避干扰的技巧，提高效率；立即行动，养成绝不怠惰和拖延的习惯；养成时时检查改进自己的时间支配效率的习惯等。

二、高效沟通

（一）沟通概述

沟通的定义是：信息凭借一定的符号载体，在个体或群体间进行传递，并获取理解的过程。沟通的内涵是信息的传递和理解。

沟通是一个过程，沟通的完整过程如图 7－1 所示。

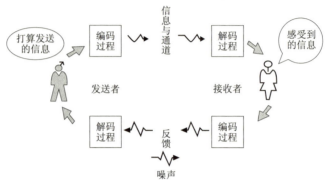

图 7－1　沟通的过程

从沟通的过程可以看出：人与人之间的沟通，不是简单的信息传递，而是通过信息载体，使沟通双方获得一致的信息和感受。信息在沟通传递过程中，并不能完全为对方所理解和把握，而是受信息接收方的主观因素影响而减少。沟通过程中的信息递减规律，称为"沟通漏斗"，如图 7－2 所示。

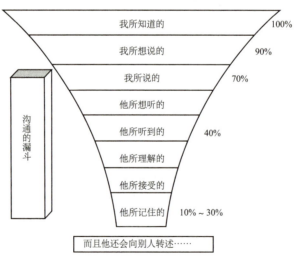

图 7－2　沟通信息的递减规律

沟通漏斗不但形象阐明了沟通信息减少的影响因素，也有助于理解不可能要求信息接收方对信息接收完全和不曲解。因此，要想提高沟通效率，改善沟通效果，除了要提高自我表达能力，还要重点了解对方及其沟通特点，这是努力的方向。

关于沟通，还有一个著名的"7、38、55 法则"：一个人决定要不要接受另外一个人所说的话，有7%来自对方所说的内容（是否易懂），有38%来自对方说话的声音和语调（是否好听），有55%来自对方的外形和肢体语言（是否顺眼）。也就是说，有效沟通中信息的理解与判断的依据，有7%是说话的内容，有38%是说话的语调，有55%是外形与肢体语言。因此，有效沟通离不开听、看、问、说四个方面。在沟通时，应尽量提高内容、声音、肢体动作的一致性，以增强沟通效果。

（二）有效沟通的基本原则

1. 目的性

有明确的沟通目标，重视沟通的准备和计划，注意时机、策略和细节，通过简洁而灵活的方式，达到你沟通的预期目标。

2. 及时性

信息具有时效性，信息只有得到及时反馈才有价值。在沟通时，不论向下传达信息，还是向上提供信息，或者与横向部门沟通信息，都应遵循"及时"原则。遵循这一原则可以使自己容易得到各方的理解和支持，同时可以迅速了解他人的思想和态度。在实际工作中，沟通常因信息传递不及时或接收者重视不够等原因而使沟通效果大打折扣。

3. 准确性

所传递的信息必须全面完整、准确无误，所用的语言和方式能为对方理解，不被受众断章取义或误解。

（三）沟通的种类

根据信息载体的不同，沟通可以分为言语沟通和非言语沟通。言语沟通建立在语言文字基础上，又可分为口头信息沟通和书面信息沟通两种形式。

1. 口头信息沟通

绝大部分的信息是通过口头传递的。口头信息沟通方式十分灵活多样，它既可以是两人间的娓娓深谈，也可以是群体中的雄辩舌战；既可以是正式的磋商，也可以是非正式的聊天。

优点：信息可在最短时间内被传送，并在最短时间内得到对方回复。如果接收者对信息有疑问，迅速地反馈可使发送者及时检查其中不够明确的地方并进行改正。

缺点：信息在传送者一段段接力式传送过程中，存在着巨大的信息失真可能性。每个人都以自己的偏好增删信息，以自己的方式诠释信息，当信息经过长途跋涉到达终点时，其内容可能会与最初的含义存在较大的偏差。

2. 书面信息沟通

书面沟通就是要先确定想要表达的主要意思，然后用合适的方式将它表达出来。不管使用何种书面沟通方式，重要的是保证表达能够被理解。

优点：能够有形展示、长期保存，可以作为法律依据，对于复杂或长期的沟通来说，这尤为重要；同时，由于要把想表达的内容写出来，可以促使人们对信息更加认真地思考，因此，书面沟通较口头沟通显得更加周密，条理清楚。

缺点：相对于口头沟通而言，书面沟通耗费时间较长，不能即时提供信息反馈，无法确保所发出的信息能够被接收到。

3. 非语言沟通

非语言沟通是指通过某些媒介而不是讲话或文字来传递信息。非语言沟通的内涵十分丰富，包括副语言沟通、身体语言沟通和物体的操纵信息沟通等多种形式。

（1）副语言沟通。一句话的真正含义，很多时候不仅取决于其表面意思，而且取决于它的弦外之音。因而，副语言分为口语中的副语言和书面语中的副语言：口语中的副语言是通过非语言的声音，如重音、声调的变化、哭、笑、停顿来实现的；书面语中的副语言是通过字体变换、标点符号的特殊运用以及印刷艺术的运用来实现的，例如某几个字加着重号或用黑体强调。

（2）身体语言沟通。身体语言沟通是指用形体语言（目光、表情、手势、动作）、空间距离、衣着打扮等形式来传递或表达信息。

（3）物体的操纵信息沟通。除运用身体语言之外，人们也能通过物体的运用、环境布置等手段进行非语言的沟通。

【体验活动】循环沟通

1. 活动目标

通过活动，引导学生了解沟通的内涵，领会沟通的技巧，提升沟通能力。

2. 指导语及说明

（1）各组学生围成圆圈，每组一至二报数，数一的学生向圈内走一步站在内圈，再向后转，与外圈学生一对一，面对面。

（2）老师说出话题一，内圈学生先讲，外圈学生听，两分钟后，换外圈学生讲，内圈听，也是两分钟；

（3）老师换第二个题目，此时内圈的学生向左移一个位置，外圈学生不动，以同样方式进行。如此进行完所有题目，让学生有机会与不同的人沟通。

3. 规则

（1）讲述者必须用第一人称来表述自己的观点。

（2）倾听者不得打断或反驳。

（3）交谈双方不得将话题岔开。

4. 话题

（1）如果医生告诉你，只剩下半年的生命，你将如何安排这半年的生活？

（2）假如你有100万元，你将如何使用？

（3）假如你是教育部部长，你最想做的是什么？

（4）假如你是市长，你最想为市民做什么？

（5）假如你有机会环游世界一周，你会如何计划你的旅程？

（6）假如你能回到十年前，你会如何安排这十年？

（7）今年春节你打算怎么安排？

（8）讲讲你最喜欢的电影。

5. 总结

（1）内、外圈学生分享活动后的感受。

(2) 内、外圈学生分别推选出最佳倾听者，并说明为什么。
(3) 内、外圈学生推选最佳发言者。
(4) 内、外圈学生归纳活动的意义。

第二节　提升执行能力　强化团队协作

职教案例

企业文化融入职业教育，助力学生高质量就业

某职业技术学院一直秉持"校企合作、工学结合、文化育人"的办学思路，非常注重校园文化和企业文化的交融，将学生素质提升与职业能力发展紧密结合。

自2009年开始，某职业技术学院借鉴和学习企业7S管理方法，在校企合作紧密度最高的二级学院积极推进学生公寓7S建设活动，按照校企育人标准和企业经营管理的理念营造公寓文化氛围，加大企业文化在公寓文化中的渗透力和深植力，让学生在潜移默化中接受和适应企业文化，成为具有良好职业素养的高素质技术技能人才。公寓7S管理活动从整理（SEIRI）、整顿（SEITON）、清扫（SEISO）、清洁（SEIKETSU）、素养（SHITSUKE）、安全（SAFETY）、节约（SAVE）七个方面进行。整理就是生活、工作范围内清除非必需物品，使公寓环境井然有序；整顿就是将必需的物品定位、定量摆放整齐，能迅速取出，处于最方便、快捷、减少消耗的状态；清扫就是公寓环境内保持干净、整齐，努力清除各种垃圾死角；清洁就是保持前3S（整理、整顿、清扫）的实施，做到整洁化、规范化、常态化；素养是指每位学生依程序工作，按规范办事，并将各种规范内化为自身的要求，养成良好习惯，形成优良品格；安全是指营造一个人身、财产都安全的环境；节约指养成勤俭节约的好习惯，践行低碳生活，想方设法地把公寓内各种损失、浪费减少到最低限度。

公寓7S管理所传递的素养、安全、节约等方面的理念，对学生起到提醒、教育、暗示的作用，使学生在日常生活中潜移默化地接受教育，在生活中提升自我管理自我约束的责任感，既改进了公寓环境，又推动了在校学生的行为养成和素质养成，为将来高质量就业夯实基础。

一、执行能力

执行力，简单来说，就是保质保量按时完成工作任务的能力。"执"，是做事的标准和内容；"行"，是为做事情而进行的快速而高效的行动；"力"，是指做事的力度和完成情况。

执行力是建立在以正确行事标准为前提下的积极、有序、快速、高效的行为。执行力是不折不扣地贯彻决策、推行计划，通过实践将策略转化为成果的能力。执行力的核心是务实、实事求是、责任心和关注细节。

（一）执行力对职业发展的重要性

法国有句谚语说："不管我们踩在什么高跷之上，没有自己的脚是不行的。"如果

不动手去做，谁也不能做好本以为可以做好的事情。有些人之所以缺乏竞争力，并不是因为他们不知道如何做，而是因为他们缺乏脚踏实地、即知即行的执行力。

"说来容易做来难"。执行力是从规划到结果的推进器，它的高低往往决定最终的成败。许多大学生总在考完试以后抱着一堆只草草翻过的参考资料后悔莫及，其实如果当初哪怕只集中精力研究其中的一本，也会有惊人的进步。在当前快速变化的市场环境下，执行力显得尤为重要。执行力是一种用人单位极看重的个人核心竞争力。拥有执行力，即使光凭一把生锈的螺丝起子，都要比空有一屋子工具却只会说不会做的人，更具备迈向成功的竞争力。

（二）提升执行力的途径和方法

1. 积极主动，自动自发

积极主动、自动自发地做事，同时为自己的所作所为承担责任，是那些成就大业的人和凡事得过且过的人之间的最根本的区别。

良好的执行力，首先表现为一种满腔热忱的意愿，表现为一种高度的自觉性和主动自发的意识。主动自发不是一个口号一个动作，而是要充分发挥主观能动性与责任心，在接受工作后应尽一切努力，想尽一切办法把工作做好。我们必须明白，自动自发就是一种可以帮助人们扫平挫折的积极健康的人生态度，没有这种意识，就没有标准、没有规范。

自动自发必须反对拖延。拖延确实是一种恶习，消耗人的能量，阻碍人潜能的发挥。处于拖延状态的人，常常陷于一种恶性循环之中。这种恶性循环就是：拖延导致工作的低效，越是处在低效状态就越容易产生情绪困扰，情绪困扰必然导致更为严重的拖延。所以，习惯性的拖延就是在培养薄弱的意志。拖延并不能使问题消失，也不能使问题变得容易，而只会使问题深化，造成严重的危害。

2. 停止抱怨，不找借口

执行中不抱怨、不找任何借口也是执行力的表现。无论做什么事情，都要记住自己的责任，无论在什么样的工作岗位，都要对自己的工作负责。学习就是不找借口地去完成，工作就是不做抱怨地去执行。执行力就是在每一环节都力求完美，切实执行。停止抱怨，不找借口，围绕既定目标立即行动，一丝不苟地以最快速度、最高质量实现目标，就是良好执行力的表现。

二、团队协作

团队合作是一种为达到既定目标所显现出来的自愿合作和协同努力的精神。它可以调动团队成员的所有资源和才智，并且会自动地驱除所有不和谐和不公正现象，同时会给予那些诚心、大公无私的奉献者适当的回报。如果团队合作是出于自觉自愿时，它必将产生一股强大而且持久的力量。

（一）团队合作的意义

所谓团队精神，简单来说就是大局意识、协作精神和服务精神的集中体现。团队精神要求有统一的奋斗目标或价值观，而且需要信赖，需要适度的引导和协调，需要正确而统一的企业文化理念的传递和灌输。团队精神强调的是组织内部成员间的合作态度，为了一个统一的目标，成员自觉地认同肩负的责任并愿意为此目标共同奉献。团队合作所体现的主要是团队精神，其作用如下：

以团队为基础的工作方式可以提高成员的职业道德水平，团队力量的发挥是组织赢得竞争的必要条件，团队精神不等同于集体主义。团队精神可以使组织保持活力、焕发青春、积极进取。

1. 目标导向功能

团队精神的培养，使团队成员齐心协力，拧成一股绳，朝着一个目标努力，对单个成员来说，团队要达到的目标即是自己所努力的方向，团队整体的目标顺势分解成各个小目标，在每个成员身上得到落实。

2. 凝聚功能

任何组织群体都需要一种凝聚力，传统的管理方法是通过组织系统自上而下的行政指令，淡化了个人感情和社会心理等方面的需求，而团队精神则通过对群体意识的培养，通过成员在长期的实践中形成的习惯、信仰、动机、兴趣等文化心理，来沟通成员的思想，引导成员产生共同的使命感、归属感和认同感，反过来逐渐强化团队精神，产生一种强大的凝聚力。

3. 激励功能

团队精神要靠成员自觉地要求进步，力争与团队中最优秀的成员看齐。通过成员之间正常的竞争可以实现激励功能，而且这种激励不是单纯停留在物质的基础上，还能得到团队的认可，获得团队中其他成员的尊敬。

4. 控制功能

成员的个体行为需要控制，群体行为也需要协调。团队精神所产生的控制功能，是通过团队内部所形成的一种观念的力量、氛围的影响，去约束、规范、控制成员的个体行为。这种控制不是自上而下的硬性强制力量，而是由硬性控制向软性内化控制；由控制成员的行为，转向控制成员的意识；由控制成员的短期行为，转向对其价值观和长期目标的控制。因此，这种控制更为持久有意义，而且容易深入人心。

（二）团队精神的培养

团队精神的培养取决于组成团队的每一个成员的素质，作为团队成员，要培养团队精神，必须注重以下能力和品质的培养：

1. 培养表达与沟通的能力

表达与沟通能力是非常重要的，不论你做出了多么优秀的工作，不会表达，不能让更多的人去理解和分享，那就几乎等于白做。比如，作为参与辩论赛的一员，不管是组织者、辩手、评委、主席，只有注重各团队之间的交流与沟通，注重培养各个小团队精神，才能逐渐上升为大团队精神，才能使整个辩论赛活动圆满成功。

2. 培养主动做事的品格

每一个人都有成功的渴望，但是成功不是等来的，而是靠努力做出来的。团队的任何一个成员，都不能被动地等待别人告诉你应该做什么，而应该主动去了解团队目标要我们做什么，自己想要做什么，然后进行周密规划，并全力以赴地去完成。

3. 培养敬业的品格

团队的各成员都要具有敬业的品质。有敬业精神，才能把团队的事情当成自己的事情，有责任心，才能发挥自己的聪明才智。

4. 培养宽容与合作的品质

成功的潜在危机是忽视了与人合作或不会与人合作。有些人的动手能力强，点子也不错，但当他的想法与别人的不一致时，就会固执己见，不知如何求同存异；有的团队成员谈到自己的同事时，对同事很挑剔，缺乏客观看待事情的品质。实际上，团队中的每个人各有长处和不足，关键是成员之间以怎样的态度去看待，要在平常之中发现对方的美，而不是挑他的毛病。培养自己求同存异的素质，对培养团队精神尤其重要。这需要我们在日常生活中，培养与人相处的良好心态，并在日常生活中运用。这不仅是培养团队精神的需要，也是获得人生快乐的重要方面。

5. 培养全局意识、大局观念

团队精神不反对个性张扬，但个性必须与团队的行动一致，要有整体意识、全局观念，考虑团队的需要。团队成员要互相帮助，互相照顾，互相配合，为集体的目标而共同努力。所以在工作中，有意识地培养全局观念极为重要。

（三）团队合作的技巧

1. 平等友善

与同事相处的第一步便是平等。不管你是资深的老员工，还是新进的员工，都需要丢掉不平等的关系，无论自大或自卑都是同事相处的大忌。同事之间相处具有相近性、长期性、固定性，彼此都有较全面深刻的了解。要特别注意的是，真诚相待才可以赢得同事的信任。信任是联结同事间友谊的纽带，真诚是同事间相处共事的基础。即使你各方面都很优秀，即使你认为自己以一个人的力量就能解决眼前的工作，也不要显得太张狂。要知道还有以后，以后你并不一定能完成一切，还是平等友善地对待对方吧。

2. 善于交流

同在一个公司、办公室里工作，你与同事之间会存在某些差异，知识、能力、经历造成你们在对待和处理工作时，会产生不同的想法。交流是协调的开始，把自己的想法说出来，听对方的想法。你要经常说这样一句话："你看这事该怎么办，我想听听你的看法。"

3. 谦虚谨慎

法国哲学家罗西法古曾说过："如果你要得到仇人，就表现得比你的朋友优越；如果你要得到朋友，就要让你的朋友表现得比你优越。"当我们让朋友表现得比我们还优越时，他们就会有一种被肯定的感觉；但是当我们表现得比他们还优越时，他们就会产生一种自卑感，甚至对我们产生敌视情绪。因为谁都在自觉不自觉地强烈维护着自己的形象和尊严。

所以，对自己要轻描淡写，要学会谦虚谨慎，只有这样，我们才会永远受到别人的欢迎。为此，卡耐基曾有过一番妙论："你有什么可以值得炫耀的吗？你知道是什么原因使你成为白痴？其实不是什么了不起的东西，只不过是你甲状腺中的碘而已，价值并不高,才五分钱。如果别人割开你颈部的甲状腺,取出一点点的碘,你就变成一个白痴了。在药房中五分钱就可以买到这些碘,这就是使你没有住在疯人院的东西——价值五分钱的东西,有什么好谈的呢?"

4. 化解矛盾

一般而言,与同事有点小摩擦、小隔阂,是很正常的事,但千万不要把这种"小不快"演变成"大对立",甚至成为敌对关系。真诚地关心别人的行动和成就,是一种表达尊重与欣赏的方式,也是化敌为友的纽带。

5. 接受批评

从批评中寻找积极成分。如果同事对你的错误大加抨击,即使带有强烈的感情色彩,也不要与之争论不休,而是从积极方面来理解他的抨击。这样,不但对你改正错误有帮助,也避免了语言敌对场面的出现。

三、人脉管理

人脉需要规划与管理。下面给出几个人脉管理的建议:

1. 努力充实自己

优秀的人身边总不会缺乏朋友。"物以类聚,人以群分",成功者喜欢和成功者在一起。作为一个学生,所谓的成功并不是说你挣很多的钱,而是你只要有意识地在各方面努力充实自己。尤其在自己的专业爱好上做出成绩,积累自己的实力与底蕴,人脉关系才会巩固。切勿只注重提高交际技巧,而忽略自身素质的提高。

2. 结识优质人脉

人脉分为优质人脉、中等人脉和低质人脉。只有优质人脉才可以帮助人取得事业成功,而低级人脉则将阻碍人的事业进步。人们都不希望结识一些对自己的事业没有任何帮助,甚至让自己更加堕落的人。

一个整日沉迷于网络游戏的人和一个整日在图书馆埋头苦读的人是不大可能成为莫逆之交的。你必须考虑人脉资源结构,比如行业、学历与知识素养、高低层次等因素,以便达到真正的志同道合。

3. 注意人脉资源的深度、广度和关联度

在拓展人脉资源的过程中,要注意人脉的深度、广度和关联度。人脉的深度即人脉关系纵向延伸的情况,达到了什么级别;人脉的广度即人脉关系横向延伸的情况,即范围(区域与行业)有多广;人脉的关联度指人脉关系与个人所从事行业的相关性和人脉资源直接的相关性。人脉资源既要有广度和深度,又需要有关联度,利用朋友的朋友或他人的介绍等去拓展你的人脉资源。从长远考虑,千万不要有人脉"近视症",需要关注成长性和延伸空间。

【体验活动】蒙眼排队游戏

1. 活动目标

理解团队和团队精神的内涵,学会沟通和团队协作。

2. 活动过程

(1)小组成员到一个空场地围成一个圆圈站好;

（2）指导老师宣布：开始1分钟的小组沟通（不能透露任何任务信息）；

（3）沟通时间到了以后，提醒戴眼镜的人可摘下眼镜，然后给每个成员分发眼罩；

（4）要求每个成员戴上眼罩，原地转2圈；

（5）指导老师分别给小组成员发号码牌（事先准备好），并让成员确认自己的号码，然后检查眼罩佩戴情况，防止作弊；

（6）宣布任务：请小组成员在3分钟的时间内，按号码牌的大小，依次排成一队，在排队过程中，不允许发出任何声音；

（7）其他学员观察排队结果；

（8）换另外一个小组，重复以上步骤，对比两组的过程和结果；

（9）活动参与者代表与观察者代表做总结发言。

第三节　培养商务技能　提高工作效能

职教案例

主动做事是一种能力

方同学，某职业技术学院生物制药专业，是老师们非常喜欢的学生。老师们喜欢这个学生，源于他经常主动帮助老师进行实训的准备。和大部分学生只有轮到要准备实训时，才当作任务一样去完成相比，方同学总是积极主动，乐此不疲。

有时老师和他开玩笑说，只能对他表示精神鼓励，并没有额外加分。方同学笑着说，这是学习的机会。方同学让老师们印象深刻，以至于在毕业后老师们还经常提到他。在工作单位，方同学一如既往的积极主动，表现出众，不到4年时间他就从杭州普济医药有限公司的普通员工成为车间主任。

在学习工作中，努力培养自己的主动意识，养成主动做事的习惯，其实是一种能力。做事积极主动的人，往往能够获得同事的认可。相反那些好像很有"能力"的人，如果不喜欢主动做事，往往得不到青睐。主动承担额外的工作，并将此看作学习的机会，方同学做到了，所以他自然成为老师喜爱的学生和单位需要的人才。

一、公文写作

职场升职，似乎是一件很难的事情。但是，细微处见精神。许多时候，也许就一个小细节，就让领导对你刮目相看，你的升职之路就很畅通了。小小的公文写作有时并不受重视，然而，有时候说不定它就是你升职的秘密武器呢。

文书礼仪涉及各行各业的礼仪规范，是职业交往中必不可少的关键环节。在特定的时间内，及时准确的礼貌文书，可以表现个人及企业的良好风范。文书礼仪还包括一般的书信礼仪，对个人而言，则体现了其基本的文化素质。因此，无论从事什么职业，都应该了解文书礼仪，在纸面上做到礼貌周到、有礼有节。

（一）公文的含义

公文，即公务文书的简称，属于应用文。公文有广义和狭义之分。广义的公文，是指党政机关、社会团体、企事业单位为处理公务而形成的文字材料。狭义的公文，是指党政机关处理公务时所使用的公文。

公文按性质可分为通用公文和专用公文两大类。

通用公文从文种上划分，可分为行政公文和事务公文。根据2000年8月24日颁布的《国家行政机关公文处理办法》规定，行政公文有以下13种：命令、决定、公告、通告、通知、通报、议案、报告、请示、批复、意见、函、会议纪要。事务公文包括：计划、总结、调查报告、领导讲话稿、典型材料等。

专用公文指具有专门职能的机关在专门的领域中形成、使用的书面材料，具有专指内容、特定格式。主要包括：财经文书（市场调查报告、经济合同）、司法文书（起诉书、判决书、笔录）、外交文书（国书、照会、护照、条约）及军用文书等。

(二) 企业公文

1. 企业通用公文的种类

（1）请示。向上级部门请求请示、批准的事项。

（2）报告。向上级部门汇报工作、反映情况、提出建议、答复下级的请示事项。

（3）决定。对公司重要事项或重大活动做出安排。

（4）决议。经过会议讨论或议定，要求贯彻执行的事项。

（5）批复。上级答复下级的请示事项。

（6）通告。在公司范围内公布应当遵守或周知的事项。

（7）通知。传达和批转上级、同级、不相属部门的公文；传达要求下级部门协助或需要周知或共同执行的事项；发布规章、任免聘用事项。

（8）通报。表彰先进，批评错误，传达重要情况。

（9）函。对同级或不相属单位间相互介绍、商洽、询问、催办、答复某些问题，请有关部门批准。

（10）会议纪要。记载和表达会议重要精神及议定事项，要求与会单位共同遵守执行。

2. 企业专用公文的种类

备忘录、意向书、协议书、合同书、契约、各种报告、广告书、说明书、请柬、贺词、新闻稿、启事。

3. 企业公文格式要求

（1）发文号：由公司的代字、发文年度、发文顺序号组成，位于文头与界栏线上。

（2）收文机关：向上级的请示、报告，一般只写一个主送单位；需同时报送另一个上级部门的，用"抄报"；对同级或下级则用"抄送"。

（3）标题：对公文主要内容的概括和反映，是公文的眉目。

（4）正文：公文的主体部分。

（5）发文机关：制发文的单位，位于正文的右下侧，应写全称或通用简称。

（6）公文日期：包括年、月、日，写在公文末尾，一般以印制日期为准，重要公文以签发日期为准。

（7）公文印章：加印在发文日期中间。

(8)密级：保密文件注明密级。

(9)附件：附件位于正文之后、印章之前，注明附件的序号、标题。

4. 企业对外行文处理程序

(1)拟稿。由具体承办人员起草，并由部门负责人审核。对外发文一般以公司名义发文。在各分、子公司有必要发文时，在公司后加下属企业全称。发文稿必须符合公文种类、格式使用规范。文稿用蓝黑墨水书写。

(2)核稿。拟稿完毕后填写发文拟稿单，一并送各级领导审核。审核有问题时与有关当事人沟通，统一意见后进行修改。

(3)签发。由有关领导审核签发，明确签署意见、姓名、日期。

(4)编号。由行政部统一编排发文字号。

(5)缮印、校对。急件应先行处理，保密件应由专人打印。打印后的校样、废纸、蜡纸等应妥善处理。校对专人处理，以原稿为准，重要文件多人校对。打印、校对责任人签名。

(6)盖章、发文登记。在校对完毕无误、规范的文件上统一盖印。填写登记簿。

(7)封发。发文工作由行政部门负责。查验无误后信件封口，填写准确，注明急件、密级。

(三)公文的格式要素

公文具有规定的格式，要按规定的格式写作。这样可以保证公文的完整性、准确性和程序性，并且便于公文的处理，提高工作效率。

公文的格式要素一般包括：

1. 发文机关（版头）

发文机关即公文的作者，发文机关应写机关全称或规范化的简称。版头是发文机关的标记，目前我国使用的公文版头有以下三种：

(1)由发文机关全称或规范化简称加"文件"两字组成，以大字套红居中，印在文件首页上端，俗称"大版头"。例如，"北京市人民政府文件"。

(2)由发文机关全称或规范化简称加圆括号标注文种名称，俗称"小版头"。例如，"××市教育委员会（函）"。

(3)印有发文机关全称的公函纸作为版头。几个机关联合行文的，可用公文主办机关一家版头，也可用所有联合行文机关的版头。

2. 份号

份号是同一公文印制若干份时每份的顺序编号，位于版头左上角，用阿拉伯数字标识，用以掌握每份公文的流向。绝密、机密公文应标明份号。

3. 秘密等级

公文的秘密等级分为"绝密""机密""秘密"三种，标注在版头左上角"公文份号"之下。其具体标识为"★"，"★"前标密级，后标保密期限。

4. 紧急程度

紧急程度是指对公文送达和办理速度的要求。紧急公文分为"特急""急"两种，标注在版头左上角"秘密等级"下。

5. 发文字号

发文字号是指发文机关编制的公文代号，简称文号。发文字号由发文机关代字、发文年度、发文顺序号三部分组成。其中发文年度用六角括号括入。如国务院2008年制发的第12号文件，发文字号为"国发〔2008〕12号"。发文字号位于版头与红线之间的正中处，用公函纸制发的，位于标题右上侧。

6. 签发人

签发人与签署不同。签署是某些需要以本机关行政首长名义发布的公文，由其签名或加盖签名章后才能发出。签发人则有两种情况：一是指机关负责人在审定文稿后签上姓名表示同意印发；二是报送上级机关的请示、报告，必须注明签发人。这里指的是后一种情况，签发人的姓名署于版头红线之上发文字号的右侧："签发人：×××"。

7. 标题

公文标题位于版头下面居中的位置，通常在版头与标题之间，用一红线做区别标志。如果一份公文没有版头，标题置于公函纸首端机关名称下的红线稍下居中位置。

公文标题由发文机关名称、公文主题（事由）、文种三部分组成。例如，《国务院关于加强高等学校毕业生就业工作的决定》，这里"国务院"是发文机关，"关于加强高等学校毕业生就业"是事由，"决定"是文种。事由一般都用介词"关于"和表达主要内容的词组组成介词结构。

8. 主送机关

主送机关是发文机关要求对公文予以办理或答复的对方机关。除直接面向社会发布的公文之外，公文一般均应在正文之前标题左下方顶格书写主送机关的名称。

9. 正文

正文是公文的主体，是反映公文具体内容的部分。正文紧接主送机关之后，提行空两格书写。

10. 附件

附件是根据正文的需要附加的公文或材料，用以对正文做补充说明或提供参考资料。附件附于正文之后。

11. 印章

印章是机关权力的象征。公文加盖印章，是制文机关确认公文效力的凭证。印章盖于公文右下端落款处，上不压正文，下要"骑年盖月"。印章要清楚、端正。联合上报的非法规类公文，由主报机关加盖印章，但在首页要注明会签机关的签发人姓名。联合下发的公文，都应加盖印章。

12. 成文时间

成文时间一般就是公文的签发日期，标注于正文右下方。会议讨论通过的公文，应以会议通过的日期为准，并写上会议名称及届次，以圆括号括入，标注于公文标题之下。

13. 附注

附注用以说明在公文其他区域不便说明的各种事项。如需要加以解释的名词术语，或用于表示公文的阅读范围、使用方法等内容，标注于落款下另起一行空两格位置。

14. 主题词

主题词是由对这一公文内容所述及的主题用规范的词加文种组成，以便日后按公文的主题和文种进行检索。一件公文的主题词至少用两个，一般不超过七个。

15. 抄送机关

抄送机关名称应写在"主题词"后公文尾部的两条等长平行细实线内。

16. 印发机关和时间

印发机关为发文机关的办公部门；印发时间，一般为印刷时间，放在抄送机关细实线下。

以上的公文格式要素在一份公文中要根据规定合理安排，以示公文的严肃性。随着办公自动化的逐步实现，格式要素和编排更为严格规范。

（四）常用公文范例

1. 请示

请示是下级向上级请求决断、指示或批准事项所使用的呈批性公文。请示由标题、主送单位、正文、发文机关、日期构成。

销售部关于前方各处人员奖励办法的请示

销售部长：

销售部为调动前方各处开发主机市场的积极性，在消除各经销处开发时在资源组织、快速反应及发货等方面诸多不利因素的同时，充分体现销售部由规模数量型向质量效益型转变的精神，特对各处制定如下奖励政策：

凡各处通过部现货公司款到付货销售到开发主机市场上的产品，销售价高于定价的，销售额差额部分（利润的××%）予以奖励，其中：小型产品（产品系列按"小型产品销售政策"中的规定执行）和精密产品 P5 级以上（含 P5 级）定价为下浮××%（P009 价），其他产品定价为下浮××%（P009 价）。

计奖办法：月奖励金额 = $\sum$（定价下浮% − 实际下浮%）* P009 价格（不含税）销售金额 *××%。

以上请示如无不妥，请批转各前方处室、各部门执行。

办公室
×年×月×日

2. 报告

报告是下级向上级汇报工作、反映情况、提出意见或建议、答复询问的陈述性上行公文。报告从种类与内容上分主要有：汇报性报告、答复性报告、呈报性报告、例行工作报告。

（1）汇报性报告。主要是下级向上级汇报工作、反映情况的报告，一般分为两类：
①综合报告。这种报告是本单位工作到一定的阶段，就工作的全面情况向上级写

的汇报性报告。其内容大体包括工作进展情况，成绩或问题，经验或教训以及对今后工作的意见或建议。这种报告的特点是全面、概括、精练。

②专题报告。这种报告是针对某项工作中的某个问题，向上级所写的汇报性报告。

（2）答复性报告。这种报告是针对上级或管理层所提出的问题或某些要求而写出的报告。这种报告要求问什么答什么，不涉及询问以外的问题或情况。

（3）呈报性报告。主要用于下级向上级报送文件、物件随文呈报的一种报告。一般是一两句话说明报送文件或物件的根据或目的以及与文件、物件相关的事宜。

（4）例行工作报告。例行工作报告是下级因工作需要定期给上级写的报告。如财务报告、费用支出报告等。

年度工作总结报告

各位董事、股东、××员工和债权人：

首先，在此我代表××公司向你们表示衷心的感谢！感谢各位的大力支持，××在大家的支持和全体员工的积极努力下，公司业绩开始大幅度上升，进入了园区企业发展的"暴发期"阶段。产品销售额比去年同期增长三倍以上，运作效绩已接近盈亏平衡点；其中出口产品的销售业绩占总销售额的百分之八十。

在公司前景大好的形势下，公司将进入一个关键年份，×年，我们将走出企业的"孵化期"，进入企业的"成长期"；公司将开始盈利。所以，我向全体员工提出了"决战×年"的口号。未来几年将是××事业上飞速发展的几年。我相信，在园区领导的支持和关怀下，在全体员工的努力下，××将不负众望，抓住××的大好商机，把企业做强做大。为了保证××事业的健康和高速发展，总结经验，扬长避短，提高效率，创新求实是不可缺少的。我将就下面的几个方面对公司的工作业绩进行总结，向各位做个汇报。

第一部分 企业经营……
第二部分 技术创新……
第三部分 经验教训……

×××
×年×月×日

3. 决定、决议

对某些问题或者重大行动做出安排，用"决定"。

经过会议讨论通过，要求贯彻执行的事项，用"决议"。

×××公司第×届董事会第×次会议决议

____年____月____日，_____公司在____召开第____届董事会第____次会议，会议由_____主持，董事_____出席了会议，应到会董事____人，实际到会____人，占应到会人数的____%，符合公司法及公司章程的规定。

会议对_____议案进行了审议，一致通过如下决议：
（以下应按会议议程准确写明决议的内容）

到会董事签字：
×××：   ×××：
×××：   ×××：
×××：

××公司
×年×月×日

4. 公告

公告适用于向国内外宣布重要事项或法定事项，属于公开宣布的告晓性公文。它与其他告晓一般事件的"通知"和用于表扬、批评和传达重要情况的"通报"不同，具有高度的庄严性和权威性。公告分发布性公告、告知性公告、关涉国内外有关方面的公告。公告包括标题、正文、和签署日期等。

招募××市股份制中小企业融资担保公司投资者公告

根据××文件中第××条"着力推进中小企业融资工作，×年市政府安排5000万元，引导社会资金进入，共同建立注册资本金5亿元的股份制中小企业信用担保公司"，拓展中小企业融资渠道，支持中小企业发展，市政府计划在年内成立以民营资本为主的担保公司，欢迎具有实力的企业参与共同投资。参投企业首期投入不低于1亿元，担保公司在成立2年内增资至5亿元。

时间：公告之日至10月7日，每天9：00至17：00（北京时间）。
地点：×××（国庆大假期间请选用电话、传真、电子邮件方式联系）。
联系人：×××、×××
联系电话：×××
传真：×××
E - mail：×××

××市经济委员会
×年×月×日

5. 通报

表扬好人好事、批评错误、传达重要情况以及需要所属各单位知道的事项，用"通报"。

关于给予××批评处理的通报

基层各单位、机关各科室：
×年，经过广大干部职工的共同努力，公司在机构改革、制度建设和企业文化建设等各方面都取得了新突破，管理水平、技术水平和机械化施工能力不断提高，企业的凝聚力和竞争力不断加强。

然而，在看到成绩的同时，不能忽视工作中存在的问题。一些同志在工作中没有做到令行禁止、政令畅通，对公司规章制度执行的力度有待加强。

综合加工厂主要负责人××，在工作中对公司的指令不能认真坚决地执行；作为主要负责人，就本单位的工作，没有及时与班子其他成员沟通，对公司布置的工作不能按时完成，致使公司大局工作陷于被动，造成了不好的影响。

据此，为教育本人，警示大家，根据市政司字××文件××条，决定作如下处理：
1. 给予××通报批评，罚款200元，本月工资考核B级处理；
2. 罚款自通报下发之日起三日内上交公司财务科。

希望公司全体员工引以为戒，从中吸取教训，认真学习，踏实工作，模范遵守公司的各项规章制度，为公司的发展做出应有的贡献。

×年×月×日

6. 简报

一个完善的企业也绝不会忽视企业文化的存在，其经理人会巧妙而成功地运用并引导这种文化，这种活的团队精神，永远会为企业的发展壮大服务。良好的企业文化需要一种载体来为它服务，使之健康发展，这种载体就是——企业简报！

周公山活动简报

×年第××期　　　　　　　　　　　　　　　　　　　　　（总第××期）
××公司　　　　　　　　　　　　　　　　　　　　　　　×年×月××日

秋意浓浓　"周公"解倦

时值金秋，×年的××事业在全体员工的团结、创新、进取中已进展过半，在国庆、中秋双节之际，××公司于×月××日组织全体员工前往雨城雅安周公山旅游度假。这次旅游是公司加强人本管理、对员工人文关怀、肯定员工工作、提升员工身心素质、培养团队凝聚力的重要举措。

7. 证明

个人经济收入证明

＿＿＿＿＿＿＿＿：

兹证明＿＿＿＿＿＿为本单位职工，已连续在本单位工作＿＿＿＿年，学历为＿＿＿＿毕业，目前其在我单位担任＿＿＿＿职务。近一年来该职工在我单位平均月收入（税后）为＿＿＿＿＿元，（大写：＿＿＿万＿＿＿仟＿＿＿百＿＿＿拾＿＿＿元整）。该职工身体状况＿＿＿＿＿＿（良好、差）。

本单位谨此承诺上述证明是正确、真实的，如因上述证明与事实不符导致贵行经济损失，本单位保证承担赔偿等一切法律责任。

特此证明！

（单位公章）

____年____月____日

单位名称：

单位地址：

单位电话：

经 办 人：

8. 公司简介

企业简介是介绍公司什么时间成立、住所地、规模、经营范围、法定代表人、有何特点等等。所谓简介，也就是让他人通过所写的简介能了解公司的一些基本情况，或者你想要重点介绍公司的哪一方面的情况。它包含的内容一般有：

（1）公司概况：注册时间、注册资本、公司性质、技术力量、规模、员工人数、员工素质等。

（2）公司的发展状况：着重公司的发展速度，有何成绩，有何荣誉称号等。

（3）公司的主要产品：包括产品的性能、特色、创新、超前。

（4）销售业绩及销售网络。

（5）良好的售后服务：写下售后服务的承诺。

××服装发展有限公司简介

××服装发展有限公司坐落于著名侨乡"中国休闲服装名城"——××，由香港××（集团）公司投资创建于1991年，是一家以女裤为主导、时尚女装系列为配套，集设计、开发、生产、销售于一体的服饰公司，经过多年潜心经营，被誉为"中国女裤专家"。×年，"中国名牌"和"国家免检产品"荣誉称号的获得，使××品牌插上了腾飞的双翅，迈入中国顶级品牌的行列。

进入中国市场十多年来，××产品覆盖了国内近三十个省、直辖市、自治区，设立了数百家××品牌专卖店、店中店、商场专柜及多家分公司、代理机构，产品远销欧美、中东、港澳台等国家和地区。公司现有员工1000多人，具有世界先进工艺的生产流水线48条，年生产能力530万件（套）；同时××公司为国内外几大著名女装品牌设计、开发、加工产品。公司以专业的队伍、严谨的管理、超卓的设备，着力打造××品牌女裤及其时尚系列品牌女装。作为女裤专家，"尽显曲线魅力"的××，激情奔放、彰显非凡、锐意革新、进取不息的精神，形成了××幻变灵动的设计语言。兼容并蓄、博采众长的虚怀纳百川之风范，将西方之媚与东方之柔完美合璧，形成了××超凡脱俗的个性与风格。美丽的缔造者与传播者——"××"，恒久不辍地打造时尚东方的女性服饰新文化。

××公司于2000年通过了ISO 9001国际标准质量体系认证，并荣获福建省著名商标称号。2004年公司再获殊荣，被评为"中国名牌"产品称号。在打造女性服饰文化的同时，××公司坚持用企业文化提升企业核心竞争力，使企业在发展中树立起良好的社会形象。"行远必自迩、追求无止境"，"××"将一如既往地奋进不息，为建树美丽的事业奉献光热，为锻造中国时尚女装的产业丰碑而永远向前。

经营范围企业行业：纺织品、服装业（服饰、鞋类、家纺用品、皮具……）

所在地区：福建省泉州

注册资金：1000万~5000万元

企业性质：外资企业

成立日期：1991-09-27

员工人数：500~1000人。

9. 函

函适用于平行的或不相隶属机关之间相互商洽工作，向有关主管部门请求批准等。公函包括标题、主送机关、正文、发文机关、日期等。

公司担保函

北京携程国际旅行社有限公司：

____先生/女士将于____年____月____日至____年____月____日赴境外旅游。我公司保证____先生/女士在旅行期间遵守当地法律，旅行结束后保证按时随团回国。如若____先生/女士在旅行期间，发生不遵守中国及当地法律法规或滞留不归的情况，我公司将承担一切后果及因此产生的一切费用，包括对贵公司所发生的直接损失（RMB100000元/人）、超额损失，以及给贵公司带来的一切经济和名誉损失，均给予相应的补偿。该担保为连带责任保证。

如需要参加面试销签，我公司保证其会按指定时间到使馆办理销签面试。如其没有办理销签，我公司将支付RMB5000元/人给贵公司，以及因此给贵公司带来的一切经济和名誉损失，均给予相应的经济补偿。该保证为连带责任保证。

公司名称：

公司盖章：

授权代表人：

联系电话：

日期：

（附公司营业执照及税务登记证复印件）

10. 会议纪要

传达会议议定事项和主要精神，要求有关单位共同遵守执行的，用"会议纪要"。

×××公司第×届董事会第×次会议纪要

会议时间：____年____月____日____时____分

会议地点：（具体到房间号）

主 持 人：（董事长或授权人）

参会人员：（出席会议的全体董事及列席人员）

会议议程：

1. 审议_____的议案。
2. 会议记录：

签发：（董事长签字）

会议内容：

（按照会议议程准确概述会议形成的意见）

记录人签字：

公司盖章：

____年____月____日

二、公众演讲

"一言之辩重于九鼎之宝，三寸之舌强于百万之师"。英国首相丘吉尔曾说："一个人可以面对多少人，就代表这个人的人生成就有多大！"无论政界领袖毛泽东、列宁、克林顿，还是商界领袖杰克·韦尔奇、柳传志、张瑞敏……古今中外99%深具影响力的成功人士都是善于公众表达沟通的大师！拥有一对多的公众演讲能力和现场行销能力，是大学生成功立足现代社会的必备技能！

（一）演讲是一门艺术

公众演讲，就是在公众场合面对公众发表演说，通俗说就是当众讲话，当众陈述自己的看法和想法。定义很简单，但是，真正能够做到谈话潇洒自如，让人或者如沐春风，或者澎湃激昂等非常受感染的就不简单了。

这是一个魅力展现的时代！不要小看了一个"讲"字，公众演讲非常能显示一个人的魅力。演讲是一门语言艺术，它的主要形式是"讲"，即运用有声语言并追求言辞的表现力和声音的感染力；同时还要辅之以"演"，即运用面部表情、手势动作、身体姿态乃至一切可以理解的态势语言，使讲话"艺术化"，从而产生一种特殊的艺术魅力。

（二）演讲的方式

（1）宣读演讲。指演讲时按照已准备好的演讲稿宣读。适用于一些比较严肃的重要会议，或宣布某些重要决定等。其优点是事前能做充分准备，但是也有演讲者与听众缺乏情感联系，显得程式化，给人以呆板枯燥的印象。

（2）背诵演讲。将已经准备好的演讲稿全都背下，演讲时凭记忆背诵出演讲词。适用于演讲经验不足的演讲者，可以避免紧张而出现的心理失控，或出现"卡壳"现象，但与听众难以进行感情交流。

（3）提纲式演讲。指在充分收集、研究有关资料的基础上，列出演讲提纲，演讲时按照提纲进行。这种方式的优点：其一，易于做到中心突出，层次清楚，详略得当；其二，无须全部背下，易于记忆；其三，易于同听众交流感情。

（4）即兴演讲。指事先无准备，但由于主观上对某事物有所感触、发生兴趣，或者是客观需要而临时进行的演讲。这种演讲方式难度较大，需要演讲者具有丰富的经验和娴熟的技巧。一般说来，人们并不要求演讲者在即兴演讲中发表宏大精辟的演讲，只要做到演讲内容得体，有益有趣，言简意赅，恰到好处，就可以了。

（三）公众演讲技巧

演讲表达的主要特点是"讲"，对演讲者来说，写好了演讲词，不一定就讲得好，正如作曲家不一定是演唱家一样。有文才，善于写出好的演讲词的人，不一定有口才，不一定能讲得娓娓动听。真正的演讲家，既要善写，还要会讲，即既要有文才又要有口才。

要想成就一次精彩的演讲，掌握一定的演讲技巧必不可少。

1. 演讲时的姿势

演讲时的姿势会带给听众某种印象，例如堂堂正正的印象或者畏畏缩缩的印象。虽然个人的性格与平日的习惯对此影响颇巨，不过一般而言仍有方便演讲的姿势，即所谓"轻松的姿势"。要让身体放松，反过来说就是不要过度紧张。过度的紧张不但会表现出笨拙僵硬的姿势，而且对于舌头的动作也会造成不良的影响。

诀窍之一是张开双脚与肩同宽，站稳整个身躯。另一个诀窍是想办法扩散并减轻施加在身体上的紧张情绪，例如将一只手稍微插入口袋中，或者手触桌边、手握麦克风，等等。

2. 演讲时的视线

在大众面前说话，亦即表示必须忍受众目睽睽。当然，并非每位听众都会对你报以善意的眼光。尽管如此，你还是不可以漠视听众的眼光、避开听众的视线来说话。尤其当你走到麦克风旁边站立在大众面前的那一瞬间，来自听众的视线有时甚至会让你觉得刺痛。

克服这股视线压力的秘诀就是，一面进行演讲，一面从听众当中找寻对自己投以善意而温柔目光的人，并且无视那些冷淡的目光。此外，把自己的视线投向强烈"点头"以示首肯的人，对巩固信心来进行演说也具有效果。

3. 演讲时的面部表情

演讲时的面部表情无论好坏都会带给听众极其深刻的印象。紧张、疲劳、喜悦、焦虑等情绪无不清楚地表露在脸上，这是很难借由本人的意志来加以控制的。演讲的内容即使再精彩，如果表情总缺乏自信，老是畏畏缩缩，演讲就很容易变得欠缺说服力。

控制面部的方法，首先"不可垂头"。人一旦"垂头"就会予人"丧气"之感，而且若视线不能与听众接触，就难以吸引听众的注意。其次是"缓慢说话"。说话速度一旦放缓，情绪即可稳定，脸部表情也得以放松，再者，全身上下也能够为之泰然自若起来。

4. 演讲时的服饰和发型

服装也会带给听众各种印象，尤其是东方男性总是喜欢穿着灰色或者蓝色系列的服装，难免给人过于刻板无趣印象。轻松的场合不妨穿着稍微花哨一点的服装。不过如果是正式的场合，一般来说男士仍以深色西服、无尾晚宴服以及燕尾服为宜。此外，发型也可塑造出各种形象来。长发和光头各自蕴含其强烈的形象，而鬓角的长短也被认为是个人喜好的表征。站出来演讲之际，你的服装和发型究竟带给对方何种印象？希望你好好地思量一番。

5. 演讲的声音和腔调

演讲的语言从口语表述角度看，必须做到发音正确、清晰、优美，词句流利、准确、易懂，腔调贴切、自然、动情。

6. 说话的速度

为了营造沉着的气氛，说话稍微慢点是很重要的。标准大致为 5 分钟 3 张 A4 原稿。不过，此地要注意的是，倘若从头至尾一直以相同的速度来进行，听众会睡觉的。

科学的发音取决于科学的运气，有些演讲者时间稍长点就底气不足，出现口干舌燥、声音嘶哑的现象，此时，只得把气量集中到喉头，使声带受压，变成喉音。

科学地运用运气发音方法可以使声音更加甜美、清亮、持久、有力，要达到这个目的，平时要加强训练，掌握胸腹联合呼吸法。其要领是：双目平视，全身放松，喉松鼻通，无论是站姿还是坐姿，胸部稍向前倾，小腹自然内收。

（四）培养公众演讲能力

演讲并非每个人具有的天赋。中国公众演说首席教练柏君认为，演讲就是一项个人技能，是可以通过训练而提升的。以下几个步骤可提升演讲能力：

1. 模仿或复制

找到一个可以成为自己榜样的人，从他的演说中汲取灵感，模仿或复制他的演讲，这样可以进步更快一些。当然，创新是一个不变的过程，最后要根据自己的特点来发展适合自己风格的演讲方式。

2. 乐于分享

经常阅读一些好的书籍、故事或是聆听一些人的演讲，把心得和快乐经常分享给身边的人，这样既可以分享又可以锻炼自己的表达能力。当然，这更是一种无形的演练，在从数量到质量的演变中，公众演讲能力自然会有很大的进步。

3. 学会总结

对于一个做公众演讲的人来说，总结能力是至关重要的。学会了总结一些生活中的人、事、物以后，可以写成日记，也可以发表给一些杂志社，更可以口头表达给一些对这个话题感兴趣的朋友。

4. 主动和参与

为了更好地在公众演讲方面得到锻炼，也可以主动接触一些社会活动，参与讨论和发言，这样的机会一般在城市里还是很多的，例如培训会、演讲会、各类沙龙活动，等等。经常和朋友或陌生人交流沟通，自然会培养自己良好的社交能力，公众演讲能力也会随之进步。

三、商务谈判

商场虽没有刀光剑影，但充满了智慧与胆略的较量。风云变幻的三尺谈判桌并不是那么容易坐得稳的，商务谈判的暗流涌动正是商场角逐的最好体现。掌握了商务谈判的技巧，也就在一定程度上拥有了在商海运筹帷幄的法宝。

（一）商务谈判

商务谈判是指不同的经济实体各方为了自身的经济利益和满足对方的需要，通过沟通、协商、妥协、合作、策略等各种方式，把可能的商机确定下来的活动过程。不一定要收购某家公司或者签订几百万的合同才是商务谈判。

商务谈判具有三个基本特征：以经济利益为谈判目的，以经济利益作为谈判的主要评价指标，以价格为谈判的核心。

（二）商务谈判三部曲

"商务谈判三部曲"的概念，即谈判的步骤应该为申明价值（Laiming Value）、创造价值（Creating Value）和克服障碍（Overcoming Barriers to Agreement）三个进程。

1. 申明价值

此阶段为谈判的初级阶段，谈判双方彼此应充分沟通各自的利益需要，申明能够满足对方需要的方法与优势所在。此阶段的关键步骤是弄清对方的真正需求，因此其主要的技巧就是多向对方提出问题，探询对方的实际需要；与此同时也要根据情况申明我方的利益所在。因为你越了解对方的真正实际需求，越能够知道如何才能满足对方的需求；同时对方知道了你的利益所在，才能满足你的需求。

2. 创造价值

此阶段为谈判的中级阶段，双方彼此沟通，往往申明了各自的利益所在，了解了对方的实际需要。但是，以此达成的协议并不一定对双方都是利益最大化。也就是说，利益在此往往不能有效地达到平衡，即使达到了平衡，此协议也可能并不是最佳方案。因此，谈判中双方需要想方设法去寻求更佳的方案，为谈判双方找到最大的利益，这一步骤就是创造价值。创造价值的阶段，往往是商务谈判最容易忽略的阶段。

3. 克服障碍

此阶段往往是谈判的攻坚阶段。谈判的障碍一般来自两个方面：一个是谈判双方彼此利益存在冲突；另一个是谈判者自身在决策程序上存在障碍。前一种障碍是需要双方按照公平合理的客观原则来协调利益，后者就需要谈判无障碍的一方主动去帮助另一方顺利决策。

（三）商务谈判实用策略

商务谈判是销售工作中的重要一环，如果谈判者能灵活掌握一些实用技巧，就可能在谈判桌上取得主动，起到"兵不血刃""不战而屈人之兵"的作用，为最终取得所期望之结果奠定基础。

1. 将心比心

谈判最忌以己方观点漫天叫价。谈判时，也要带三分侠气，一片素心，多为对方着想。将心比心，带来的是皆大欢喜的双赢。如果谈判过程中充满火药味，双方各持己见，互不相让，最后是脸红脖子粗，头破血流，这样就很难谈成任何建设性的结果。

2. 突出优势

对对方立场、观点都有初步的认知后，再将自己在此次谈判事项中所占有的优、劣势及对方的优、劣势，进行严密周详的列举，尤其将己方优势，不管大小新旧，应全盘列出，以作为谈判人员的谈判筹码。而己方劣势，当然也要注意，以免仓促迎敌，被对方攻得体无完肤。

3. 模拟演习

将各种可能发生的状况预先模拟，以免实际遭遇时人慌马乱，难以主控战局。在了解优、劣势后，就要假想各种可能发生的状况，预先策划行动方案，小至谈判座位的摆放都要详加模拟。

4. 底线界清

通常，谈判时双方都带攻击性，磨刀霍霍，跃跃欲试，双方只想到可以"获得多少"，却常常忽略要"付出多少"，忽略了谈判过程中己方要让步多少，方可皆大欢喜。所以，在谈判前，务必要把己方的底线界清：可让什么？要让多少？如何让？何时让？为何要让？先行理清，心中有数。否则，若对方咄咄逼人，己方束手无策，任由对方宰割，那就失去了谈判的本意。

5. 了解对手

《孙子兵法》的"知己知彼，百战不殆"众所皆知。谈判前，了解对方的可能策略及谈判对手的个性特质，对谈判的圆满完成将有莫大助益。如果谈判对手喜欢打球，不妨在会谈前寒暄，着意提及，将对方的戒备敌意先行缓和，若有时间，更可邀约一起运动，以培养宽松的谈判气氛。须知这时球场就是另一张谈判桌，有助谈判达成。

6. 要有耐心

古语有云："病急乱投医。"故在谈判中要时刻暗诵默念"戒急戒躁"，尤其在剑拔弩张、激烈火爆之际，更要遵行。因为，谈判中常有耐久战要打，谈四五个钟头，连上厕所的时间都没有，此时谈得已久，毫无建树，"心理"正急，而不能解放，"生理"更急，两急之下，就会失掉方寸，胡乱对应。所以，谈判前要把"耐心"带足，准备充分。

7. 随机应变

战场状况，瞬息万变，谈判桌上需随机应变。虽说诸葛亮神机妙算，但人算不如天算，总有考虑欠周、失算之处。谈判时，出现对手突有神来一笔，超出己方假设状况，己方人员一定要会随机应变、见招拆招。实在无法招架、手忙脚乱时，先施缓兵之计，再图谋对策，以免当机立"断"——断了自己的后路。

8. 埋下契机

双方若不能达成相当程度的圆满结果，谈判面临破裂之际，也无须逞一时口舌之快，伤了双方和气。买卖不成仁义在，双方好聚好散，好为下回谈判圆满埋下契机。

（四）商务谈判礼仪

1. 谈判准备

商务谈判之前首先要确定谈判人员，与对方谈判代表的身份、职务要相当。

谈判代表要有良好的综合素质，谈判前应整理好自己的仪容仪表，穿着整洁、正式、庄重。男士应刮净胡须，穿西服必须打领带。女士穿着不宜太性感，不宜穿细高跟鞋，应化淡妆。

布置好谈判会场。采用长方形或椭圆形的谈判桌，门右手座位或对面座位为尊，应让给客方。

谈判前应对谈判主题、内容、议程做好充分准备,制定好计划、目标及谈判策略。

2. 谈判之初

谈判之初,谈判双方接触的第一印象十分重要,言谈举止要尽可能创造出友好、轻松的良好谈判气氛。做自我介绍时要自然大方,不可露傲慢之意。被介绍到的人应起立一下微笑示意,可以礼貌地道"幸会""请多关照"之类。询问对方要客气,如"请教尊姓大名"等。如有名片,要双手接递。介绍完毕,可选择双方共同感兴趣的话题进行交谈。稍作寒暄,以沟通感情,创造温和气氛。

谈判之初的姿态动作也对谈判气氛起着重大作用,注视对方时,目光应停留于对方双眼至前额的三角区域正方,这样使对方感到被关注,觉得你诚恳严肃。手心冲上比冲下好,手势自然,不宜乱打手势,以免造成轻浮之感。切忌双臂在胸前交叉,那样显得十分傲慢无礼。

谈判之初的重要任务是摸清对方的底细,因此要认真听对方谈话,细心观察对方的举止表情,并适当给予回应,这样既可了解对方意图,又可表现出尊重与礼貌。

3. 谈判之中

这是谈判的实质性阶段,主要是报价、查询、磋商、解决矛盾、处理冷场。

(1)报价——要明确无误,恪守信用,不欺蒙对方。在谈判中报价不得变换不定,对方一旦接受价格,即不再更改。

(2)查询——事先要准备好有关问题,选择气氛和谐时提出,态度要开诚布公。切忌气氛比较冷淡或紧张时查询,言辞不可过激或追问不休,以免引起对方反感甚至恼怒。但对原则性问题应当力争不让。对方回答查问时不宜随意打断,答完时要向解答者表示谢意。

(3)磋商——讨价还价事关双方利益,容易因情急而失礼,因此更要注意保持风度,应心平气和,求大同,容许存小异。发言措辞应文明礼貌。

(4)解决矛盾——要就事论事,保持耐心、冷静,不可因发生矛盾就怒气冲冲,甚至进行人身攻击或侮辱对方。

(5)处理冷场——此时主方要灵活处理,可以暂时转移话题,稍作松弛。如果确实已无话可说,则应当机立断,暂时中止谈判,稍作休息后再重新进行。主方要主动提出话题,不要让冷场持续过长。

4. 谈后签约

签约仪式上,双方参加谈判的全体人员都要出席,共同进入会场,相互致意握手,一起入座。双方都应设有助签人员,分立在各自一方代表签约人外侧,其余人排列站立在各自一方代表身后。

助签人员要协助签字人员打开文本,用手指明签字位置。双方代表各在己方的文本上签字,然后由助签人员互相交换,代表再在对方文本上签字。

签字完毕后,双方应同时起立,交换文本,并相互握手,祝贺合作成功。其他随行人员则应该以热烈的掌声表示喜悦和祝贺。

【实践拓展】 兼职体验的总结与分享

将打工（实习）证明贴于此

当你工作的团队中因观点不同出现分歧，作为团队成员的你该如何处理？

专家视角

一、高效能人士的七个习惯

史蒂芬·柯维的《高效能人士的七个习惯》堪称打造个人竞争力的宝典，书中提到高效能人士应该具备以下七个习惯：

习惯一：积极主动——个人愿景的原则

"积极主动"这个词如今经常出现在管理方面的著作中，它的含义不仅仅是采取行动，还代表人必须为自己负责。个人行为取决于自身，而非外部环境。理智可以战胜感情。人有能力也有责任创造有利的外在环境。

习惯二：以终为始——自我领导的原则

"以终为始"的习惯可以适用于各个不同的生活层面，而最基本的目的还是人生的最终期许，它是以所有事物都经过两次创造的原则为基础的。所有的事物都有心智的（即第一次）创造和实际的（即第二次）创造。我们做任何事都是先在心中构想，然后付诸实现。

习惯三：要事第一——自我管理的原则

有效管理是掌握重点式的管理，它把最重要的事放在第一位。有领导决定什么是重点后，再靠自制力来掌握重点，时刻把它们放在第一位，以免被感觉、情绪或冲动所左右。要集中精力于当急的要务，就得排除次要事物上的牵绊，此时要有说"不"的勇气。

习惯四：双赢思维——人际领导的原则

利人利己者把生活看作一个合作的舞台，而不是一个角斗场。一般人看事多用二分法：非强即弱，非胜即败。其实世界之大，人人都有足够的立足空间，他人之得不必就视为自己之失。

习惯五：知彼解己——移情沟通的原则

若要用一句话归纳人际关系学方面的一个重要原则，那就是：知彼解己——首先去了解对方，然后争取让对方了解自己。这一原则是进行有效人际交流的关键。

习惯六：统合综效——创造性合作的原则

在互赖关系中，综合效益是对付阻挠成长与改变的最有力的途径。助力通常是积极、合理、自觉、符合经济效益的力量；相反地，阻力多半消极、负面、不合逻辑、情绪化、不自觉。不设法消除阻力，只一味增加推力，就仿佛施力于弹簧上，终有一天引起反弹。如果配合双赢的动机、同理心的沟通技巧与统合综效的整合功夫，不仅可以破解阻力，甚至可以化阻力为动力。

习惯七：不断更新——平衡的自我更新原则

人生最值得投资的就是磨炼自己，因为生活与服务人群都得靠自己，这是最珍贵的工具。工作本身并不能带来经济上的安全感，具备良好的思考、学习、创造与适应能力，才能立于不败之地。拥有财富，并不代表经济独立，拥有创造财富的能力才真正可靠。

（引自《规划未来——大学生职业生涯设计与就业指导》，现代教育出版社，有删减）

二、曾国藩六字箴言：有志、有识、有恒

导读：曾国藩一生以"为政以耐烦"为第一要义，主张凡事要勤俭廉劳，不可为官自傲，并修身律己，礼治为先，以忠谋政，所以在官场上获取了巨大的成功。此外曾老立身处世的六字箴言也是广为流传。

曾国藩认为："盖士人读书，第一要有志，第二要有识，第三要有恒。有志则不甘为下流；有识则知学问无尽，不敢以一得自足，如河伯之观海，如井蛙之窥天，皆无识者也；有恒则断无不成之事。此三者缺一不可。"曾国藩的"三有"是读书的要诀，也是我们立身处世的指导。

1. 有志

有志则不甘下流，有志气者，不会让自己长久处于碌碌无为，琐碎度日中。心中有理想，有追求，不甘于平庸。古人有"三不朽"之说，分别是立功、立言、立德。孔子也曾说过，君子担心自己到死都没有建功立业，垂名宇宙，被世人所遗忘。

有了这份追求不朽的志气，还有什么困难不能克服呢？孔子陈蔡绝粮，依旧弦歌不辍。有理想，有抱负，必然是积极向上的精神面貌，奋发昂扬的斗志不消。有志之士，绝不会仰人鼻息，尾随人后，就像孟子说的，等待周文王才兴起奋发图强的人那是凡庸之辈，若是那些豪杰之士，没有周文王在世，一样可以建功立业，有所作为。

2. 有识

有识也就是说要有见识，有独立思考判断能力。这也可以说是最重要的一点。一个人，不论做什么事情，最紧要的就是要有识，如此你才可以看得长远，不被眼前小利所蒙蔽，误了大事。也只有有见识，才能自己主动思考判断，将命运牢牢掌握在自己手中，而不是被人家卖了尚不知晓。人生很多时候面临着各种抉择，或大或小，但都直接影响关系到你的人生，只有见识高远，审视清明，才不会将自己毁于一旦。

有了见识，看的多了，了解的多了，就不会对什么都大惊小怪，不会总以为自己看到的就是整个世界的真相，真理永远掌握在自己手里，自己的观点就是真理，别人的观点再深刻那也是片面的深刻。见识广了，就明白山外有山，人外有人，一山更比一山高，不会仅仅满足自己的一孔之见，坐井观天。学会容纳更多不同的观点，理解不同的境遇。

3. 有恒

有恒心则世上无不可成之事。想这世界上，多少半途而废之事，大多为恒心不足，毅力不够。古语有云，行百里者半九十，告诫我们在一路上都不可懈怠，就算行百里路，已经走到九十里了，眼看就要成功了，这个时候更加应该小心谨慎，持之以恒。所谓靡不有初，鲜克有终。开头一般人都能鼓足干劲，昂扬向上。但是少有善始善终者，唯有有恒心者可。要有恒心也是在提醒我们，不可急于求成。"不积跬步，无以至千里。""千里之行，始于足下。"饭要一口一口地吃，路要一步一步地走。"欲速则不达。""心急吃不了热豆腐。""慢工出细活。"这么多老话，哪一句不是这个理儿！

（引自http://mt.sohu.com/20161022/n471002584.shtml，有删减）

第八章

求职行动自我管理

本章导图

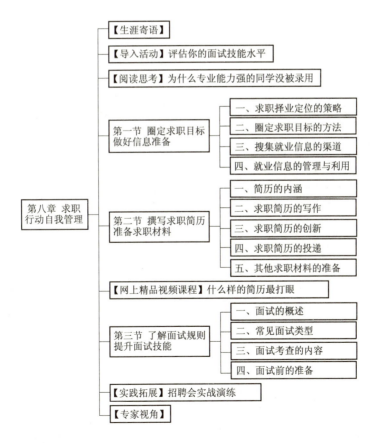

生涯寄语

青年强，则国家强。当代中国青年生逢其时，施展才干的舞台无比广阔，实现梦想的前景无比光明。

——党的二十大报告

【导入活动】评估你的面试技能水平

回忆自己的面试经历，按照表 8-1，评估自己的面试能力如何。

表 8-1 面试技能评估表

评价分数：	1 — 5 — 7 — 9 — 10			
评价等级：	差　一般　良好　优秀			
应聘单位：		应聘职位：		
面试日期：		面试时间：		
	第一次面试		第二次面试	
评估项目	分数	自我评估	分数	自我评估
仪容仪表				
态度/礼貌				
动机、意愿				
表达能力				
反应能力				
沟通效果				
情绪稳定性				
自信心				
面试官评价				
自我综合评价				
面试结果	□推荐第二次面试　□不录用　□候选		□聘用　□不聘用　□候选	
改进方向				

阅读思考

为什么专业能力强的同学没被录用

我曾经是精细专业一个班的班主任。这个班级是"3+2"的班级，也就是在大学里面学习两年。学生第一学年在校进行理论和实践学习，第二年到企业通过实训进行学习。这个班有两个同学——陈同学和程同学，给我很深的印象。陈同学在校理论学习的一年中都是特等奖学金获得者,理论知识非常扎实,实践操作能力也比较强,但是该生相对比较内向。而程同学成绩一般,不过实践动手能力还可以,性格也比较外向。在毕业找工作的时候,这两位同学应征同一公司的研发助理岗位。通过面试和实践操作测试,公司最终选择了程同学。

请思考理论知识、实践知识和人际交往能力,究竟哪个更重要?

第一节　圈定求职目标　做好信息准备

职教案例

主动咨询,年前上班

每年12月底1月初正是旅游专业学生找酒店实习的好时节。学校组织了多家知名企业来校开展宣讲会,同时,为了让学生更好地了解企业,安排组织学生到这些企业去实地参观。

到企业实地参观过程中,企业方会带领学生参观酒店的各个部门,如客房、餐厅、办公区域、休息区域以及宿舍。在整个参观过程中,学生表现出了较好的礼仪。如:参观过程中,保持安静,即使说话也很小声;乘坐电梯绝不拥挤,自动分成几组;虽然参观人数很多,但是队伍不会拉得很长,都紧跟着;不伸手触摸酒店的物件。我们的参观没有影响到酒店的任何经营活动。

在整个过程中,一部分学生表现出认真对待工作选择、主动出击的一面。如在参观过程中,会有部分学生很认真考虑想要咨询的问题,并向企业相关部门人员提问。在一家酒店参观结束时,企业人事经理就会问有哪些学生想要留下来工作的问题。这时,部分学生会非常坚决地留下。作为一家酒店,在招聘员工时,希望员工能认同他们公司的文化和工作内容,并表现出主动接受的一面。这些留下来继续谈的几个学生,也都在过年前到单位报到上班,这给了单位非常好的印象。因为,作为酒店行业,过年前正是急需用人的时候,酒店方认为这部分留下并年前上班的学生做事都比较踏实,符合企业用人需求。

一、求职择业定位的策略

(一) 以过去的行为作参考

作为即将毕业的大学生,你早已成年,性格方面已经基本成型,过去的行为某种程度上代表着个人的喜好。因此,首先可以做几份比较权威的性格测试或者职业测评。虽然这些测试反映的不一定是一个全面的你,但是可以作为一个认识自我的工具,客观全面地了解一下自身的性格特点。一些比较好的测试分析挺有道理,值得借鉴。接着再回顾一下过往的具体经历,注意越具体越好,最好用笔纸列出来:大学四年主要精力放在了什么方面？学习？哪个领域的知识是自己比较感兴趣的？哪些又是自己所擅长的？社团活动，校级以上的大型活动，抑或班级规模的中小型活动？公益性抑或是商业性？大学经历过的比较重大的事情是什么？当时自己所做出的选择又是怎样的？我的性格有哪些优缺点？真诚？稳重？勤奋？被动？少言寡语？从哪些事例可以看出这些优缺点？等等。回答这些问题，一方面可以梳理经历，为写简历做好准备，另一方面则是通过过去的事情全面地认识自我。

（二）从实践经验来验证

这点非常重要。经常听到一些同学说：我可能适合做某种职位；我觉得某种行业发展很好，立志进入某种行业发展。大学生未踏入社会，对社会的了解程度只是停留在表面，这些可能只是你臆想出来的，是否适合这职位、这行业发展是否好，要亲身经历才能确定。因此，要探索自身以后在职场中的道路，必须先了解职场生活，实践就是最好的了解途径。有人说，这些我从网上、书上也可以大致了解，没必要花费太多时间在这上面。其实不然，书上的经验是别人的，人家觉得好不代表你就觉得好，人家觉得不好不代表你就觉得不好。每个人的评判标准都不一样，而只有你自己才知道自己要的是什么。这样，不至于工作后才突然发现，自己入错行了或者干错职位了。实践有两条途径，一是实习，二是兼职。实习当然是首选：一是工作的时间相对较长，对公司运作或者行业基本情况的了解也更为深入；二是实习招聘流程相对规范，可以在找实习单位的过程中积累面试经验；三是实习一般都有补贴，可谓一举多得。

（三）用实际事例来总结

走过前两个步骤后，接下来就是用实际的事例来总结自身的特点了。这个过程很重要。首先，要回答自己三个问题：

第一个问题：你最想要的是什么？（除了金钱，还包括工作环境、社会地位等）即职业生涯的目标与期望值是怎样的？这个问题还要将往后的生活蓝图考虑进去，是高压下的较高报酬呢，还是较低压力下的中等报酬？这些问题的回答将会决定你往后职业发展的大方向，例如找工作过程中你是选择进入外企、国企还是政府机关，等等。记住，要列出自己各个方面的答案，越详细越好。

第二个问题：你最适合做什么？第一个问题可以任自己写，只要不太脱离实际就可以了。但是为了客观、科学地定位自己，第二个问题就要有根据地写了。首先，把你自认为的优势列出来：执行能力、团队能力、学习能力、协调能力强、认真负责、勤奋上进，等等。记住每一个优势都要列出几个事例说明。例如勤奋上进：大学期间获得几次奖学金、参加了什么活动获得什么奖或者是什么称号；又如学习能力好：短时间内（1星期或者1个月）学习掌握某种技能并熟悉应用；再如团队合作：在某比赛或者某项目中担任某角色，发挥某作用，最终获得什么成果。接着，把自认为或者他人提及的缺点列出来：浮躁、口才欠佳、被动，等等。当然，这些缺点也要有所依据，不能妄自菲薄，自己给自己列一大堆缺点。罗列缺点时顺便把改正缺点的方法列出来。注意，像内向、不喜与人交往这类，属于性格特点，严格来说并不是缺点，但是不适合某方面的工作（具体可参考职业测试分析），如不喜欢从事这方面的工作则不用过于在意，如果性格与喜欢从事的工作有冲突，则可以将此类性格特点视为缺点，并详列改正方法。

第三个问题：你的兴趣点在哪里？这个问题的前提是满足同样预期的条件下，你喜欢的是什么样的工作？也许，很多人会觉得，兴趣点这东西太飘忽了，兴趣随时会变化，谁又知道自己到底喜欢的是什么？这话也有道理。因此，建议同学们，要是找不到自己喜欢的东西，可以尝试寻找工作中自己所不能容忍的东西。这样，通过排除法，就可以了解到自己的兴趣点在哪里了。再次提醒，以上所要求的事例是往后环节中的简历要点以及面试过程中的有力事例。

三种渠道并不分先后顺序，严格来说，三种渠道是相互联系的探索过程。没有实践的经验、过去的经历，就没有总结的事例；没有经过总结，实践也就失去了方向。因此，自我定位是一个探索的过程。

二、圈定求职目标的方法

大学生的毕业选择，主要通过以下五个方面的分析，逐步明确自己的求职目标。

（一）选择就业的行业

目前，高校所设置的专业大部分都是符合区域经济发展需求，具有一定操作性的应用型专业。就业选择时，大部分学生可以选择从事与本专业对口的工作，通过自己的专业技能，获得适合自己的岗位。而对口的用人单位也喜欢招收应用型院校的毕业生，因为这些学生只需通过简单培训，即可胜任岗位工作。

虽然如此，我们也要摒除专业与岗位"绝对匹配"的择业观念，因为能找到专业对口的工作或者岗位固然好，如果不能找到，也大可不必灰心，因为专业对口只是充分条件，而不是必要条件。大学学习的是知识和方法，只要能发挥自己的聪明才智，有发展空间，不一定非要从事专业严格对口的工作。

（二）圈定就业的区域

部分大学毕业生在选择就业区域的时候，存在着"唯直辖市、沿海、发达地区不可"的倾向，都希望选择大中城市，而忽略了西部或者农村地区。其实在欠发达的中西部地区，发展潜力和发挥空间更大，同时这些地区对人才的需求也更加旺盛。

基层是大学毕业生建功立业的大好舞台，国家也制定了一系列的引导基层就业的优惠政策，如"三支一扶计划""大学生村官工程""西部计划"等。大学生应该积极响应国家的号召，去基层就业，实现自己的职业生涯目标。

（三）遴选意向的单位

基于当前的就业形势和我国的社会经济发展，毕业生在就业单位的选择上呈现多元化。这种现象产生的原因在于大学毕业生的人才特点和竞争优势，以及社会人才的多元化需求。毕业生一般不再注重就业单位的性质，只要有发展潜力，国家机关、事业单位、外资企业、民营企业、自由职业等，都会去尝试和争取。

（四）了解待遇等需求

薪酬待遇方面，大学毕业生的期望值整体上符合社会的实际情况。但仍有部分同学就业期望值过高，将目标放在大企业、薪酬福利好的行业、职业，却往往忽略了自身实力和自身适合的择业定位，从而导致择业失败。正确的选择是先走上适合自己发展的工作岗位，通过自己的拼搏和努力获得较高的薪水和待遇。

（五）明确就业的岗位

大学毕业生就业选择何种岗位，主要取决于自身愿望、资源条件和岗位胜任素质与能力要求。这就要求毕业生对自我的素质和能力有清晰的认识，对具体岗位的职责、任职条件和要求、职业发展路径等有深入的了解。

三、搜集就业信息的渠道

（一）从本校毕业生就业指导机构获得信息

学校每年都向用人单位输送毕业生，与社会各有关单位保持着广泛而密切的联系，并在与用人单位长期的合作中，建立了稳定的工作关系，了解和掌握大量的人才需求动态和信息，这是大学毕业生重要的求职信息源。从学校就业部门获取招聘需求信息，如杭州职业技术学院就业网，是毕业生获取就业信息的主要渠道，且针对性强、可信度高。

（二）通过各级毕业生就业主管部门、人才服务机构及其组织的活动获取信息

各级毕业生就业主管部门和人才服务机构，是沟通用人单位和大中专毕业生的桥梁和纽带，是为毕业生提供就业服务的专业机构。大学毕业生可通过参加他们组织的定期或不定期的人才交流洽谈会、毕业生供需见面会等活动获取需求信息，这也是获取信息的重要渠道。

（三）通过各种传播媒介获取信息

一些用人单位常常通过网络、报纸、杂志、广播、电视等大众传媒介绍本单位的现状、发展前景和人才需求信息。需要特别注意的是，这种信息传播面广，竞争性强，时效快，成功率较低，而且其内容往往比较笼统，如果选用还应做进一步的了解。

（四）利用家庭和各种社会关系获取信息

从父母、亲友以及他们的社会关系中也可以获得需求信息。这种信息针对性更强，通常具有毕业生所希望的行业或地区的定向性，对用人单位可以进行更具体的了解，易于双向沟通，因而就业成功率较高。

（五）主动与用人单位联系或通过社会实践获得信息

大学毕业生本人通过电话咨询、登门求访、信函询问等方式，或者在毕业实习、参加社会活动等实践中，对相关单位的人才需求情况进行了解，也可以获取所需要的就业信息。

要想使择业决策具有更多的科学性，必须有就业信息量上的保证。比如国家的就

业方针、各地方及行业的就业政策、所属院校的就业细则、有关的就业机构、具体职责等，当然，更为重要的是用人单位的需求信息，在这些信息的收集量上若有不足，进行取舍决策的科学性、准确性就会大打折扣。

其实，选择哪种信息收集渠道不是最重要的，重要的是有意识地、科学地搜集、处理和利用信息。

四、就业信息的管理与利用

就业信息是指通过各种媒介传递的，与就业有关的消息和情况。包括就业政策、就业机构、人事制度、国家发展规划、经济发展形势与趋势、劳动力供求状况、劳动用工制度、就业方法和招聘信息，等等。就业信息的价值具有"会用则有，不会用则无"的特性。

就业信息可以帮助毕业生：

（1）了解政策，掌握和运用好政策；

（2）了解市场，了解需求，了解自我；

（3）增加就业机会，提升就业成功率。

就业信息分为宏观信息和微观信息两大类。

宏观信息包括毕业生就业的总体形势、社会对人才的需求趋势、就业政策、就业活动等信息。

微观信息是指具体用人信息，即哪些单位需要什么样的毕业生。比如需求单位的性质、企业文化、专业要求、行业现状及发展前景、岗位描述、计算机和外语水平、生源地、性别要求、用人单位提供的用人条件、工作性质、晋升机会、工资福利待遇、空缺岗位等。

一条具体的就业信息包括以下主要内容：准确的单位全称、经济性质、隶属关系、地理位置（交通状况）、职位名称、招聘人数、职责范围、职位要求、薪酬福利体系、组织结构、用人理念、文化氛围、单位发展前景、详细地址、联系方法等。

【体验活动】 制订求职计划

1. 目标：

分析求职要素和个人就业条件，制订个人求职计划。

2. 内容：

（1）讨论求职必备条件。

（2）分析个人求职条件。

（3）制订个人求职计划。

3. 要求：根据训练内容，结合训练要点，采用自我分析与撰写个人求职计划相结合的方法进行，共分三个阶段。

4. 步骤：

步骤一：讨论求职必备条件。

（1）分组。每组5～8人，选出一位小组记录员，记录小组发言情况。

（2）小组讨论。针对成功就业条件分析表（见表8-2）规定的内容，小组讨论需要哪些必备条件。

（3）代表发言。小组代表上台板书小组讨论结果，并做简短解释性发言。

步骤二：个人就业资源分析。

（1）填表。填写个人就业资源分析表（见表8-3）。

（2）总结要点：

①对个人占有的就业资源分析要中肯，既不要夸大，也不要漏掉，本着实事求是的态度；

②无论是谁，都会面临就业资源匮乏的问题，因此，如何结合自身的情况，制订一个切实可行的求职计划，显得尤为重要；

③对个人就业资源有了中肯的分析，再做求职计划就心中有数了，但还应当从保守的角度做下面的计划。

步骤三：撰写个人求职计划。

（1）撰写求职计划。依据个人就业资源状况撰写求职计划。

（2）互相点评。互相点评求职计划，随机抽取两份计划进行公开点评。

（3）观摩和实施。选出优秀的求职计划，张榜观摩。

（4）根据个人就业意向和求职目标，制订并完善自己的年度求职计划，填写在表8-4中。

表8-2 成功就业条件分析表

（此表仅供教师辅导学生填写成功就业条件分析表时参考使用）

序号	必备条件	要素	规则	举例
1	目标和策略	目标定位	★要有明确的初、中、高目标层次 ★至少要在岗位或专业要求、薪酬、工作环境、个人发展等方面有定性和定量要求	如：选择的是初级目标 如：选择的是所学专业、薪酬1000元，工作环境为室内作业，对个人应有发展的可能
		策略	★要有实现目标的基本原则 ★要有实现目标的时间要求 ★要有实现目标的基本手段	如：基本原则是分步实施 如：时间要求是3个月内先找到一份工作，3年内相对稳定 如：外地就业，靠个人努力
2	途径和方法	求职途径	★要有至少3种明确的求职途径	如：选择电话求职、上门求职、亲友介绍求职、学校推荐求职、职介机构求职
		实施方法	★要针对至少3种求职途径，提出具体的实施方法	如：对所选的求职途径，在准备、步骤、规则、技巧等方面提出具体的设计

续表

序号	必备条件	要素	规则	举例
3	个人条件	人格和能力	★具有能够满足用人单位需要的职业人格和能力	如：具有高度的工作责任感、一定的英语水平
		经验	★具有能够满足用人单位需要的职业经验	如：具有相关的职业实习经验
		学历	★具有能够满足用人单位需要的学历	如：大学专科毕业
		社会关系	★具有能够帮助自己就业的社会关系	如：家庭可以帮助提供就业信息
		其他	★具有求职能力、外貌、言语等有助于求职的条件	如：有较强的个人展示能力
4	就业环境的掌握	本地区就业信息的掌握	★要对本地区总体就业情况和求职意向所涉及的岗位信息有所了解	如：知道本地区计算机绘图人员处于供不应求的状态
		其他地区就业信息的掌握	★要对其他某地区总体就业情况和求职意向所涉及的岗位信息有所了解	如：知道重庆和成都都缺少技术人才

表8-3 个人就业资源分析表

（此表仅供教师辅导学生填写成功就业条件分析表时参考使用）

序号	必备条件	要素	规则	个人详细状况
1	目标和策略	目标定位	★要有明确的初、中、高目标层次 ★至少要在岗位或专业要求、薪酬、工作环境、个人发展等方面有定性和定量要求	
		策略	★要有实现目标的基本原则 ★要有实现目标的时间要求 ★要有实现目标的基本手段	
2	途径和方法	求职途径	★要有至少3种明确的求职途径	
		实施方法	★要针对至少3种求职途径，提出具体的实施方法	
3	个人条件	人格和能力	★具有能够满足用人单位需要的职业人格和能力	
		经验	★具有能够满足用人单位需要的职业经验	
		学历	★具有能够满足用人单位需要的学历	
		社会关系	★具有能够帮助自己就业的社会关系	
		其他	★具有求职能力、外貌、言语等有助于求职的条件	

续表

序号	必备条件	要素	规则	个人详细状况
4	就业环境的掌握	本地区就业信息的掌握	★要对本地区总体就业情况和求职意向所涉及的岗位信息有所了解	
		其他地区就业信息的掌握	★要对其他某地区总体就业情况和求职意向所涉及的岗位信息有所了解	

表8-4 求职计划表

求职年目标	十二月	一月	三月	四月	五月
确定职位					
了解职位需求					
投递简历					
参加面试					
电话询问反馈					
确定 OFFER					
签订三方					

第二节 撰写求职简历 准备求职材料

职教案例

简历就是会说话的名片

每到毕业顶岗实习找工作时，毕业班学生们就开始忙碌起来。在学生找工作的过程中，往往存在着一个有趣的现象：有些同学在学校一直得奖学金，但找了多家单位迟迟没能找到满意的工作；然而有些同学平时成绩并不是班上名列前茅，却很快就被工作单位录用了。这是为什么呢？原来是在编排整理个人简历的环节出现了差异。那些简历做得更好的同学更受社会重视！一份份简历就如同一张张会说话的名片，如潮水般投向招聘单位，千篇一律、缺乏创意的简历一下子就被淹没在这海洋里边。通过简历，应聘者虽不见其人，却能先闻其声。优秀的简历陈述应该是言语中肯，表达清晰，成绩履历有条不紊。比如工业设计专业的学生找工作，仅仅只有简历文字部分还远远不够，两年多来的设计作品集更是设计学习阶段的重要依据。蔡同学，某职业技术学院工业设计专业，他的作品集就做得颇有设计美感，一幅幅手绘构图饱满，从简至难排版有序，一页页翻阅过去，可以明白了解到这个同学学习提高的过程；一张张三维效果图，造型简洁优美，材质选择得当，既反映了设计者的创新思考，又不脱离实际踏踏实实的设计。事实证明，那些产品生产企业和设计公司的招聘者们抢着要的人才就是这样的！所以这位同学能够反客为主，在几家单位中选择出一家专业对口、自己又喜爱的设计公司，轻轻松松地找到心仪的工作。

有时候做事的态度决定一切，不用总是和别人比，只要脚踏实地把自己该做的事情一点一点完成好，就能成为别人眼中厉害的那个人。

一、简历的内涵

（一）简历的含义

简历就是大学生针对用人单位的招聘要求和自己的求职意向而精心设计完成的关于自己生活、学习、工作、经历、成绩的概括集锦。

（二）简历的基本类型

如果能在不同的时间、场合投递类型合适的简历，肯定有助于你的求职。这里介绍几种类型的个人简历。

1. 完全表格式简历

这种简历用表格的形式列出自己的基本情况，使人一目了然。它陈述了许多种资料，易于阅读。这一格式通常用于年轻、缺乏工作经历，但有其他资料（如所学课程、实践活动、兴趣爱好和临时工作经历）的求职者。

2. 半文章式简历

这种简历使用较多的文字表述，而较少使用资料表格，表格的数量和文字表述的长短，可根据自己应聘的主攻目标和具体情况而定。资历丰富的应聘者也许会发现半文章式简历更有利。

3. 小册子式简历

这是一种多页的、半文章式的活页格式简历。其主要优点是提供一种可以表述更多资料的便利工具。

4. 时序式简历

这种简历按年月顺序，列出自己的学习、工作经历，条理清楚。这是最普通也是最直接的简历类型，即从最近的经历开始，逆着时间顺序由现在到过去分阶段逐条排列个人信息。

5. 职务式简历

这种简历按职务或职能编写，即按个人的职务，包括专业、成就或职业性质等编写。按这一方式编写简历，由于突出介绍了自己曾担任过相同或相似的职务，因而具有较强的针对性。

6. 视频简历

顾名思义就是把个人情况和才艺通过电视图像的方式录制下来，作为影视资料提供给招聘者。视频简历的优点是能直接传递应聘者的言谈举止、态度仪表、语言能力，这不但形象地展示了应聘者的才华，能够让招聘者感受到应聘者的风采，还能够进行第一传递和保留，给招聘单位进一步分析的机会。视频简历的权威性要比普通简历高，已经有越来越多的大学生应聘时开始使用视频简历。

二、求职简历的写作

（一）简历的结构及内容

一般说来，简历的格式由 7 个部分组成：个人基本信息、求职意向、教育背景和荣誉、工作经验和社会实践、培训经历、语言和证书、自我评价。

1. 个人基本信息

（1）简历标题：不宜使用"简历"两个字作为标题，直接用你的名字"×××"，这样显得更突出，更一目了然。

（2）出生年月：一定要按实际填写并与身份证上的信息相符。

（3）联系电话：把手机和固定电话都写进去，尤其是一定要填上可以长期找到你的固定电话号码。不少求职者经常会更换手机号码，或者手机碰巧没有电，错失了人力资源通知面试的机会。电话号码最好放在靠前醒目的位置，这样便于人力资源与你联系。

（4）E-mail：尽量用自己常用的私人邮箱，不要用各大招聘网站分配的邮箱，否则显得很没有诚意和不专业。

（5）户籍所在地：如果是本地生源，务必写上，有些企业或者机关单位会指定只要本地生源。

（6）政治面貌：如果应聘的是国企或政府单位，政治面貌是党员的话，请写上，这一项会得到加分；但如果应聘外企就不必了，外企不关心这个。

（7）学历和专业等其他信息：一般专业对口的话，可以写，不对口建议不写。

2. 求职意向

求职意向必须写清楚。很多公司会同时招聘很多职位，对于没有写清楚申请职位和职位编号的简历，筛选人员是无法进行职位分类的。因此，这类无名无分的简历很有可能在第一时间给删掉。

3. 教育背景和荣誉

该部分主要写与你求职目标有关的专业，最好是与目标有关的在班级中最成功的例子（例如，团队或个人项目），以及其他重要的事实（例如，荣誉、奖励、证书、成就等）。切忌在醒目位置罗列所有课程。

写荣誉时，要注意强调奖励的含金量，可使用数字和比例，以营造比较优势。比如奖励年级排名前 5% 的学生、获奖比例不足千分之二等表述就能突出其含金量。如果奖励众多，要有所选择，注意奖励与职位的相关性，同一种奖励，写一项即可，可表述为 n 次获得"优秀三好学生"。

4. 工作经验和社会实践

这是所有企业都关心和注意的地方。这一项写得好与坏，直接决定他们是否有兴趣把简历的其余部分读下去。

写出在校期间参加各种实践活动的经历，如在校担任过哪些职务、是否参加过志愿者工作、有哪些兼职等，这些经历能很好地说明你具备相关的工作能力。这对没有参加工作的大学生来说是非常重要的，可以视为工作经验。

下面的技巧有助于写好工作经验：

（1）回顾与职位相关的实践经历。仔细思考，罗列出以往所有的短期实践经历。记住，哪怕做过一天的社会实践，只要和申请的职位有关系，也要把它写下来，这可以成为丰富你简历的良好素材。比如说，你申请的是"市场专员"这个职位，有以下这些实践经验：

①2016 年暑假，在××外语学校担任英语教师；
②2016 年 11～12 月，为××公司做兼职手机促销员；
③2017 年 3 月，为××咖啡新产品的上市做前期市场调查；
④2017 年暑期，在××电视台新闻频道实习；
⑤2017 年 9 月，参与××学校培训产品的市场推广策划。

经过分析，只有 2、3、5 条是和申请的职位有直接关系的，可以把它们提出来进行加工润色，而和目标职位没有直接关系的实践经历，就可以省略了。

（2）细致描述社会实践活动。这是工作经历撰写的重点与核心。学会把参加过的活动详细描述，用 1，2，3，4，…罗列表示出来，这是非常必要的。比如一个学生只是参加了一个周末为某公司进行的市场促销活动，可以根据工作内容把它们罗列如下：

①新款手机产品性能的讲解；
②协助进行现场活动抽奖；
③发放并回收新产品上市的市场调查问卷；
④收集现场客户资料。

这样一来，工作实习的内容就变得丰富多彩了。

（3）用专业术语和数字描述。同一件事情，用不同的方式表达，可能产生的效果相差很大。在保证真实的情况下，我们可以尽可能用专业化的语言来表达，这样也从另一个侧面反映专业素质。比如，原来从事"秘书"工作，可以表达为"助理"；"传单发放"可以表达为"传播产品信息"，等等。同时，数字的使用会让整个简历变得更有说服力，这远远比那些只用了"很多、大量"等含糊语言的简历更能吸引招聘主管。把上面那位同学的工作内容加工一下，就形成了以下文字：

①在大型市场推广活动中，为潜在顾客进行产品展示和产品性能解说；
②在展会活动中，参与组织和安排大型抽奖活动，当天吸引 3000 名潜在顾客参加活动；
③协助公司进行 SS 手机的市场调查，组织 20 人发出 2000 份调查问卷并有效回收 90%；
④用多种方式进行客户资料收集、分类，进行客户资料管理。

5. 培训经历

求职者可以把自己在业余时间学习的与职位有关的课程写上去，如各个名牌企业的认证培训课程（如微软认证和思科认证培训课程）、英语进阶课程、计算机课程、海外学历培训课程、管理课程等。但要遵循的一个原则还是你的培训经历必须与所申请的职位相关，没有针对性的话毫无用处。

6. 语言和证书

语言水平要注明等级。如英语四级是企业最基本的要求，六级和专业八级要特意说明，会有加分的。

应聘欧美外企的时候，如有托福（TOFEL）和雅思（IELTS）成绩尤佳。但最好是托福达到600分以上和雅思平均分达到7分以上才写上去，并要说明近期没有出国的计划，否则还不如不写。

应聘日资企业，除了英语证书，一般要求国际日语水平测试二级以上，一级可以加分。

如果应聘翻译工作，要有高级翻译、口译等证书，这在找工作时会很有帮助。

7. 自我评价

自我评价要符合职位要求，求职意向跟所应聘的职位是一致的。尽量三言两语说清楚，不要自我主观发挥，更不要写成抒情散文，如"我经过""我觉得""通过什么……我学到了……"等这些学生腔。最好按顺序用1，2，3，4，…来列出自己的优点和技能。

（二）优秀简历写作原则

1. 实事求是

真实是简历最基本的要求，诚实的记录和描述能够使阅读者产生信任感。一些学生为了达到较好的包装效果，故意遗漏某一段经历，造成履历不连贯或对经历夸大其词、弄虚作假，很容易被阅历丰富的人事主管识破。费尽心机修饰与事实不符的简历，经不起面试的考验。行文中所表现出的语气要遵循诚恳、自信、礼貌。陈述时既不妄自尊大也不妄自菲薄，要客观评价自己的优势又要避免夸夸其谈，客观陈述自己反而更能赢得好感。

2. 自我推销

简历的作用是推销自己，表现自己，你有什么特长，尽量在简历上表现出来，让用人单位发现你的价值。切忌过于谦卑，不好意思向别人陈述自己的优点和成绩。如果你不说清楚你能做什么，那又有谁会知道你是一个有用的人才呢？所以，在简历上，你不仅要列举你所做过的工作，更应该强调你有能做某项工作的技能以及你所取得的成就和证书。

3. 扬长避短

个人简历里面的内容，应实事求是，决不能虚构。但这并不意味，在个人简历上你要把所有有关你的事情都写上去。个人简历的主要作用是让用人单位了解你是否胜任某项工作，所以，与之无关的对自己不利的内容完全可以不在简历上出现。

4. 人职匹配

简历从某种角度看就是一篇论述性文章，其中心论点是你是应聘岗位的最佳人选，而简历中的所有信息都是证据。所以，写简历时要分析目标企业和职位的要求，巧妙突出自己的优势，给用人单位留下鲜明深刻的印象。通常，简历中的求职意向、教育背景及学历、专业、外语水平、计算机水平、实践经历、实习经历、特长、爱好、自我评价、其他重要或特殊的信息等都是证明自己人—职匹配的关键信息。

5. 简洁凝练

招聘人员每天要面对大量的求职简历，在阅读和筛选时，平均每份简历所用的时间不超过一分钟。对于应届毕业生的简历,衡量的标准是简洁、清晰、篇幅不超过一页纸。言简意赅、流畅简练、令人一目了然的简历,是最受欢迎的。撰写简历前应根据不同的单位、职位和要求进行必要的分析,突出重点、有针对性地设计简历。

6. 美观规范

行文要准确、规范。作为实用型文体,简历句式以短句为好,文风要平实、稳重,以叙述、说明为主,不可动辄引经据典、抒情议论。不要使用拗口的语句和生僻的字词,更不要有病句、错别字。好的简历,版面设计也是一个非常重要的因素,是真正的"第一印象"。基本要求是条理清晰、标识明显、段落不要过长、字体大小适中,排版端庄美观、疏密得当。简历,不要为了节省纸张而排得密集局促,令人看得吃力;也不要出现某一页纸上只有几行字,留下大片空白;还要注意版面不要太花哨。

三、求职简历的创新

(一)劣势分析和应对策略

应届毕业生是职场上的弱势求职群体,有的同学潜意识里想在简历中做一些虚假的修饰。比如没有当过学生会干部的却写上"担任过学生会主席"这样的字样,这种做法是万不可取的。明智的做法是认清自己的优势,正确对待不足或劣势,对简历进行科学取舍,突出重点,合理扬弃,这样既使简历更有吸引力,又不失简历的真实性。

1. 劣势一:初出校门,缺乏工作经验

雇主喜欢工作经验丰富的人。很多应届生在求职过程中屡次受挫后抱怨:许多企业在招人的时候要求要有工作经验,而企业不给我们工作的机会,我们又怎么会有工作经验呢?

应对方法:

(1)刚出校门的毕业生应尽力扬长避短,重点强调自己最近几年所受的教育和培训的情况,包括那些与应聘工作有直接关系的特别课程或活动。

(2)实习的经历要作为相应的工作经验写进简历中。因为这期间的工作性质和内容与许多岗位工作相似。实习者经常是自主完成多项任务的,可以在这段经历中展现自己取得了哪些收获或成绩,最好还能用具体的数据来进行说明。

(3)列出你已掌握的跟你所应聘的工作有直接关联的知识或技能,你用这些知识或技能参加了哪些实践活动,取得了哪些成绩。这可以让人事主管看出你的价值和可培养的潜力。

2. 劣势二:学历或学位问题

高职院校毕业生是受过高等教育的专业人才,相对没有受过高等教育的人来说具有学历上的优势;而相对于本科生、研究生来说,其学历又显得层次较低。

应对方法:

(1)更加明确就业的方向。一般而言,职业院校所设立的各个专业与用人单位岗位需求的适配度高,学生实践操作能力强,因此要明确哪些地区、什么样的单位更需要自己这个专业的人才。更加明确就业的方向,学历或学位问题就不是最重要的影响因素了。

（2）专业和职业更加匹配。重新审视所学专业的培养目标是什么，有哪些适合的职业种类，要有明确的目标性，有目的地来撰写简历，以增加求职时的竞争力，而不是盲目地追逐热门却不适合自己的职业。

（3）突出个性品质和才能。企业在招聘时，要寻找的往往不是最优秀的那一个，而是最合适的那一个，简历中要根据所应聘的职位如实描述自己的个性品质，一一列举出与之相关的各种才能、才艺，让人事主管通过你的简历，看出你可能就是该岗位的合适人选。

（二）个性化简历创新之道

在各种简历模板的约束下，许多简历失去了个性，被招聘主管扔进了垃圾筐。只有个性突出、特征鲜明的简历，才更容易吸引招聘主管的眼球。

1. 创新方法一：为目标企业量身定做

认真分析所应聘的企业的情况，研究招聘主管的心理愿望，再结合自己的情况写简历。在你的简历中出现招聘主管最想看到的几个要素，是最容易打动人心的个性化简历。例：小王想应聘到某图书公司工作，他把自己的简历按公司图书的样式来制作，封面展示的是该公司的LOGO、公司名称、公司主导色等视觉识别系统元素。当招聘主管看到简历上的这些元素时，立刻产生情感的共鸣，很大程度上加深了对简历主人的认同感，希望能够见到这位应聘者，并进行面谈，小王的简历自然不会被随手扔在茫茫的简历堆里。有了招聘主管对简历的认同，也就增加了求职成功的概率。

2. 创新方法二：结合应聘岗位来创意

简历从求职者应聘岗位需要的职业技能和职业修养的角度进行创新。例：小李想应聘某公司的网站设计工作，他仔细了解该公司和该职位的要求后，发现公司正在对原网站进行改版。他利用自己所掌握的专业知识，提出了网站改版的思路，并精心设计了网页。当招聘主管看到这样的简历时，很快判断出小李具备所应聘岗位要求的能力、水平和职业意识，马上拿起电话通知他前来面试。

3. 创新方法三：从所学专业上创新

各个专业都有其专业特点和专业语言，从专业角度出发进行求职简历创新，可以通过简历体现专业素养。例：小张是会计专业毕业的，在应聘某公司财务人员时，他把求职简历做成了一份会计报表。会计报表是会计人员体现专业技能的主要形式，能表现出极好的专业意识和专业素养。对于招聘主管而言，看到这样的简历，首先不会怀疑小张的专业能力和修养，其次面对每天千篇一律的求职简历，突然间看到这样一份耳目一新的简历，马上约见就不足为奇了。

简历是一个传递信息的工具，目标就是获得面试的机会。创新并不是一件困难的事情，但注意简历创新要把握好方向，切不可偏离目标，更不要离谱得使人难以接受，能有效帮助求职者获得面试机会的简历才是成功的简历。

四、求职简历的投递

是否能获得面试机会，除了简历质量的影响，简历投递的方式方法对求职成功也有不小的影响。简历投递的途径主要有现场投递和网络投递。

（一）现场投递

一般企业不会接受求职者的上门拜访，现场投递最常见的方式就是人才招聘会。简历投递前要仔细检查各项信息的完整性，不要忘了贴照片、附上相关证明资料等。

现场投递时还应注意，不要盲目乱投简历，不管企业招不招应届生，放下简历就走。大部分招聘主管对在招聘会上收集到的简历，会当时就做一个简单的区分，哪些是要尽快约见的、哪些是予以考虑的、哪些是不予考虑的。如果放下简历转身就走，这样的简历会被招聘主管放在不予考虑的那一堆里。因此，投递完简历就要争取和现场的招聘主管做一个简单的交流，留下一个好的印象，这样才有可能争取到面试的机会。

（二）网络投递

网络投递也是最常见的投递方法，可以从知名的大型招聘网上投递，也可以上专场网络招聘会，还可以直接向用人单位的网站或邮箱投递。有的同学在网上投几百上千封简历都石沉大海，有的同学投出为数不多的几份简历就有面试通知，这是因为网络投递是非常有技巧的。

（1）要有的放矢。首先仔细浏览招聘单位的简介、招聘职位的要求、信息发布的时间、有效期等。掌握了这些真实的情况后，再结合自己的实情决定是否投递简历，用人单位发布招聘信息的第一时间是投递的最佳时间。

（2）不要向同一家单位申请多个职位。招聘主管不会因为你申请了多个职位而认为你什么都能干，相反，会认为你没有目标只是盲目地乱投简历。

（3）按招聘单位的要求投递简历。有的单位对简历格式、附件都做了特别的要求，如果没有按招聘单位的要求去做，简历再精彩也会被直接删除而错过机会。

（4）电子邮件的主题要醒目。如果没有特殊要求，一般情况下可写"××应聘××"，千万不要空着。

（5）把简历存在各大招聘网站上。凡是使用网络招聘的单位，都会主动到网站上搜索所需的人才。当他们需要你所学专业的应届毕业生时，就能搜到你的简历并主动跟你联系。

（6）做好投递记录。很多人投递简历像天女散花一样不计其数，当有一家公司通知面试时，却半天也想不起来是哪家公司。这会让招聘单位觉得你不重视这个机会，对你的印象大打折扣。建议做一个投递信息的记录，以免张冠李戴对不上号。

五、其他求职材料的准备

（一）求职信

求职信是求职者写给用人单位的信，属于商业信函，要求规范与专业，足以吸引招聘者的目光。求职信的目的是引起雇主的兴趣，让对方了解自己、相信自己、录用自己。

有效的求职信其实只要认真地说明三个问题就可以：

（1）求职意愿；
（2）集中说明自己与职位相匹配的优势及工作经历等；
（3）请求对方阅读自己的简历、给予面试机会。

写求职信的时候，你要有正在和某个人说话的感觉。能让人在求职信中感受到你的热情洋溢，彬彬有礼，不卑不亢，应达到使对方觉得此人值得一见的效果。

1. 求职信的内容结构

求职信与商业信函的结构是一致的，同样以称谓及问候起头，然后是正文，再以结束语、落款和撰写日期告终。正文部分的内容也通常可以从四方面入手——开头部分、简要自我介绍、联系方式和结尾部分。求职信的正文中，首先应介绍求职者的身份和写信目的，接着写出自己的优势或长处，并写清楚电话预约面试的可能时间范围，或表明希望迅速得到回音，最后在结尾处感谢对方阅读并考虑应聘请求。一封标准的求职信的正文应当包括以下内容。

（1）列举写信的理由：包括从何处得悉招聘信息，申请的目的和应聘的原因，以及自己希望申请的职位等，让招聘主管对你的意图一目了然；

（2）自我介绍：说明自己为什么适合申请的职位，注意要提出自己能为未来雇主做些什么，而不是他们能为你做些什么，以此打动招聘主管；

（3）简明突出优势：即为什么自己比别人更适合这个位置；

（4）强调与申请职位相关的经历：包括培训、实践、技能和成就等，用事实和表现证明自己的优势；

（5）提出进一步行动的请求：在结尾段落中，你可以建议如何进一步联络，留下可以随时联系到自己的电话或地址。同时，对阅读者表示感谢。招聘主管每天要阅读大量的简历，一句关切的问候会给人留下很深的印象。

2. 求职信的撰写规则

一封效果良好的求职信首先必须有完整的内容结构，其次，撰写人还要掌握一定的写作规则，以免走入误区，收到反效果。一般来说，求职信的撰写规则主要有以下几条。

（1）量体裁衣，度身定做。面对不同的招聘单位和具体职位，求职信在内容侧重点上有所不同，必须有很明确的针对性。求职信不能像简历那样"千篇一律"，否则很容易被有经验的招聘主管识破并弃置一旁。

（2）突出主题，引人入胜。求职信一般只有几秒钟的时间吸引招聘主管继续看下去。在求职信中要重点突出你的背景材料中与未来雇主最有关系的内容。通常招聘主管对与其企业有关的信息最为敏感，因此要把自己与企业或职位之间最重要的信息表达清楚。

（3）言简意赅，避免冗长。求职信最好不要超过一页，除非招聘主管索要进一步的详细信息；而且内容要短小精悍，避免空泛和啰唆。因为招聘主管的工作量很大，时间宝贵，求职信过长会使其效度大大降低。

（4）语句通顺，文字规范。一封好的求职信不仅能体现求职者清晰的思路和良好的表达能力，还能考察出其性格特征和职业化程度。所以，一定要注意精雕细琢信中的措辞和语言，切忌有错字、别字、病句及文理欠通顺的现象发生。

（5）实事求是，切忌吹嘘。从求职信中看到的不只是一个人的经历，还有品格。

诚实是招聘单位对新员工最基本的要求。有的求职信没有任何豪言壮语，也没有使用任何华丽的词汇，却使人读来觉得亲切、自然、实实在在。

（6）先让身边的人查看。在求职信正式发送之前，先给身边的人看一下。这也是求职信撰写中的一个重要技巧，目的是避免歧义的产生，让求职信能更好地、更准确地传达出你所要传达的信息。

（二）简历附件

这是指简历中所列的各种奖励、证书等凭证，是要告诉对方所列事项有凭有据。这个时候你就要准备好学习成绩单、英语等级证书、计算机等级证书、荣誉、奖学金、职业资格证书、社会实践证明等各种材料的原件及复印件。当然，并不是所有的简历都必须附上厚厚的一摞资料，你要在明确企业及职位要求的基础上，有选择地附上相关资料。

（三）推荐表

这份资料是学校为每个应届毕业生所准备的推荐资料，能够比较客观、真实地说明情况，一般企业也会仔细查看这份资料，正规的大企业在正式录用时还会让你提交推荐表的原件。

【体验活动】 简历挑错游戏

这个练习是为了让你检验一下自己对简历水平的评审能力，帮助你明确简历要素，提高简历制作水平。要明白写完简历并非大功告成，简历完成后要进行仔细、不断的修改和修正，因为有错别字或语法错误的简历，通常是最容易被刷下的。

阶段1：
每个参与者从给定简历中挑出13个失误之处，时间为5分钟。

阶段2：
每个参与者和同伴讨论他们的选择，时间为10分钟。

阶段3：
组织者结合简历要素及制作要求进行讲解，时间为10分钟。

总结：
如果你不能在规定时间里将错误全部挑出来，表明你的写作能力有待提高，你自己在写作简历中恐怕也会犯同样甚至更多的错误。有经验的招聘主管能在5分钟之内就挑出所有错处。如果把你的简历和一个与你背景相似的人的简历放在一起，谁的错误更多便一目了然，正规公司对你的取舍也将不言而喻。

第三节　了解面试规则　提升面试技能

职教案例

努力一定会有人看得见

杭州某公司在学校举办校园宣讲会，会议结束后，公司副总张先生告诉我们，他很欣赏营销专业的翟同学，说像翟同学这样的学生有多少他要多少。事后了解到，翟同学听完企业宣讲后，发现这次公司推出的管培生计划中没有××岗位，但她没有像其他同学一样马上离场，而是参加了第二环节的面试。面试现场，她主动帮助面试官分发资料，维持秩序。我们问她，没有你想要的岗位，为什么还参加面试？她腼腆地笑着说："社会上××岗位需求本来就不多，招高职生的更少，我要主动出击，万一面试官喜欢我，公司有这个岗位需求就会想到我。再说我没有面试经验，这也是个锻炼机会。您上次跟我说的，努力一定会有人看得见！"

点评：在求职面试中，有不少大学生为自己所学的专业与用人单位要求不符合而苦恼，认为自己几年来的专业学习时间白白浪费了，从而丧失信心、自我逃避甚至选择放弃，结果错失良机。殊不知，机会总是垂青有准备的头脑。面试官其实并不是在找一个完美的人，而是在找一个最合适的人。他会对与公司所需职业或岗位匹配的具有某些技能、素质和品质的人感兴趣，因此大学生要做的只是尽量展现自己的优势。专业与职业之间最直接的相关性只是知识技能，但很多时候在实际工作中用不到，并且可通过正式专业教育以外的其他方式获得。而用人单位更看重的往往是应聘者的自我管理和可迁移技能，它们一般是不受专业或行业限制的。案例中的翟同学在专业不对口的情况下，果断施展随机应变、组织协调等通用技能，发挥积极主动性，最终取得了用人单位的称赞和信任。

一、面试的概述

（一）面试的含义

面试是用人单位设计，通过多种方法，在特定场景下面对面地科学测评求职者的基本素质、发展潜力、实际技能以及其与拟录用职位的匹配性，为人员聘用提供重要依据的考试。

面试是毕业生在求职就业时面临的一个重要环节。研究表明，80%以上的组织的招聘与录用工作是借助面试这一甄选手段来完成的。面试是一个互动过程，对于招聘单位来讲，是在阅读了求职者提交的自荐信、个人简历等相关材料的基础上更深入地考查和了解求职者的素质，为录用决策提供依据；对求职者来说，面试相当于抛开简历等书面材料站在面试人员面前，通过自己的言谈举止来展现自己的才能和素质，让招聘单位相信自己是最适合的人选，同时还可以通过自己的主动咨询更多地了解招聘单位的用人政策和运作情况。由于参加应聘的不会是一个人，所以面试过程也是求职者竞争的过程，这更需要求职者善于突出自己的长处，争取最后的胜利。

（二）面试的特点

作为用人单位录用考试的重要环节之一，面试与其他笔试、心理素质测评等考试环节相比，具有以下显著特点：

1. 面试以谈话和交流为主要手段

谈话是面试过程中的一项非常重要的手段。在面试过程中，面试人员精心设计谈话题目，求职者应当恰当、顺畅地回答面试人员的提问。在面试过程中，面试人员运用自己的感官,特别是听觉和视觉,观察求职者的语言行为,进而通过人的表象层面推断其深层心理。

2. 面试交流具有直接互动性

面试中求职者的语言及行为表现,与面试人员的评判是直接相连的,中间没有任何中介形式。面试中主考官与求职者的接触、交谈、观察也是相互的,是面对面进行的。主客体之间的信息交流与反馈也是相互作用的。面试的这种直接性提高了面试人员与求职者之间相互沟通的效果,同时,双方也能了解许多笔试了解不到的信息。

3. 面试内容灵活多样

面试的内容具有较大的灵活性。一方面,由于不同的职位有不同的要求,面试可以根据不同职位的特点,灵活地采取不同的方式去考查求职者。另一方面,虽然面试内容须经面试人员事先拟定,以便有的放矢,但是在面试过程中又要因具体情况而异,灵活调整,这样既能让求职者充分展示自己的才华,又能达到让用人单位了解求职者的意图。因此,求职者最好能收放自如地灵活应对面试内容。

4. 面试是一个双向沟通的过程

面试是面试人员和求职者之间的一个双向沟通的过程。在面试过程中,求职者并不是完全处于被动状态。面试人员可以通过谈话和观察评价求职者,求职者也要通过面试人员的行为来判断其价值标准、态度偏好、对自己表现的满意度等,并以此来调节自己在面试行为中的表现。同时,求职者也可以借此机会了解自己所应聘单位及职位的情况,来决定自己是否可以接受这一工作。所以说,面试不仅是面试人员对求职者的一种考查,也是主客体之间的一种沟通、情感交流和能力的较量。面试人员通过面试,从求职者身上获取尽可能多的有价值的信息;求职者也应抓住面试机会,获取那些关于应聘单位及职位的自己关心的信息。

二、常见面试类型

在校园招聘中,企业采用的面试形式越来越丰富,面试流程也越来越复杂,其目的是提高面试筛选的准确度和效率,降低招聘成本等。对于应届毕业生来说,有必要了解企业招聘的面试形式和面试流程,结合自身的实际情况做好面试准备,以便在面试中灵活应对,展现出良好的状态,博得面试人员的青睐。

按照面试的开展形式及手段、面试的内容、面试考核的重点等,企业在校园招聘中采用的常见面试方式如表 8-5 所示。

表 8-5 面试类型及其特征

面试类型	主要特征
电话面试	面试人员通过电话来对求职者进行提问的面试。一般发生在笔试之后,是在面对面的面试之前经常采用的面试手段,针对某些特定问题进一步了解
视频面试	面试人员与求职者利用连通了互联网的电脑,通过视频摄像头和耳麦,运用语音、视频、文字的即时沟通交流进行招聘面试

续表

面试类型	主要特征
结构化面试	面试人员通过设计面试所涉及的内容、试题、评分标准、评分方法、分数等对求职者进行系统的结构化的面试。其主要目的是评估求职者工作能力的高低及是否能胜任该岗位工作
无领导小组面试	无领导小组面试是一种测评技术，其采用情景模拟的方式对求职者进行集体面试。它通过给一组应聘者一个与工作相关的问题，让求职者进行一定时间的讨论。在这个过程中，多个求职者需要合作完成某个项目，可能是实际商业环境下的有见地的案例讨论，也可能是集体游戏
情景模拟面试	面试人员设置一定的模拟场景，要求求职者扮演某一角色并进入角色情景中，去处理各种事务及各种问题和矛盾

（一）电话面试

多数企业在从简历中筛选出合适的申请人之后，在正式面对面的面试之前，通常会采用打电话的方式进行首轮面试，从而事先了解申请人的实际情况。电话面试的时间一般控制在 10～30 分钟。其主要目的是核实求职者的相关背景、语言表达能力。一般通过常规问题的询问，或者让求职者自我介绍，并根据简历对求职者的教育及工作经历进行核实，来判断求职者是否符合招聘职位所要求的素质能力，并根据电话面试的结果判断是否给予进一步面试的机会。电话面试时应注意以下事项。

1. 保持冷静，化解紧张

在接到面试电话时，你或许正在上课，或许正在地铁中，在这种没有任何准备的情况下，你首先不能慌张，应尽快冷静下来，然后用非常积极友好的声音告诉面试人员：

"××先生/小姐，非常感谢您打电话过来。如果您不介意的话，能否 5 分钟之后再打给我。我这里手机信号不太好，我换个安静的地方。或者能否告诉我您的电话，我 5 分钟之内给您回拨过去？"

一般情况下面试人员都会同意过几分钟后再打过来，这样你就可以在较短时间内做一些准备。如果你确实不太方便接电话，那一定要问清楚面试人员的电话，以便稍后再回拨给面试人员，确认电话面试事宜。在电话面试过程中，感到紧张是很自然的，但是要试着让自己慢慢放松。由于面试人员在电话中只能通过声音来判断你的表达能力，所以一定要控制好自己的心理和情绪，这样在说话时才不会乱了方寸。

2. 注意语速，适时沟通

在电话面试中，声音很重要，不要过于平淡地、机械地背诵你已准备好的内容。在回答问题时语速不要太快，音量可以适当地放大，因为一般电话里面的声音是比较小的。发音吐字要清晰，表述要尽量简洁、直截了当。

如果没有听清楚问题或者没有理解问题的话，那么正确的做法是有礼貌地请面试官复述一遍问题，不要不懂装懂，以免造成答非所问。

3. 在电话面试过程中记录下重要信息

如果条件允许,你应该在电话面试过程中准备好笔和纸,一边听面试人员的说明和提问,一边记下重要的信息,包括:公司名称、面试官的姓名、面试问题的要点以及进一步面试安排等。

4. 打电话的必要礼节

在整个面试过程中,要注意一些打电话的礼节,这些也可能是面试人员考核的细节。接电话的时候应该先说"你好",不能光是"喂"。在电话面试过程中,要对面试人员表示出尊重,以示对他工作的感谢。最后在结束电话面试前,一定要记得感谢面试人员,以显示你的职业修养,同时也要确保面试人员有你正确的联系方式,以便如果有进一步面试的机会就能联系到你。

5. 把握向面试人员提问的机会

面试人员在电话面试的最后阶段,可能会给你提问的机会,这个时候一定要把握好最后的自我展示机会。你可以事先准备一些有内容或者有深度的问题,如果事先没有准备,那么你可以询问面试人员什么时候能得到进一步的通知。

(二)视频面试

随着互联网的发展,线上视频面试越来越普遍,求职者参加视频面试,在用人单位安排的面试时间前,要提前安装好摄像头和耳麦等相关设备,并检查电脑、网络、摄像头、耳麦、灯光等设备的使用情况,以保证视频面试按时、正常进行。

因为视频面试不能看到求职者更多的姿态、动作,因此求职者的发型、服饰等给面试人员留下的印象更深刻,要尽量做到干净整齐、朴实大方、和谐得体,符合大学生身份,给面试人员一个良好的印象。调整好摄像头,把自己最具风采的一面展示给面试官。

由于视频招聘更多的是通过语音聊天来展示自己,因此要特别注意语言表达,要注意口齿清晰,表达有条理。视频过程中有可能出现没有听清的情况或者视频突然断掉,要非常有礼貌地解释清楚,其实这个时候你的反应也许就会成为面试人员判断的标准。

视频面试过程中的一颦一笑、一举一动都有可能成为面试人员评价你的依据,不要有过多的小动作。在面试过程中,眼睛要直视对方,目光游移不定会影响面试人员对你的判断。

(三)结构化面试

结构化面试又称标准化面试,它通过设计面试所涉及的内容、试题、评分标准、评分方法、分数等对面试者进行系统的结构化的面试。其主要目的是评估求职者工作能力的高低以及是否能胜任该岗位工作。用人单位会根据岗位的特点确定面试的具体内容模块、测评流程、安排和要求,如面试达到的目的、职位的具体要求等。目前,公务员和外企使用此类面试比较多。

(四)无领导小组面试

这是一种集体面试的测评技术,它通过给一组求职者一个与工作相关的问题,让求职者进行一定时间的讨论，来检测求职者的组织协调能力、口头表达能力、辩论能力、说服能力、情绪稳定性、处理人际关系的技巧等方面的能力和素质是否达到拟任岗位的要求。

（五）情景模拟面试

情景模拟面试是面试形式发展的新趋势。情景模拟就是招聘单位根据应聘的职位虚拟一个工作环境，让求职者直接进入工作角色，从而测试其能力。或者由招聘单位根据招聘岗位在实际中存在的问题提问，希望求职者能对问题进行分析并提出解决方案。在这种面试形式下，面试的具体方法灵活多样，面试的模拟性、逼真性强，求职者的才华能得到更充分、更全面的展现，面试人员对求职者的素质也能做出更全面、更深入、更准确的评价。在情景面试中，求职者应落落大方，自然和谐地融入情境，去除不安和焦灼的心理，只有这样才能有最佳表现。

【拓展阅读】自由化面谈的常见问题

自由化面谈问题大概有如下几种类型：

1. 如果你不能竞争到这个职位，你会有什么想法呢？

思路点拨：如果我不能竞争到这个职位，我也不感到遗憾，因为既然是竞争，那么就有人上，也有人不能上，这是非常正常的事，这个我早就有了思想准备。不过如果贵公司能把不能竞争到这个职位的情况反馈给我，让我能在以后的竞争中做得更好一些，那么我是非常感谢的。

2. 能谈谈你的个性吗？

思路点拨：我的个性可以用两个字概括——"忠诚"。我认为忠诚是人的立身之本，尽管忠诚的人有可能在一定的时间内得不到重视，但是经得住时间和历史的考验。因此，我将永远保持我忠诚的个性特点。

3. 请你谈谈你学生时代班集体的情况。

思路点拨：我大学四年的班集体是一个非常团结和睦的大家庭。同学们都互相关心、互相爱护，相处非常融洽。而且无论学习还是搞活动大家都有一种你追我赶的精神，在我的印象中几乎没有一个偷懒的人。尤其是大家相处时都能开诚布公、坦诚相待。在我大学的这几年中，同学们几乎没有过争吵、打架的情况。学生时代再好，但我们终究要走上社会，我们那帮同学相约，毕业后每年搞一次聚会。

4. 请你谈谈最理想的工作集体应该具有哪些条件。

思路点拨：最理想的工作集体应该具备下列条件：

第一，这个集体的成员应该具有较高的素质，也就是说应该具备较高政治素质、道德素质、业务素质。

第二，这个集体所有的成员都能把心扑在工作上，而且工作都能认真负责，都能为这个集体创造一流的成绩，都能为这个集体贡献自己的力量。

第三，这个集体所有成员都能互相尊重、互相学习、互相爱护、互相关心，而不是互相拆台、互相攻击。

第四，这个集体所有的成员都有集体主义精神，爱惜集体的荣誉像爱惜自己的生命一样。只有这样，这个集体才能拥有极强的凝聚力。

三、面试考查的内容

了解面试人员在面试中到底要测试什么，可以有意识地提前做好相关准备。面试的考核要素一般有以下几项：

（一）所具备的基本素质

1. 仪表举止

这是指求职者的衣着举止、精神状态、风度气质等。研究表明，仪表端庄、衣着整洁、举止文明的人，一般做事有规律，注意自我约束，责任心强。求职者应该注意着装得体，举止文雅、大方，表情丰富，回答问题要认真、诚实。

2. 道德品行

这主要考查求职者责任感是否强烈，能否令人信任地完成工作；考虑问题是否偏激；情绪是否稳定；对于较高深的业务能否适应。求职者回答时应该突出自己的自信心，坚强的意志，强烈的责任感。责任心强烈的人，一般都确立了与事业有关的奋斗目标，并为之积极努力，且不安于现状，工作中常有创新。上进心不够的人，一般都是安于现状，无所事事，不求有功，但求无过，对什么事都不热心。

3. 求职动机

这是指了解求职者为何希望来应聘单位工作，对哪类工作最感兴趣，在工作中追求什么，判断应聘单位所能提供的职位、工作条件等能否满足其工作要求和期望。

4. 自我控制能力与情绪稳定性

自我控制能力在工作中显得尤为重要。一方面，在遇到上级批评指责、工作有压力或者个人利益受到冲击时，能够克制、容忍、理智地对待，不致因情绪波动而影响工作；另一方面工作要有耐心和韧劲。

5. 工作态度

这一方面是了解求职者过去学习、工作的态度；另一方面是了解其对应征职位的态度。如果在过去的学习或工作中态度不认真，做什么、做好做坏都无所谓，在新的工作岗位也很难勤勤恳恳，认真负责。

面试时面试人员还会向求职者介绍本单位及拟聘职位的情况与要求，讨论有关工薪、福利等求职者关心的问题，以及回答求职者可能问到的其他一些问题等。

（二）具备的相关能力

1. 口头表达能力

用人单位一般观察求职者能否将要向面试人员表达的内容有条理地、完整地、准确地转达给对方；引例、用语是否确切；发音是否准确，语气是否柔和；说话时的姿势、表情如何。考查的具体内容包括：表达的逻辑性、准确性、感染力、音质、音色、音量、音调等。

2. 综合分析能力

面试中，求职者是否能对面试人员所提出的问题，通过分析抓住本质，并且说理透彻，分析全面，条理清晰。

3. 思考判断能力

用人单位一般观察求职者能否准确、迅速地判断面临的状况；能否恰当地处理突发事件；能否迅速地回答面试人员的问题，且答案简练、贴切。

4. 反应能力与应变能力

用人单位主要观察求职者对面试人员所提的问题理解是否准确，以及回答的迅速性、准确性；对于突发问题的反应是否机智敏捷，回答恰当；对于意外事情的处理是否妥当等。

5. 学习能力

所谓学习能力，是指理解并接受新事物、新观念的能力。担任任何职位都必须具有良好的学习能力，因为世界每时每刻都在发生变化，不断有大量的新事物、新观念涌现出来，而要使自己跟上时代发展的步伐，必须及时地接受并理解与自己所任职位有关的新事物和新观念，只有这样才可能不断提高自己的工作水平，有创造性地完成职位规定的各项任务。

用人单位首先看求职者是否具有掌握和学习新知识、新技能的强烈愿望和兴趣，只有这样，一个人才能在学习新知识、新技能时有巨大的推动力；其次要看求职者是否掌握了一些基本的学习技能、技巧和方法，只有具有良好的学习方法，才能在尽量短的时间内掌握尽可能多的新知识、新技能。

6. 人际沟通能力

在面试中，面试人员通过询问求职者经常参与哪些社团活动，喜欢同哪种类型的人打交道，在各种社交场合所扮演的角色，可以了解其人际交往倾向和与人相处的能力。

7. 实践操作能力

很多企业在面试时，除了看重求职者的一些学习能力，也非常重视工作实践经验。特别是招聘技术型和技能型人才时，用人单位主要考查求职者特定岗位的专业技能和实践操作能力。大学生在校时，除了重视专业学习，还要多利用课余的时间通过兼职、假期实习等方式多培养一些实践操作的能力，丰富社会阅历的同时积累一些工作经历，提升面试成功率。

8. 职位需要的特殊能力

不同的行业、职位对求职者有不同的特殊能力要求。例如，对新闻记者的考查，会看求职者是否具备这几个方面的特殊能力：

（1）下笔迅速而清楚；
（2）须能在嘈杂场所不乱文思；
（3）须善于记述问答式的文字；
（4）有推定力，能迅速推定新闻之真相。

（三）与应聘职位的匹配度

1. 个性特征

通过了解求职者的兴趣、爱好等来了解其个性特征，这对录用后的工作安排有好处。

2. 专业知识

了解求职者掌握专业知识的深度和广度,其专业知识更新是否符合所要录用职位的要求,作为对专业知识笔试的补充。面试对专业知识的考查更具灵活性和深度,所提问题也更接近招聘岗位对专业知识的需求。

3. 工作实践经验

一般根据查阅求职者的个人简历或求职登记表,做些相关的提问;查询求职者有关背景及过去工作的情况,以补充、证实其所具有的实践经验,通过对其工作经历与实践经验的了解,还可以考查求职者的责任感、主动性、思维力、口头表达能力及遇事的处理能力等。

四、面试前的准备

(一)长期准备

面试人员通过面试来考核求职者的素质、能力等要素。对于求职者来说,有些素质、能力是需要长期准备的,在短时间内是无法掌握或者提高的,这其中包括:基础知识及专业知识、英语口语能力、职业素养及技能、自我定位及职业规划。

(二)准备面试着装

作为求职者,面试人员对你的第一印象来自你的仪容打扮。第一印象对于面试十分重要。无论应聘什么公司、什么职位,建议求职者在面试时选择职业正装(公司有特殊要求的除外),这是比较简单而且安全的选择,宁可太正式,不可太随意。

(三)了解公司及招聘职位、行业状况

通过各种渠道了解公司的方方面面,将有助于求职者在面试问答时做到心中有数,有的放矢。一般来说,不同行业的公司,求职者所需要了解的层面可能会有所不同。但总的来说,求职者最好要了解公司的历史、发展状况、主要业务、部门介绍、主要客户、产品品牌、企业文化、新闻动态、历年的招聘情况及笔试、面试等。

不同的职位类型有不同的侧重要求,这些在招聘信息中可能会明确提及,求职者在面试前一定要自己研读,把握重点。这样做有两个好处:第一,面试时可以着重展现与职位要求相符的特长和优势,有的放矢,回答问题也更有效率;第二,在充分了解自己将要承担的工作后,才能确定是否适合自己。具体来说,职位说明中一般包含两部分内容:对求职者的需求和工作职责。求职者要结合招聘要求和具体工作职责,向面试人员证明,你符合这些要求,并且能胜任这份工作。

对行业现状也要有所了解,诸如目前行业发展态势、行业领先的公司、未来发展趋势等,要有自己的见解。这样,在回答类似"你为什么选择这个行业"的问题时才能侃侃而谈,展现出你的见地和对行业的了解,让面试人员有理由相信你对职业发展和职业选择有过深思熟虑的规划,而不是盲目随大流。

(四)复习职位要求的相关专业知识

对于一些技术性岗位的面试,除要做好其他常规的面试准备以外,还应该针对可

能问到的与专业知识相关的问题,进行必要的复习和准备。虽然这类知识你可能已经在笔试阶段复习过,但是在面试前再复习、再巩固还是非常有必要的。

(五) 准备面试问题及面试英语

多数情况下,面试都是以问答的形式来完成的,即面试人员提问,求职者来回答。虽然在实际面试的时候不能背诵答案,但在面试前将面试人员常问的问题列出来,逐一准备好自己的答案,通过这样的方式来梳理面试内容,是非常有效的。另外,对大多数求职者来说,如果面试中要求用英文表达的话,最好能提前将这些问题的英文答案书写下来,这样可以使回答更有条理,更有逻辑。背诵面试问题答案,背诵自我介绍,背诵三遍以内可能还结巴,背诵十遍可能只是流利地背诵,但如果背诵二三十遍,那么很有可能就能顺畅地自由表达了。建议从两个方面来准备面试问题:一是根据自己的简历内容来预测面试的问题;二是准备一些常见的行为面试问题、与公司职位相关的开放性问题等。

(六) 用 STAR 法准备面试问题

在面试的过程中,面试人员常常会问到这样的问题:你觉得自己做得最成功的一件事是什么?或者最遗憾的事是什么?这类题目都可以用 STAR 法来回答。

STAR 法是一种结构化的陈述典型事例的方法,包括四个环节,如图 8-1 所示。

图 8-1 STAR 法

如果想让 STAR 的效果更好,可以再多讲一点点,即 STAR-L,在依次介绍了 S-T-A-R 的情况后,向面试官多讲一点 L(Learning),也就是在做事过程中学到了什么东西。

细分下来,L 还可以分为 R、A、P 几个维度:

(1) R(Reflection,反思),自己在行动和结果后对这件事是如何反思的,有什么感悟;

(2) A(Application,应用),自己这件事的成功经验有没有迁移到其他情境中去,改变了自己的做事方法或者提升了自己的某种能力;

(3) P(Prevention,预防),比较适合事情结果不理想的情况,这时可以强调自己的所学,特别是如何避免在未来发生同类的事情。

STAR 法本身就是一个很有逻辑的叙述过程，会让你的陈述显得有条理，能让面试人员准确地把握到你经历的事件，而加强部分的 RAP 的组合则会更有利于你的阐述：无论事情本身结果如何，都是有价值的，R 侧重于内心的收获，AP 侧重于外部世界，A 针对成功经验，P 针对教训。加入 L，会让你的 STAR 更为完整，让面试人员意识到你的反思能力和学习能力，能帮助你更好地通过面试。

（七）心理准备

应届大学毕业生第一次面试时都会有些紧张和怯场，所以面试前要学会调整自己的心态，克服紧张情绪，要充满信心，才能将自己最好的一面展现给面试人员。

【拓展阅读】如何在面试中留下良好的第一印象

心理学上的"第一印象"效应也叫首因效应、首次效应或者优先效应，它是指当人们第一次与某物或某人相接触时留下的深刻印象。心理学研究发现，与一个人初次会面，45 秒钟内就能产生第一印象。第一印象在对方的头脑中形成后占据着主导地位，第一印象作用最强，持续的时间也较长，比以后得到的信息对于事物整个印象产生的作用更强。

一般来说，第一印象由外表、仪态、内容、声音与语言等几方面因素共同作用而成。其中，外表的作用占 30%，走路和就座等仪态占 20%，声音和内容占 40%，语言占 10%。这里所说的外表不仅是外貌长相，还包括体态、气质、神情和衣着的细微差异，而声音包括音调、语气、语速、节奏，这些因素都将影响第一印象的形成。虽然面试人员的"印象"标准不一样，但总体来说有些标准是一致的，踏实、开朗、精神饱满、信心十足、坦诚、机敏、干练的人总会给人留下良好的第一印象。因此，毕业生在参加面试时，一开始就要重视首因效应，尽可能给面试人员留下良好的第一印象。

（一）遵守时间

面试时，不管出现任何情况，千万不能迟到，最好提前几分钟到达约定地点，以表示你的诚意，增加对方的信任感，千万不要让对方等你。遵守时间除了要求不要迟到，还要遵守事先约定的谈话时间长度。在未得到面试人员明确表示前，求职者切忌延长谈话的时间，防止引起对方的不愉快。

（二）仪表简洁端庄

外表对第一印象的形成具有十分重要的作用。心理学上，人们通常把那些外表吸引力强的人看作友善、聪明且善于社交的人。穿着打扮在第一印象中不容小觑，"三分长相，七分打扮""人靠衣裳马靠鞍"，一个人的穿着打扮，一定程度上反映了他的处世哲学、文化修养。一般来说，学生要给人整洁、庄重、大方的感觉，切忌刻意打扮，追求时髦，甚至胡穿乱戴。因为你的形象将不仅代表你自己，重要的是将代表单位。因此，多数单位都力求找到能够提升组织形象的候选人，这些候选人不仅能胜任工作，而且要有良好的外形仪态。作为大学毕业生，千万不可在面试时大大咧咧、疏于准备、自以为是、不修边幅。

（三）动作优雅自然

在形成第一印象的因素中，重要性仅次于外表吸引力的就是身体语言。有研究表明，在人际交往中，身体语言的信息要比有声语言信息的内涵多数倍。文雅、得体的行为是表露人们内心世界的语言。一个人的一举一动无不显露出他的知识修养、个性特点等。一个无心的眼神，一个不经意的微笑，一个细小的动作，在第一印象中都可能决定着成败。在面试中，求职者如果能维持良好的眼神交流、直挺的姿势，在恰当时展现一个微笑或眼神，可以让面试人员觉得这是个自信且可亲近的人。

（四）言语落落大方

沟通融洽、展开有效的谈话是树立良好第一印象的重要部分。在面试中，展现自己不必高谈阔论，求职者对自己经历及能力的表述应该简明扼要、适可而止。在与面试人员的问答中，求职者切忌迫不及待地抢话或争辩，要注意谈吐谦逊、自然、落落大方，以增加自己的可信度和亲和力。

同时，注意倾听对方的谈话，能在交谈时适当点头、保持沉默或改变语调，能够通过问题使他人融入交谈，把握谈话气氛。讲话时还要注意说话的嗓音、语速、语气等。嗓音可以看出一个人是否紧张、是否自信，不要尖声尖气或声音有气无力，平时应多练习演讲、交谈的艺术，控制说话的语速，应保持音调平静，音量适中。

（五）单独前往

面试时，面试人员最反感的是求职者由人陪同前往。有些毕业生为了消除面试时的紧张、焦虑感，请自己的家人和朋友一起去，效果往往会适得其反。因为别人是帮不上任何忙的，反而会由于第三者在场，造成面试的尴尬和困难。一般来说，面试时单独前往，会使面试人员认为你是一个充满自信、有能力、有创造性的人，这对你成功求职有很大的帮助。

值得注意的是，第一印象一旦形成便很难改变，因此大学毕业生要珍惜这仅有的面试机会，在平时要注意自我锻炼，不断学习和充实自己，适时展现自己的气质和风采。

【体验活动】模拟面试

活动目的：通过模拟面试的形式，帮助求职者对自身的职场竞争力进行全面的评估。

场景设置：本次模拟面试将设置三个场景，各个场景的面试侧重点不同。

角色安排：面试官、求职者

进行方式：一问一答式

活动开始了，假设你进入了一间窗明几净的办公室，宽大的办公桌后坐着一位面试官。随即，面试开始。

场景一：

求职者：一位从事技术工作的女士。

面试官：×××（中国）人力资源部副总裁李总。

场景一，面试官是某公司的人力资源部领导，求职者也是一位有工作经验的女士，面试过程虽然简短，但面试官寥寥几个问句就已经彰显出本次面试的难度。假如你是求职者，你会怎么答？先别急着看别人的回答。

建议拿出一张纸，在纸上写下自己的答案，然后再对照表8-6中求职者的回答，看看自己的回答有哪些优缺点。最后，再结合面试官的点评，修正自己的答案。

表8-6 面试过程

面试官	求职者
问：你以前在哪里工作？	我在一家公司做技术支持
问：进入公司的目的？	喜欢技术支持，因为我具有这个能力
问：你有什么成绩呢？	做了杭州的一个方案，且在各个部门有很好的协调能力
问：周围的同事朋友怎么评价你呢？	待人诚恳
问：看你在工作中的沟通能力……做技术支持的，当然应该有技术方面的能力，但合作，是最重要的一点	看你在工作中的沟通能力……做技术支持的，当然应该有技术方面的能力，但合作，是最重要的一点

面试官点评：这位求职者很敏锐，但作为求职者，不应该反问面试官提出问题的目的。如果为了显示主动性，可以在最后问问面试官自己在以后的面试中应注意什么。再有，讲故事特别重要，把自己最得意的成绩、做得最好的项目详细说出来，像这样一句话概之，不令人信服，印象也不会深刻。

场景二：

求职者：应聘×××网销售人员的一位男士。

面试官：中华××网CEO（首席执行官）柳总。

场景二，面试官是中华××网的CEO，求职者是一位男士。这位CEO依然是简单几句问话，但句句都带有目的性。假如你是求职者，你会怎么答？

建议拿出一张纸，在纸上写下自己的答案，然后再对照表8-7中求职者的回答，看看自己的回答有哪些优缺点。最后，再结合面试官的点评，修正自己的答案。

表8-7 面试过程

面试官	求职者
问：请用三句话来介绍自己，评价自己	1. 干劲冲天；2. 一定给你挣钱；3. 善于和同事合作
问：五年内对个人制定的目标是？	做一个职业经理人
问：对我们公司了解吗？	在上学的时候经常上这个网，我感觉是人力资源网站里做得最好的

面试官点评：问对自己的评价，是在测试他的表达能力和思维能力，在他的脑子里是否有一种思维方式；五年以后如何定位，是看他做事情的目的性；问对公司是否了解，在于了解他是否对公司真正了解、真心感兴趣。很多求职者把面试过程看得很紧张，就是不了解所赐。如果你了解这个企业，你完全可以在面试中变被动为主动。不用了解很深，只要在面试时表现出对这个企业的兴趣就可以了。要把握一个平衡，

不要以辞藻来堆砌你的才能，而要通过故事来表达此意。最后一点，面试时不紧张是好的，但也不能自由得无拘无束。

场景三：

求职者：一位职业技术学院的男士。

面试官：××××（中国）网络技术有限公司亚太区经理杨总。

场景二，面试官是某公司亚太区经理，求职者是一名刚从职业技术学院毕业的男士。面试官单刀直入，第二个问题就是实操问题，可谓来势汹汹。假如你是求职者，你会怎么答？

建议拿出一张纸，在纸上写下自己的答案，然后再对照表8-8中求职者的回答，看看自己的回答有哪些优缺点。最后，再结合面试官的点评，修正自己的答案。

表8-8 面试过程

面试官	求职者
问：应聘什么职位？	技术支持
问：有一个10人的软件项目，但经济光景不好，预算要减掉一半，但上司还要求要做得更好。你怎么办？	最重要的是企业的文化和人情味。朋友对我的评价是有困难的时候，总喜欢找我。作为一个项目负责人，我可以通过自己影响他们。我相信他们会支持我在这种情况下做好项目

面试官点评：预算砍掉一半，你没有说不能做，说明你有一定的能力，但你的回答很难看出你的技巧。我对你的印象是：人情味很重，关心下属，譬如你可能不会因为预算减半而裁员，但可能对生意并不是很敏感。其实，更好的答案应该是："老板，我可以做得更好，但我是否可以帮助您，来解决那个使我的预算要减掉一半的危机？"至于具体如何去做，应该和你的老板去商量。

【实践拓展】招聘会实战演练

积极参加各类专场招聘会、学校组织的"双向选择洽谈会"，与面试官直接面对面，提升面试各方面技能。

HR提问

公司的面试采用无领导小组讨论的形式开展，请你说说在这种情况下该如何表现，才能取得好成绩？

专家视角

一、我是这样看简历的

简历看多了之后，人力资源的眼睛就跟扫描仪差不多，粗略地说，看简历分以下几步：

第一步，一眼扫过去，那些完全不靠谱的基本几秒就被淘汰了，压根不会细看。说说这类完全不靠谱的简历一般有哪些共性：

1. 照片一看不正常的，比如浓妆艳抹的，嘴角歪斜的，各种浮夸的自拍的，等等。

2. 简历只言片语几十个字的。这是啥年代了，拜托，大家都这么忙，你期望我从你的几十个字里面挖掘出什么？你都懒得表达自己，我也懒得多看。

3. 自我评价一看上去都是豪言壮语的。有的人分不清什么叫无知，什么叫自信，张口就称自己非池中之物，既然这样，您该去哪儿去哪儿。

4. 如果我们招聘的岗位有硬性要求，比如学历、行业经验，不符合的简历也直接淘汰。

5. 我个人还有一点，不知道其他人力资源会不会也是这样，对于简历较多的非核心基层岗位，期望薪酬写面议的我也直接淘汰，期望薪酬是迟早要问的，你现在不说我还得多问一遍，这么多候选人简历，我没必要浪费时间呀，就一个薪资普通的基础岗位，你装啥深沉。

第二步，几眼扫完，还能看下去，好吧，再仔细看看整体内容，一般包括：

1. 基础信息：性别？不是绝对影响因素，有时候根据岗位和团队现有情况会有倾向性。学历？有没有与要求不符？

2. 工作经验：有没有行业经验？有没有同岗位经验？有几段工作经历？

如果第二步扫完，还觉得不错，嗯，好吧，你成功地吸引了我的注意！这下得花时间细看这些简历，以决定是否要邀请他们进入面试环节。

接下来第三步：

1. 进一步查看基础信息，每一个点都会看，心里想一下。

2. 细看工作经历，学业背景等。再看看做过哪些事，有哪些工作成果。

3. 文字语言表达的方式。我会根据简历语言表达的方式去感受和推测这个人的思维方式、表达方式甚至是处事的方式：含蓄？委婉？直接？谦虚？严谨？粗略？等等。对于那些逻辑性差的简历，我心中也会直接给差评。

对于确定要邀请过来面试的简历，我在看简历的过程中就会把那些我需要确认或验证的点想清楚，在面试的时候就旁敲侧击或者直接发问。

下面是一些关于简历的数字：

1. 人力资源在每份简历上所花的平均时间为15秒；

2. 每245份简历中有1份获得面试机会；

3. 有的大公司每年会收到超过100000份简历；

4. 人力资源在报纸上登出一个招聘职位，通常会收到200份左右的简历；

5. 在所有简历中有85%~95%最终的结局都是被扔进了垃圾桶。

问题：

看完以上内容，你有哪些感触？现在想一下，你在写简历时，会注意哪些问题？

二、一分钟的自我介绍怎么说最精彩

面试中一段短短的自我介绍，其实是为了揭开更深入的面谈而设的。一分钟的自我介绍需要将自己最美好的一面毫无保留地表现出来，要给对方留下深刻的印象。

（一）自我认识

想一矢中的，首先必须知道你能带给公司什么好处。当然不能空口讲白话，必须有事实加以证明。最理想的就是能够展示过去的成就，例如你曾为以往的公司做网页设计，并得过奖项或赞扬，但当然，这些例子都必须与现在公司的业务性质有关。职位愈高，自我认识就愈重要，应将个人的成败得失，尽录在日记中。这样，就可以时刻都清楚自己的弱点与强项。

（二）投其所好

清楚自己的强项后，便可以开始预备自我介绍的内容：包括工作模式、优点、技能、突出成就、专业知识、学术背景等。好处众多，但只有短短一分钟，所以，一切还是与该公司有关的好。如果是一间电脑软件公司，应说些电脑软件的话题；如是一间金融财务公司，便可跟他说钱的事，总之投其所好。但有一点必须谨记：话题所到之处，必须突出自己对该公司做出的贡献，如增加营业额、降低成本、发掘新市场等。

铺排内容的次序亦极重要，是否能紧握听众的注意力，全在于事件的编排方式。所以排在头位的，应是你最想他记得的事情，而这些事情，一般都是你最得意之作；与此同时，可呈上一些有关的作品或记录增加印象分。

（三）身体语言

不管内容如何精彩绝伦，若没有美丽的包装，还是不成的。所以在自我介绍当中，必须留意自己在各方面的表现，尤其是声线。切忌以背诵朗读的口吻介绍自己。最好事前找些朋友做练习对象，尽量令声线听来流畅自然，充满自信。

身体语言也是重要的一环，尤其是眼神接触。这不但能令听众专心，也可表现自信。曾有一项报告指出，日常的沟通，非语言性的占了70%。所以，若想面试成功，便应谨记注意一下你的身体语言。

（引自 http://zhichang.umiwi.com/2012/1213/73254.shtml，有删减）

三、面试官常设的七大招聘陷阱

面试其实就是一场战斗，为了赢得这场战斗，面试官与求职者斗智斗勇，同时这也是一个考察双方真实能力的过程，因此这里面也免不了会有些陷阱圈套。这里总结了七个面试官常爱设置的陷阱圈套，供大家参考。

（一）压力陷阱

通常面试官正话反说，以测试求职者在压力下的本能反应。如"你的原单位是如此好，你却要走，是不是在原单位混不下去只好挪个窝"，"我们单位工作竞争压力大，你一个毛头小伙子怎么适应得了"，求职者若结结巴巴，无言以对，抑或怒形于色，据理力争，脸红脖子粗，那就掉进了面试官所设圈套。碰到此种情况，要头脑冷静，明白对方在"做戏",不必与他较劲。

(二) 误导陷阱

面试官早有答案,却故意说出相反答案,若求职者一味讨好主试者,顺着面试官的错误答案往上爬,面试结论会是无主见,缺乏创新精神,自然被归入淘汰之列。

(三) 关系陷阱

不要因为你有一定社会背景,对本行业将有一定帮助就趾高气扬,目空一切,觉得职位非你莫属。"请神容易送神难",关系多,用人单位投鼠忌器,担心到时难掌控你会受你牵制;或过早亮出与该公司老板有一定关系,摆出把面试当作走走过场了事的无所谓态度,则极易引起面试官反感,日后又增加了同事间敌视的意识。

(四) 薪酬陷阱

面对用人单位提出的薪酬期望值问题,求职者常不敢贸然回答。回答低了,用人单位觉得你自信心不足,难成大器;回答高了,又觉得养不起你这条"大鱼"。正确的回答是顾左右而言他,"打太极拳",如巧妙回答"我想公司会根据我的业绩给予合理报酬,以体现多劳多得原则"等,将球又踢回去。

(五) 保密陷阱

不要在面试中泄露你的创意和设计,或滔滔不绝地将原单位原本该保密的东西一股脑儿端出来,关键时刻应注意留一手。轻易泄露公司机密,用人单位会联想此人今后会不会泄露我公司机密,若将你肚里的"货"全吐出来,那你岂不成为公司无用之人,我要你何干?

(六) 经历陷阱

不要因你有丰富的工作经历而得意忘形,转职过多,用人单位会觉得你好高骛远靠不住;若窝在一个工作岗位"奋斗"上十年,用人单位又说你无创造性。经历不在多而在于是否有效,摆出有益于公司的硬东西来,自会受公司器重。

(七) 事故陷阱

酒店老总故意装扮成令人讨厌的问路者,结果一个耐心回答问题的求职者被认为富有耐心与热情而被录为餐饮部经理;一群人去应聘幼师岗位,只有一人在小孩号啕大哭时赶紧过去安慰小孩,此人立即录取,原因是有工作意识,对工作来电。意外的"事故"常常是检验求职者的试金石。求职者若平常不注意操守,极易在这些"事故"面前原形毕露。

(引自 http://zhichang.umiwi.com/2012/1112/72932.shtml,有删改)

参 考 文 献

[1] 张进辅. 青年职业心理发展与测评 [M]. 重庆：重庆大学出版社，2009.
[2] 杜汇良，刘宏，薛徽. 高校辅导员九项智能教程 [M]. 北京：高等教育出版社，2009.
[3] 罗明辉，姚江林，王燕. 大学毕业生就业指南 [M]. 2版. 武汉：华中师范大学出版社，2005.
[4] 王豫. 大学生职业生涯规划和就业指导 [M]. 重庆：西南师范大学出版社，2009.
[5] 就业与创业指导课题研究组. 大学生就业与创业指导教程 [M]. 北京：北京出版社，2008.
[6] 迟永吉，欣荣. 大学生职业生涯规划与发展 [M]. 北京：高等教育出版社，2009.
[7] 王佩国. 规划人生构筑未来 [M]. 北京：高等教育出版社，2009.
[8] 史梅. 大学生职业生涯规划与职业素质拓展 [M]. 北京：高等教育出版社，2010.
[9] 王智勇. 金融危机与大学生就业的思考 [J]. 决策探索，2009（4）.
[10] 高桥，王辉. 大学生职业发展与就业指导教学指南 [M]. 北京：现代教育出版社，2008.
[11] 杨军. 大学生全程就业指导教程 [M]. 北京：北京师范大学出版社，2009.
[12] 徐振轩，廖忠明. 职业规划与就业指导 [M]. 重庆：西南师范大学出版社，2008.
[13] 谢守成. 大学生职业生涯发现与规划 [M]. 武汉：华中师范大学出版社，2009.
[14] 陈德明，祁金利. 大学生生涯规划与管理 [M]. 北京：高等教育出版社，2008.
[15] 李家华，黄天贵. 职业指导 [M]. 北京：高等教育出版社，2005.
[16] 曲振国. 大学生就业指导与职业生涯规划 [M]. 北京：清华大学出版社，2008.
[17] 罗双平. 职业选择与事业导航——职业生涯规划技术 [M]. 北京：机械工业出版社，2007.
[18] 高桥. 大学生就业指导 [M]. 北京：清华大学出版社，2006.
[19] [美] Reardon，等. 职业生涯发展与规划 [M]. 侯志瑾，伍新春，等译. 北京：高等教育出版社，2005.
[20] [美] 哈伯德. 你属于哪种人 [M]. 陈书凯，译. 北京：机械工业出版社，2003.
[21] 周文，龚先. 素质测评与职业生涯规划 [M]. 长沙：湖南科学技术出版社，2005.

[22] 储克森. 职业·就业指导及创业教育 [M]. 2版. 北京：机械工业出版社，2007.
[23] 赵北平. 大学生涯规划与职业发展 [M]. 武汉：武汉大学出版社，2006.
[24] 卢志鹏. 职业生涯规划与就业指导 [M]. 北京：经济科学出版社，2008.
[25] 方伟. 大学生职业生涯规划咨询案例教程 [M]. 北京：北京大学出版社，2008.
[26] 蒋冀骋，徐超富. 大众化条件下高等教育质量保障体系研究 [M]. 长沙：湖南师范大学出版社，2009.
[27] 钟谷兰，杨开. 大学生职业生涯发展与规划 [M]. 上海：华东师范大学出版社，2008.
[28] 蒋建荣，刘月波. 大学生职业发展与就业训练教程 [M]. 北京：现代教育出版社，2009.
[29] 宋景华，刘立功. 大学生职业发展与就业创业指导 [M]. 北京：现代教育出版社，2009.
[30] 黄敬宝. 就业能力与大学生就业 [M]. 北京：经济管理出版社，2008.